TRAITÉ DE COMPTABILITÉ GÉNÉRALE

I

Mécanismes et fondements
Techniques de gestion
Aspects juridiques

Cinquième édition
revue et mise à jour

DU MÊME AUTEUR CHEZ LE MÊME ÉDITEUR

Les mécanismes de la comptabilité générale, 208 p., 3ᵉ édition, 1982. Epuisé.
162 exercices progressifs de comptabilité générale, 210 p., 2ᵉ édition, 1982. Epuisé.
L'analyse du compte d'exploitation en prix de revient complet – full costing – dans les entreprises de distribution, 130 p., 2ᵉ édition, 1984.

Traité de comptabilité générale

Paru:

Volume I: Mécanismes et fondements – Techniques de gestion – Aspects juridiques, 324 p., 1985, 2ᵉ édition, 1987, 3ᵉ édition, 1989, 4ᵉ édition, 1992, 5ᵉ édition revue et mise à jour, 1996.

Volume II: Opérations dans les sociétés commerciales et la société coopérative. Assainissements – Transformations – Fusions – Scissions – Comptes de groupe, 428 p., 1986, 2ᵉ édition, 1989, 3ᵉ édition revue et mise à jour, 1994.

Volume III: Plans comptables – Analyse du bilan et du compte de résultat, 324 p., 1987, 2ᵉ édition revue et mise à jour, 1991.

Volume IV/1: Exercices et problèmes – Solutions et réponses, 424 p., 1988. (Recouvre la matière du vol. I), 2ᵉ édition revue et mise à jour, 1994.

Volume IV/2: Exercices et problèmes – Solutions et réponses, 420 p., 1989. (Recouvre la matière des vol. II et III)

ANDRÉ COTTIER
D^r ès sciences économiques et commerciales
Professeur aux Universités de Genève et de Fribourg
Membre de la Chambre fiduciaire

TRAITÉ DE COMPTABILITÉ GÉNÉRALE

I

Mécanismes et fondements
Techniques de gestion
Aspects juridiques

Cinquième édition
revue et mise à jour
avec les nouvelles dispositions
concernant la Taxe sur la Valeur Ajoutée

© 1985, 1987, 1989, 1992, 1996 by Georg Editeur S.A., Genève
Droits de traduction, de reproduction et d'adaptation réservés pour tous les pays.

ISBN 2-8257-0124-6

Table des matières

Introduction

I. GÉNÉRALITÉS

  1. *Entreprise et comptabilité* 1
  1.1. Définition de la comptabilité 1
  1.2. Rôle de la comptabilité 1
  1.3. Buts de la comptabilité 1
  2. *La comptabilité et les fonctions de l'entreprise* 2
  3. *Les branches de la comptabilité* 2

II. LA COMPTABILITÉ GÉNÉRALE

  1. *Notions* 2
  2. *Les aspects de la comptabilité générale* 3
  3. *Dispositions légales et réglementation* 4

III. L'ÉTUDE DE LA COMPTABILITÉ GÉNÉRALE 4

Titre 1

Les fondements théoriques de la comptabilité générale

CHAPITRE I: L'INVENTAIRE ET LE BILAN

A. L'inventaire
  1. *Définition* 7
  2. *Forme* 8
  3. *But* 8

B. Le bilan
  1. *Définition* 8
  2. *Relation entre l'inventaire et le bilan* 8
  3. *Notions d'actif et de passif* 8

CHAPITRE II: L'ENREGISTREMENT DES OPÉRATIONS

A. Les bases de la mécanique comptable
  1. *Notions* 11
  2. *L'enregistrement* 12

    2.1. L'écriture comptable 13
    2.2. Le compte 13
    2.2.1 Les comptes de situation 13
    2.2.2 Les comptes de gestion 13
    2.3. Représentation du compte 14
    3.   *La convention de la partie double* 14

B. Fonctionnement des comptes actifs et passifs
    1.   *Règle de l'ouverture des comptes* 14
    2.   *Technique de l'enregistrement des opérations* 15

C. Fonctionnement des comptes de gestion
    1.   *Les comptes de charges et de pertes* 18
    2.   *Les comptes de produits et de gains* 20

CHAPITRE III : LE RÉSULTAT
    1.   *Notions* 24
    2.   *Technique de la détermination du résultat* 24
    3.   *L'interdépendance entre le bilan et le compte de résultat* 27

CHAPITRE IV : LE BILAN FINAL
    1.   *Technique comptable* 29
    2.   *Synthèse des mécanismes fondamentaux* 29

Titre 2

Forme matérielle
organisation – exigences légales

CHAPITRE I : LE SCHÉMA MATÉRIEL

A. La forme de la comptabilité 33
    1.   *Le Journal* 34
    2.   *Le Grand-livre* 36

B. Problèmes d'organisation 38

CHAPITRE II : EXIGENCES LÉGALES

Le titre trente-deuxième du Code des obligations 40

A. L'exactitude formelle 40

B. L'exactitude matérielle 41

C. L'interdiction de compensation 43

CHAPITRE III : DISPOSITIONS LÉGALES
                       ET ENTREPRISE INDIVIDUELLE 44

# Titre 3

Les travaux comptables

1re partie: L'exercice comptable

CHAPITRE I: NOTIONS 45

CHAPITRE II: LE CONTENU ET LES PHASES DE L'EXERCICE COMPTABLE

A. Les opérations ou matières à enregistrer 47
B. Le déroulement de l'exercice 47

2e partie: Etude des phases de l'exercice comptable

Section 1: L'ouverture des comptes 49
Section 2: Les opérations en cours d'exercice 51

CHAPITRE I: LES OPÉRATIONS COURANTES D'EXPLOITATION

A. La gestion des liquidités 51
   1. *Le compte de Caisse* 51
   2. *Le compte de Chèques postaux* 52
   3. *Le compte de Banque* 52
B. Les opérations avec les tiers 53
   1. *Les comptes de débiteurs* 53
   2. *Enregistrement des pertes sur clients/débiteurs* 54
   3. *Les comptes de créanciers* 55
   4. *Comptes collectifs et comptes individuels* 55
   5. *Comptabilité des avances sur commande* 55
C. Les opérations relatives aux effets de commerce, créances et dettes de change
   1. *Aspects juridiques* 57
   1.1. La lettre de change 57
   1.2. Le billet à ordre 57
   2. *Ecritures à l'émission d'une traite* 58
   3. *Ecritures à l'émission d'un billet à ordre* 60
   4. *Les facultés du bénéficiaire* 61
   4.1. Attente de l'échéance 61
   4.2. L'endossement 61
   4.3. La remise à l'escompte 62
   5. *Retour d'effets ou effets protestés* 62
   6. *Enregistrement à la valeur nominale et à la valeur effective* 63
D. Les opérations sur marchandises destinées à la vente
   1. *Principes* 66
   2. *Calcul du prix de vente et comptabilité* 66

3.	*Les comptes*	67
3.1.	Le système de l'inventaire permanent	68
3.1.1	La notion de bénéfice brut	70
3.2	Le système de l'inventaire intermittent	70
3.3	La subdivision de «Stock et achats» en deux comptes	73
4.	*Les déductions sur factures*	73
4.1.	Les déductions à caractère commercial	73
4.2.	Les déductions financières	73
4.3.	Traitement comptable	73
4.3.1	Les déductions commerciales	74
4.3.2	Les déductions financières	74
5.	*Les frais de vente*	75
5.1.	Frais de vente proportionnels au volume des ventes	75
5.2.	Frais de vente proportionnels au chiffre d'affaires	75
6.	*Le prix de revient commercial et le bénéfice commercial*	75
7.	*Synthèse des concepts analytiques fondamentaux*	76

E. La taxe sur la valeur ajoutée (TVA) 76

1.	*Définition*	76
2.	*Mécanisme et objet de l'impôt*	77
3.	*Opérations exclues du champ de l'impôt*	77
4.	*Opérations exonérées de l'impôt*	78
5.	*Assujettissement*	78
6.	*Taux de l'impôt*	79
7.	*Schéma de la TVA*	80
8.	*Contreprestations, base de calcul*	81
9.	*Comptabilité et organisation*	81
	Exemple	82

F. Le factoring (ou affacturage)

1.	*Notions*	87
2.	*Financement*	87
3.	*Autres prestations*	88
4.	*Le coût du factoring*	88
4.1.	La commission de factoring	88
4.2.	Les intérêts débiteurs	88
5.	*Schéma des opérations*	88
6.	*Comptabilité*	90
6.1.	Le contrat ne prévoit pas de garantie-ducroire, ni d'avances	90
6.2.	Le factor consent à des avances sur factures cédées	91
7.	*Inscription au bilan*	91
	Exemple	92

G. L'enregistrement initial des immobilisations corporelles

1.	*Les composantes du prix d'acquisition*	93
2.	*L'entreprise crée son immobilisation*	93

H. L'enregistrement initial des immobilisations incorporelles . . . 94

I. Opérations courantes génératrices de charges

1.	*Les charges courantes d'exploitation*	94
2.	*Salaires et charges sociales*	95
2.1.	Notions	95

2.2.	Charges sociales supportées paritairement	96
2.3.	Charges sociales supportées intégralement par l'entreprise, conformément à la loi ou une convention collective	96
2.4.	Primes d'assurances accidents et maladie	96
2.5.	Comptabilité	97
	a) Le livre auxiliaire des salaires	97
	b) Opérations au Grand-livre	98

J. Frais de recherche et de développement ... 99

K. Les produits d'exploitation ... 100

L. Le compte privé et l'entreprise en raison individuelle ... 100
1. *Concept* ... 100
2. *Aspects juridiques et comptabilité* ... 100
3. *Fonctionnement du compte privé* ... 101
3.1. Prélèvements ... 101
3.2. L'AVS de l'exploitant indépendant ... 102
3.3. Prélèvements en marchandises ... 102

CHAPITRE II: LES OPÉRATIONS EXCEPTIONNELLES D'EXPLOITATION ... 103

CHAPITRE III: LES OPÉRATIONS HORS EXPLOITATION ... 103

A. Organisation comptable ... 104

B. Les comptes relatifs aux affaires immobilières ... 105
1. *Notions* ... 105
2. *Les comptes* ... 105
2.1. Remarques relatives à certaines opérations ... 106
2.1.1 Quant aux charges ... 106
2.1.2 Quant aux produits ... 107
2.2. Le compte chauffage ... 108
    Exemple ... 108

C. Opérations relatives aux titres cotés en bourse ... 110
1. *Notions* ... 110
2. *Les comptes* ... 111
    Exemple ... 114

D. Acquisition des titres de participation ... 115

CHAPITRE IV: OPÉRATIONS EXCEPTIONNELLES HORS EXPLOITATION ... 115

Section 3. Les travaux de fin d'exercice ... 116

CHAPITRE I: LES PRINCIPES COMPTABLES APPLICABLES À LA CLÔTURE DES COMPTES

1. *Généralités* ... 116
2. *Les principes appliqués à la clôture des comptes* ... 117

CHAPITRE II: LA BALANCE PROVISOIRE DE VÉRIFICATION ... 120

CHAPITRE III: LA PRISE EN COMPTE DES CHARGES SUPPLÉTIVES
1. Définition 123
2. L'intérêt du capital propre investi 123
3. La rémunération du travail de l'exploitant 123

CHAPITRE IV: LA CORRECTION DES CHARGES ET DES PRODUITS
1. Le décalage entre l'enregistrement de charges et de produits et la détermination du résultat 125
2. Les comptes transitoires 125
3. Les comptes anticipés 129
4. Organisation 134

CHAPITRE V: LES OPÉRATIONS D'ÉVALUATION
A. Origine 135
B. Les fondements de l'évaluation: l'optique économique et financière ... 136
C. Techniques comptables à appliquer aux opérations d'évaluation des éléments de l'actif circulant, des engagements et des charges futures: ajustements — provisions 138
   1. Ecritures de correction de valeur 138
   2. Constitution et dissolution des provisions 138
   2.1. Buts 138
   2.2. Caractéristiques des provisions 138
   2.3. Classement des provisions au bilan 139
   2.4. Distinction entre les provisions pour charges futures et les exigibles ... 140
   2.5. Distinction entre les provisions pour charges futures et les charges à payer 140
   2.6. Conséquences sur l'actif du bilan 140
   2.7. L'évaluation des provisions 140
   2.8. La dissolution des provisions 141
   2.9. Considérations finales 141
D. L'évaluation des éléments de l'actif circulant. Constitution et dissolution de provisions destinées à les régulariser 142
   1. Liquidités 142
   2. Créances 142
   2.1. Evaluation des créances ordinaires 143
   2.2. Evaluation des créances de change 143
   2.3. Constitution de la provision pour pertes sur débiteurs douteux et effets en portefeuille 143
   2.4. Enregistrement des pertes sur débiteurs 144
   2.5. Ajustement de la provision pour pertes sur débiteurs .. 145

3.	*Les titres cotés en bourse*	145
3.1.	Le cours d'évaluation	145
3.2.	Traitement des différences de cours	146
3.2.1	L'exercice n'a pas enregistré d'opérations de bourse	146
3.2.2	L'exercice a enregistré des opérations de bourse	147
3.3.	Autres causes de constitution de provisions	150
4.	*Les titres non cotés*	150
5.	*L'inventaire des biens destinés à la vente*	151
5.1.	Exposé du problème et théorie comptable	151
5.2.	Les distorsions de valeur	153
5.3.	Les conséquences de l'application des procédés d'inventaire	155
5.4.	Les mécanismes comptables en cas de subdivision du compte «Stock et Achats»	157
5.5.	La correction des effets de l'inflation	157
5.6.	Les provisions pour dépréciation	158
5.7.	Les provisions sur travaux en cours et produits en cours	159

E. L'évaluation des dettes, des engagements et des charges futures 160

1.	*Les dettes à court terme*	160
2.	*Les dettes à moyen et long termes*	160
3.	*Les provisions pour charges futures*	160
3.1.	Les provisions pour impôts	160
3.2.	Autres provisions pour engagements et charges futures	160
3.2.1	Provisions pour dégâts matériels	161
3.2.2	Provisions pour travaux de réparations et d'entretien	161
3.2.3	Provisions pour remplacement de biens disparus	161
3.2.4	Provisions pour procès	161
3.2.5	Provisions pour bonifications, gratifications	161
3.2.6	Provisions pour sinistres en cours	162
3.2.7	Provisions pour engagements	162

F. L'évaluation des éléments de l'actif immobilisé 162

I.	INTRODUCTION	162
II.	LES MÉTHODES D'ÉVALUATION DES IMMOBILISATIONS CORPORELLES	162
1.	*Notions*	162
2.	*Méthode de la valeur de réalisation ou valeur vénale à la date de clôture*	163
3.	*Méthode de la valeur (ou coût) de remplacement*	164
4.	*Méthode du coût historique*	165
III.	L'AMORTISSEMENT COMPTABLE	166
1.	*Définition et généralités*	166
2.	*Les causes essentielles de l'amortissement*	167
3.	*Le contexte juridique*	167
4.	*Le point de vue financier*	168
5.	*L'aspect économique*	170
6.	*Le point de vue comptable*	171
7.	*La technique de calcul*	172
7.1.	La valeur des immobilisations	172

7.2.	Les méthodes d'étalement dans le temps de la charge d'amortissement	173
7.2.1	L'amortissement constant ou linéaire	174
7.2.2	L'amortissement dégressif	175
7.2.3	L'amortissement croissant ou progressif	178
7.2.4	L'amortissement variable	179
7.3.	L'amortissement, instrument de politique du résultat	180
8.	*Les techniques d'enregistrement*	182
8.1.	Amortissement direct	182
8.2.	Amortissement indirect	183

IV. L'ÉVALUATION DES IMMOBILISATIONS INCORPORELLES ET LEUR AMORTISSEMENT ... 184

1.	*Valeurs incorporelles créées par l'entreprise: marques et brevets*	184
1.1.	Généralités	184
1.2.	Evaluation et comptabilité	185
1.3.	Méthodes d'évaluation	185
1.4.	Conclusion	188
2.	*Valeurs incorporelles acquises à titre onéreux par l'entreprise*	189
2.1.	Marques, brevets, licences de fabrication	189
2.2.	Le goodwill	189

V. L'ÉVALUATION DES IMMOBILISATIONS FINANCIÈRES: LES TITRES DE PARTICIPATION ... 190

Evaluation et comptabilité		190
1.	Titres non cotés	190
2.	Titres cotés	190

G. La constitution et la dissolution des réserves latentes (ou occultes) ... 191

I. DÉFINITION ... 191

1.	*Réserves latentes volontaires*	191
2.	*Réserves latentes involontaires*	192

II. LA CONSTITUTION DES RÉSERVES LATENTES VOLONTAIRES ... 192

1.	*Sous-évaluation d'actifs immobilisés corporels*	192
1.1.	Comptabilisation d'amortissements exagérés	192
1.2.	Réparations importantes et aliénation partielle des immobilisations	192
2.	*Sous-évaluation d'immobilisations incorporelles ou immatérielles*	193
3.	*Sous-évaluation des stocks*	194
3.1.	Les éléments achetés	194
3.2.	Les autres éléments du stock	195
4.	*Sous-évaluation d'autres éléments de l'actif circulant*	195
5.	*Surévaluation de certains éléments du passif et des comptes de régularisation*	196
5.1.	Comptabilisation d'une provision pour charges futures supérieure à la charge réelle	196
5.2.	Comptabilisation d'une provision pour risque dépassant le risque effectif de perte sur d'autres éléments de l'actif circulant	196
5.3.	Non-dissolution d'une provision que les circonstances rendent inutile	196
5.4.	Moins-value non comptabilisée sur des engagements à l'étranger	197
6.	*Variation positive de la réserve latente*	197

III.	CONSÉQUENCES DE LA CONSTITUTION DE RÉSERVES LATENTES VOLONTAIRES	197
IV.	LA DISSOLUTION DES RÉSERVES LATENTES VOLONTAIRES	198
	Quelques exemples	198
1.	*La dissolution fait apparaître un bénéfice*	198
2.	*La dissolution ne fait pas apparaître de bénéfice*	200
V.	RÉALISATION D'UN ACTIF	202
VI.	CONSÉQUENCES DE LA DISSOLUTION DES RÉSERVES LATENTES SUR L'INTERPRÉTATION DU BILAN ET DU COMPTE DE RÉSULTAT	202
VII.	LES RÉSERVES LATENTES EN DROIT COMMERCIAL	203
VIII.	LES RÉSERVES LATENTES À L'ÉTRANGER	204
IX.	LA CONSTITUTION DES RÉSERVES LATENTES INVOLONTAIRES	205
1.	*Plus-value d'ordre économique*	205
2.	*Plus-value d'ordre monétaire*	205
X.	LA DISSOLUTION DES RÉSERVES LATENTES INVOLONTAIRES	206
1.	*Immobilisations corporelles et financières*	206
2.	*Biens incorporels*	207
2.1.	Biens incorporels acquis par l'entreprise	207
2.2	Biens incorporels créés par l'entreprise	207

Section 4. Les opérations finales de clôture

CHAPITRE I : LE REGROUPEMENT DES CHARGES ET DES PRODUITS SUR LE COMPTE DE RÉSULTAT

A.	Introduction : Schémas généraux	209
B.	Clôture des comptes de gestion : écritures générales et particulières	210
1.	*Ecritures générales*	210
2.	*Ecritures particulières*	211
2.1.	Enregistrement de la perte d'escompte dégagée par l'inventaire des effets de commerce	211
2.2.	Le traitement des comptes relatifs aux opérations sur marchandises. L'information comptable	211
2.3.	Les résultats d'opérations sur les titres cotés en bourse	216

CHAPITRE II : LA BALANCE FINALE DE VÉRIFICATION APRÈS INVENTAIRE

    Exemple portant sur un exercice complet 219

CHAPITRE III : LA CLÔTURE DES COMPTES DU BILAN ET DU COMPTE DE RÉSULTAT

1.	*Notions*	226
2.	*Ecritures*	226

3. *Remarques* 229
3.1. La clôture du «Compte privé» 229
3.2. La clôture du compte «Chauffage» 229

Section 5. L'établissement et la présentation des comptes annuels

CHAPITRE I: DÉFINITION ET ASPECTS JURIDIQUES 231

CHAPITRE II: LE BILAN

A. Notions et rappels 231

B. Contenu et exactitude arithmétique 232

C. Ordonnancement des postes du bilan 232
   Exemple 234

CHAPITRE III: LE COMPTE DE RÉSULTAT

1. *Contenu et exactitude arithmétique* 236
2. *Exemple* 237

CHAPITRE IV: L'ANNEXE AU BILAN 239

CHAPITRE V: MENTIONS AU PIED DU BILAN 240

Section 6. La réouverture des comptes et l'affectation du résultat

CHAPITRE I: OPÉRATIONS DE RÉOUVERTURE DES COMPTES . 241

CHAPITRE II: ÉCRITURES D'AFFECTATION DU RÉSULTAT

A. L'affectation du résultat dans l'entreprise individuelle 242
1. *Cas du bénéfice net* 242
2. *Cas de la perte nette* 247

B. L'affectation du résultat dans les sociétés commerciales 249

Titre 4

Cas particuliers

1re partie: L'enregistrement et l'évaluation des opérations libellées en monnaies étrangères

CHAPITRE I: NOTIONS 251

CHAPITRE II: PRINCIPES À RESPECTER 253

CHAPITRE III: LES ÉLÉMENTS DU TRAITEMENT COMPTABLE . . 253

A. Technique comptable 254
1. *Comptes à deux monnaies* 254

	2.	Comptes de compensation de change	255
	3.	Comptes de positions-devises	256

B. Le choix du cours de conversion en monnaie nationale à l'enregistrement des transactions 257
   1. *Introduction* 257
   2. *Caractéristiques des transactions* 258

CHAPITRE IV: LE TRAITEMENT DES DIFFÉRENCES DE CHANGE QUAND LA TRANSACTION EST DÉNOUÉE DURANT L'EXERCICE

A. Principes d'imputation 260

B. Ecritures 261

CHAPITRE V: LE CHOIX, À LA CLÔTURE, DU COURS D'ÉVALUATION DES POSTES AU BILAN LIBELLÉS ORIGINELLEMENT EN MONNAIES ÉTRANGÈRES

A. Exposé du problème 262

B. Les éléments à évaluer 262

C. La procédure d'évaluation 263
   1. *L'établissement des différentes positions au bilan* 263
   2. *Le choix du cours d'évaluation – applications* 264
   2.1. Monetary/non monetary Method 265
   2.2. Modified monetary Method 265
   2.3. Current/non current Method 266
   2.4. Current rate Method 266
   3. *Synthèse* 266
   4. *Choix d'une méthode ou principes à respecter?* 267
   5. *La pratique en Suisse* 267

D. Ecritures 267

E. Prise en compte des changements de parités postérieurs à la date de clôture 268

CHAPITRE VI: TABLEAU DES POSSIBILITÉS ESSENTIELLES DE COMPTABILISATION DES DIFFÉRENCES DE CHANGE 269

2ᵉ partie: Les ventes à la commission

CHAPITRE I: NOTIONS

   1. *Définitions* 271
   2. *Rapports juridiques* 271

XV

CHAPITRE II: STRUCTURES COMPTABLES

A. Chez le commettant 273

B. Chez le commissionnaire 274

C. Exemple 275

D. Contrôle intracomptable du stock de marchandises consignées 277

3ᵉ partie: Affaires en participation

CHAPITRE I: NOTIONS

1. *Aspects juridiques* 278
2. *Rapports des participants entre eux et avec les tiers* 278

CHAPITRE II: STRUCTURES COMPTABLES

A. Les comptes 279

B. Ecritures 280
1. *Affectation du résultat* 280
2. *Règlements financiers* 280
3. *Clôture des comptes en cas de stock final chez l'un des participants* 280
4. *Exemple* 282

4ᵉ partie: Les entreprises avec succursales

CHAPITRE I: SUCCURSALES AUTONOMES

A. Notions 284

B. Gestion comptable 284
1. *Comptes de liaison* 284
2. *Comptes de marchandises* 285
3. *Mouvements de fonds* 285
4. *Comptes d'attente* 286
5. *Comptabilisation du résultat* 287
6. *Opérations entre succursales* 288
7. *Cumul des comptes annuels* 289

CHAPITRE II: SUCCURSALES DÉPENDANTES

A. Notions 290

B. Gestion comptable 290
1. *Au siège* 290

2.	A la succursale	291
3.	Le contrôle des stocks/succursale au prix de vente, incorporé à la comptabilité du siège	292

5ᵉ partie: Les opérations de leasing (ou crédit-bail)

CHAPITRE I:	GÉNÉRALITÉS	293
CHAPITRE II:	CONTEXTE JURIDIQUE	293
	PRATIQUE COMPTABLE	293

CHAPITRE III: LE LEASING D'EXPLOITATION

A. Caractéristiques	294
B. Comptabilité	294

CHAPITRE IV: LE LEASING FINANCIER

A. Notions	295
B. Modalités	295
C. Les controverses d'ordre comptable	296
D. La représentativité du bilan et le leasing financier	297
E. Technique comptable	298
1. Les méthodes	299
2. Critiques	302
F. Mention dans l'annexe au bilan	303

Bibliographie	304

Introduction

I. Généralités

1. Entreprise et comptabilité

Pour bien comprendre la définition, l'objet et les buts de la comptabilité, rappelons brièvement ce qu'est l'entreprise d'une façon générale: c'est une entité juridique et une cellule économique qui s'adonne à un faisceau d'activités dont certaines sont économiques et financières; cette cellule est distributrice de revenu aux apporteurs de ressources. Il s'agira, pour de multiples raisons, d'enregistrer et de mesurer ces activités; de plus cet enregistrement et cette mesure sont qualifiés par des expressions juridiques.

1.1. Définition de la comptabilité

On peut définir la comptabilité comme une mémoire écrite érigée en système d'information au service de l'entreprise. Elle saisit les informations, les sélectionne, les traite et les transmet aux utilisateurs auxquels elles sont destinées afin que soit éclairé leur jugement sur la situation, l'évolution et les perspectives de l'entreprise.

1.2. Rôle de la comptabilité

Le rôle de la comptabilité sera de classer, de rassembler, d'enregistrer en termes monétaires et en quantités, d'une manière significative, les opérations et les événements. Ainsi, elle permettra de mesurer les ressources détenues par les entreprises, de refléter leurs droits et leurs obligations, de mesurer les variations de ces ressources et la façon dont seront distribués les revenus; enfin, d'allouer toutes ces opérations à une période de temps spécifique.

1.3. Buts de la comptabilité

La comptabilité est là pour rendre des services essentiels à l'entrepreneur. Cette mémoire écrite doit garder la trace des valeurs, des opérations et des résultats :
- A l'égard des tiers, elle sera la preuve, la justification de l'existence d'une opération, d'un fait. En conséquence, le système d'information évitera l'oubli ou la confusion.

– Elle permettra de connaître le revenu dégagé par l'activité de l'entreprise.

C'est la partie essentielle et indispensable des données utiles à la gestion.

2. La comptabilité et les fonctions de l'entreprise

La comptabilité est une des fonctions de direction car c'est un organe de vision de l'entreprise. C'est l'un des centres nerveux dont le rôle est de diriger et de régler les relations avec le monde extérieur.

3. Les branches de la comptabilité

Pour atteindre les divers objectifs qui lui sont assignés, la comptabilité s'est scindée en plusieurs branches.

    a) La comptabilité générale et ses annexes : facturation, gestion des stocks, gestion des salaires et traitements. C'est d'elle qu'il sera question dans cet ouvrage.

    b) La comptabilité analytique d'exploitation dont le domaine s'étend à l'analyse des coûts et des prix de revient.

    c) La comptabilité prévisionnelle ou budgétaire qui vise à établir des prévisions d'exploitation et de situation à plus ou moins longue échéance et qui analyse les écarts entre prévisions et réalisations au gré des événements et du temps.

II. La comptabilité générale

1. Notions

Reprenant le rôle et les buts de la comptabilité évoqués ci-dessus, on pourra définir la comptabilité générale comme étant ce système qui, fournissant des informations quantitatives, mettra en rapport deux techniques : la gestion financière et la gestion économique.

Les moyens assemblés formant la comptabilité générale sont adaptés à une fin ; mieux, à plusieurs fins. L'ensemble du patrimoine de l'entreprise subit en effet de nombreuses variations à la suite de faits de nature très diverse. On peut cependant les regrouper en deux catégories significatives :

– les faits de nature juridique
– les faits de nature économique.

Il en découle *l'obligation juridique* de tenir une comptabilité. Comme l'entreprise est elle-même une entité juridique, l'enregistrement des opérations sera soumis à certaines règles de droit. La comptabilité générale devient ainsi un moyen de preuve envers les tiers et un instrument de contrôle.

Au plan de la gestion, la comptabilité devient l'outil de calcul économique. A ce titre, c'est un instrument d'information à la fois interne et externe :
- *interne* car, pour le dirigeant, c'est l'instrument de gestion dans son acception la plus large;
- *externe* car la comptabilité générale renseignera les tiers auxquels l'entreprise fait appel; elle peut aussi, dans bien des cas, informer la collectivité tout entière de sa performance économique.

La comptabilité générale n'est pas seulement un système de saisie d'informations chiffrées; cela va beaucoup plus loin. Elle devient un instrument d'analyse et de synthèse et aboutit ainsi au contrôle de l'efficacité de la gestion; elle facilite le choix des investissements et celui des productions possibles. Elle permet la fixation des prix, la détermination des quantités à produire et à vendre pour couvrir les charges; elle permet la mesure du résultat, son analyse et sa discussion.

Instrument d'aide à la décision, elle ne fournira jamais de décision toute faite; c'est l'évidence. Mais par les informations qu'elle procure, soumises aux techniques d'analyses, elle permettra au dirigeant de prendre des décisions pertinentes.

Si la comptabilité générale n'est qu'une des sources quantitatives et qu'un des modes de calcul de la gestion économique, il faut reconnaître que c'est l'une des plus abondantes pour le dirigeant.

De par sa nature même, elle présente des caractères semblables pour toutes les entreprises, quels que soient leur importance et leur genre d'activité. Elle s'adaptera cependant aux spécificités propres à chacune d'elles. Par la force des choses, et vu son rôle et ses buts, chaque entreprise aura son service de comptabilité générale.

Relevons enfin que ses fondements théoriques, ses méthodes et ses techniques sont aussi ceux de la comptabilité analytique d'exploitation et de la comptabilité prévisionnelle.

2. *Les aspects de la comptabilité générale*

Il découle aussi de son rôle, de ses buts et de son caractère d'universalité, que la comptabilité générale revêt deux aspects.

Le premier, c'est *l'aspect fondamental.* Il comprend l'étude des principes régissant l'enregistrement des informations. Il s'agira d'exposer ces principes du traitement appliqué aux opérations économiques traduites en données chiffrées.

Le second, c'est *l'aspect formel,* c'est-à-dire le respect des règles pratiques et administratives qui revêtent une grande importance. Ces règles se justifient par le très grand nombre d'informations à saisir, l'intérêt juridique et social qui se dégage des documents obtenus et l'incidence qu'auront les moyens matériels mis en œuvre pour traiter ces informations.

Puisque les renseignements fournis par la comptabilité générale servent à déterminer le résultat, à maintenir intacte la capacité de production, à guider le développement, cela ne sera possible que grâce à la rapidité d'élaboration des documents de synthèse et à la qualité de leur présentation.

3. Dispositions légales et réglementations

Le statut juridique de l'entreprise, des raisons fiscales ou sociales, l'instauration de modes de preuves particuliers, la protection des tiers sont autant de raisons qui militent en faveur de l'intervention du droit dans le domaine de la comptabilité générale.

Les dispositions légales et réglementaires imposent par conséquent la tenue de certains comptes (comptabilité générale), de certains livres comptables (Journal, Grand-livre), l'établissement de certains documents (bilan, compte de résultat, annexe au bilan) dans un souci évident de normalisation.

Dans cet ordre d'idées, relevons aussi un autre problème: étant donné que la comptabilité générale fournit une multitude de renseignements chiffrés d'ordre juridique et économique, d'inévitables distorsions se produiront entre la vérité juridique et la réalité économique. Il suffit de penser, par exemple, à la terminologie ou à la déficience de l'unité monétaire. Il se peut aussi que la comptabilité doive obéir à des contraintes externes pour que les informations indispensables à la gestion soient fiables et qu'elle dérange de ce fait des concepts juridiques bien établis.

Ces divergences apparaîtront sur des éléments intégrés au calcul économique, sur la fiabilité de l'analyse et son interprétation, selon qu'il s'agisse du court terme ou du long terme et de la forme matérielle de son organisation.

Il faut se rendre à l'évidence qu'il n'existe pas dans ce domaine une seule vérité; mais chaque vérité correspond à la dimension d'une réalité dont la complexité est parfois difficile à saisir.

III. L'étude de la comptabilité générale

Une étude de la comptabilité générale repose par conséquent sur les aspects suivants:
- les fondements théoriques, les principes et conventions sur lesquels ils s'appuient;
- les techniques d'enregistrement des opérations et le cadre formel dans lequel elles se déroulent;

- les opérations en cours d'exercice ;
- les travaux de fin d'exercice ;
- les applications aux cas particuliers de structures économiques et aux entreprises vues sous leur statut juridique ;
- la nécessité de se référer au droit commercial, au droit comptable, aux principes et aux conventions, aux règles, aux usages et aux procédures qui ont leur importance dans la manière dont la comptabilité générale doit être comprise.

Titre 1

LES FONDEMENTS THÉORIQUES DE LA COMPTABILITÉ GÉNÉRALE

CHAPITRE I

L'INVENTAIRE ET LE BILAN

Pour bien comprendre les fondements sur lesquels s'appuie la théorie comptable, il convient de partir de l'origine de ce qui permettra la structuration puis le fonctionnement de la comptabilité générale: les éléments constituant *la situation économique* de l'entreprise. Cette situation apparaîtra à travers la détermination chiffrée, en quantités et en valeur, du *patrimoine* de l'entreprise.

En effet, une activité économique n'est concevable que par la réunion de biens matériels et immatériels nécessaires à l'exploitation: ce sont en fait les facteurs de production dont dépend toute l'activité de l'entreprise.

L'entreprise dispose donc de *ressources* qu'elle va *employer* pour exercer son activité. C'est de là que partent deux notions essentielles: l'inventaire et le bilan.

A. L'inventaire

1. Définition

La détermination du patrimoine de l'entreprise réside dans cette opération primordiale qu'est l'inventaire. C'est le *recensement complet*, en quantités et en valeur, de tout ce qui compose ce patrimoine: ressources, biens matériels et immatériels.

2. *Forme*

L'inventaire fait partie intégrante des documents comptables. Aucune forme particulière n'est exigée pour son établissement.

Les rubriques de l'inventaire seront évaluées en monnaie nationale (art. 960 CO). De plus, ce document sera établi de telle manière qu'aucune confusion n'apparaîtra entre les rubriques.

3. *But*

Grâce à lui:
- on vérifie l'existence matérielle et juridique de tous les éléments du patrimoine de l'entreprise;
- on le prend comme base de calcul de la fortune nette de l'entreprise;
- on détermine le résultat le plus proche des faits.

B. Le bilan

1. *Définition*

Le bilan est le document fondamental qui, à une date précise, récapitule et présente de façon résumée les données de l'inventaire.

Ces données d'inventaire recensent tous les éléments du patrimoine; ceux-ci se divisent en ressources d'un côté et en biens matériels et immatériels de l'autre.

Reprenant les éléments de l'inventaire d'une façon résumée, le bilan sera par conséquent ce tableau représentatif qui
- d'une part, nous renseigne sur *l'origine* des ressources de l'entreprise et
- d'autre part, sur *l'emploi* auquel elle les affecte.

2. *Relation entre l'inventaire et le bilan*

On peut conclure que, *quant au fond,* il y a identité entre l'inventaire et le bilan; ce dernier ne pourra fournir d'autres renseignements que ceux puisés dans l'inventaire; *a fortiori,* il ne devra pas non plus en omettre. Par contre *quant à la forme,* le bilan obéira à des exigences légales, à des règles et à des principes qui ne s'appliquent pas à l'inventaire.

3. *Notions d'ACTIF et de PASSIF*

En comptabilité, l'origine des ressources s'intitule le *PASSIF*.

Les éléments matériels et immatériels que ces ressources ont permis d'acquérir, utilisés par l'entreprise pour son exploitation, sont regroupés dans l'*ACTIF*.

Par convention, le total de chaque élément de l'actif s'inscrit à gauche du bilan, le total de chaque élément du passif à droite du bilan.

ACTIF	BILAN	PASSIF
Les éléments de l'actif indiquent la manière dont sont utilisées les ressources figurant au passif. En d'autres termes l'actif représente l'utilisation des fonds ou *investissement*.		Le passif décrit la provenance des ressources. Il répond à la question: A qui appartiennent les fonds investis? Il renseigne sur l'origine et l'ampleur des fonds investis: c'est le *financement*.

Chaque élément actif et passif constitue un *poste du bilan*.

Exemple:

ACTIF　　　　　　　　　　Bilan au 31.12.19..　　　　　　　　　PASSIF

Caisse	30 000.—	Créanciers	25 000.—
Compte postal	70 000.—	Hypothèque	40 000.—
Banque	20 000.—	Capital propre	500 000.—
Machines	275 000.—		
Mobilier	50 000.—		
Immeuble	120 000.—		
	565 000.—		565 000.—

On notera que:
- l'actif est défini à partir de la notion de patrimoine: toute la partie gauche du bilan;
- le passif, à droite dans le bilan, comporte deux éléments bien distincts des ressources:
    a) *Les fonds étrangers* ou dettes; ce sont dans notre exemple les postes «créanciers» et «hypothèque». On les appelle aussi «exigibles» ou «capitaux étrangers»[1].
    b) *les fonds propres* ou «capitaux propres»; ce sont les fonds appartenant au(x) propriétaire(s) de l'entreprise.

---

[1] Le langage comptable se distingue ainsi du langage usuel: ce dernier considère à tort le passif comme l'ensemble des dettes de l'entreprise: *«Cette entreprise a un lourd passif...»*.

Il découle des notions ci-dessus que le total de l'actif et celui du passif seront forcément égaux: on ne peut investir plus ou moins de ressources que celles mises à disposition de l'entreprise, soit par financement propre, soit par financement étranger.

Inversément les biens matériels et immatériels dont dispose l'entreprise ne pourront avoir une valeur totale différente de celle du total des ressources qui ont permis de les acquérir.

Le financement et l'investissement, respectivement les ressources et leur emploi, sont deux aspects d'une réalité économique identique:

$$ACTIF = PASSIF$$
$$\text{Emploi} = \text{Ressources}$$
$$\text{Investissement} = \text{Financement}$$

On observera qu'il n'existe aucune corrélation apparente entre les montants constituant l'origine des fonds (passif) et ceux consacrés à l'investissement (actif). La mise en évidence de cette corrélation relève de l'analyse des comptes annuels.

CHAPITRE II

L'ENREGISTREMENT DES OPÉRATIONS

A. Les bases de la mécanique comptable

1. *Notions*

Le bilan exprime la situation de l'entreprise à une date précise. Il s'ensuit que l'activité de l'entreprise modifiera d'une façon permanente la situation de départ exprimée dans les postes du bilan. Le rôle de la comptabilité générale consiste à enregistrer les mouvements de valeurs affectant cette situation ; ils peuvent être classés en deux catégories :

  a) Les mouvements de valeurs dont l'origine ne provient pas directement d'une conséquence de l'activité économique. Par exemple, le fait de rembourser une dette. Une simple démonstration arithmétique illustrera le phénomène :

Je dispose sur mon compte en banque de	100 000.—
J'ai envers un créancier une dette de	20 000.—
Mon capital propre (ou fortune nette) est de	80 000.—

  Si je donne l'ordre à ma banque de virer 20 000.— en faveur de mon créancier, ma dette aura disparu, et le disponible sur mon compte en banque (100 000.— − 20 000.— = 80 000.—), correspondra au montant de mon capital propre. Si mon capital propre est resté inchangé, deux éléments de ma situation se sont tout de même modifiés : ma dette est éteinte et mon disponible en banque a diminué d'autant !

  b) Les mouvements de valeurs qui trouvent leur origine dans les conséquences de l'activité économique ou, en d'autres termes, l'exploitation.

La combinaison des facteurs de production — Capital et Travail — débouche sur trois possibilités :
  – gains
  – pertes
  – résultat nul (cas plutôt théorique)

Gains ou pertes modifient la situation de l'entreprise en ce sens que, cette fois-ci, le capital propre de l'entreprise s'en trouvera affecté. Illustrons le phénomène:

J'ai en caisse	100 000.—
Un stock de marchandises	40 000.—
Total des actifs	140 000.—
J'ai une dette de	20 000.—
Capital propre	120 000.—

Si je vends au comptant tout mon stock de marchandises pour le prix de 70 000, je réalise un gain de 70 000.— − 40 000.— = 30 000.—; les mouvements de valeurs sont les suivants:

1) Le stock de marchandises a disparu de l'entreprise.

2) Le total du montant en caisse est de:

100 000.— + 70 000.— =	170 000.—
(c'est le total de l'actif)	
./. dette	20 000.—
Capital propre	150 000.—

Le capital propre a augmenté de la contre-valeur du gain réalisé sur le produit de mon activité, soit la vente des marchandises:
120 000.— + 30 000.— = 150 000.—.

En résumé, la comptabilité enregistrera:

- toutes les augmentations et diminutions qui interviennent dans les différents éléments de l'actif et du passif;
- la portion de capital qui *apparaît* lorsqu'il y a production ou gain (produits, profits);
- la portion de capital qui *disparaît* par suite de consommation ou de pertes (charges, pertes).

2. *L'enregistrement*

L'enregistrement des valeurs, des modifications de valeurs ou faits comptables obéit à une technique particulière. Chaque mouvement de valeurs est enregistré: c'est *l'écriture comptable*. Elle se passe dans un *compte* et repose sur la *convention de la partie double*.

2.1. L'écriture comptable

C'est la description littéraire et chiffrée du fait comptable ou opération comptable.

La description littéraire est rédigée dans la langue nationale: c'est le *libellé;* les chiffres expriment, en monnaie nationale, la valeur ou le mouvement de valeurs de l'opération [1].

2.2. Le compte

Instrument unitaire d'enregistrement, le compte est l'outil fondamental de la technique comptable. Son intitulé correspond à la nature des opérations qu'il enregistre.

La valeur et les mouvements de valeurs relèvent à la fois
- de la *situation,*
- de *l'exploitation.*

En conséquence, nous nous trouvons en face de deux grandes catégories de comptes:
- les comptes de situation (ou comptes patrimoniaux)
- les comptes de gestion (ou comptes d'exploitation).

2.2.1. Les comptes de situation

La situation de l'entreprise s'exprimant par le bilan, les comptes de situation seront ceux qui reprendront les rubriques inscrites au bilan.

Nous sommes alors en face de deux natures différentes de comptes de situation:
- les comptes actifs
- les comptes passifs

2.2.2. Les comptes de gestion

Ils enregistrent tous les mouvements de valeurs nés de l'activité de l'entreprise traduisant les gains (ou produits, ou profits, ou bénéfices) et les pertes (ou charges).

Nous sommes ici en face de deux natures différentes de comptes de gestion:
- les comptes de charges
- les comptes de produits

---

[1] Pour des raisons d'ordre pratique et par souci de simplification, nous ne tiendrons compte du libellé que dans des cas bien précis, pour les besoins de la démonstration.

2.3. Représentation du compte

Selon l'usage, le compte est représenté schématiquement comme suit:

Par *convention,* la partie de gauche s'appelle «débit» (ou «doit»), celle de droite «crédit» (ou «avoir»).

Un compte sera attribué à *chaque espèce* d'actif, de passif, de charge ou de perte, de produit ou de gain, de résultat, pour permettre l'enregistrement des faits comptables.

Remarque: Il convient d'insister sur un point important. Les mots «Débit» et «Crédit» ont pour rôle de distinguer les colonnes de gauche et de droite des comptes, sans plus. Il ne faut pas les prendre dans le sens que débiter un compte c'est le diminuer ou créditer un compte c'est l'augmenter. Une telle manière de penser conduirait à la confusion et à l'erreur.

3. La convention de la partie double

L'enregistrement des opérations repose sur la convention de la partie double.

Cette convention peut s'énoncer très simplement. Chaque information – ou opération – est enregistrée par la passation d'une double écriture sur deux comptes différents. Tout montant imputé au débit d'un compte est toujours compensé par un montant équivalent imputé au crédit d'un autre compte *quelle que soit la nature des comptes impliqués dans le jeu des écritures.*

Corollaire: Pour un ensemble d'opérations, le total des débits est égal au total des crédits.

Remarque: Le montant d'une opération peut être fractionné au débit et/ou au crédit de plusieurs comptes. Cela ne change rien à l'égalité arithmétique entre le débit et le crédit.

L'imputation est l'inscription d'un montant dans un compte. Elle doit être correcte sous peine de faire perdre toute signification à la comptabilité.

B. Fonctionnement des comptes actifs et passifs

1. Règle de l'ouverture des comptes

Afin que le compte reflète l'image exacte de la valeur de l'élément qu'il représente, il faudra, en premier lieu, reporter dans ce compte la valeur inscrite au bilan initial. C'est l'opération d'ouverture.

Règle: Les comptes actifs et passifs s'ouvrent du même côté que celui de l'inscription au bilan des éléments qu'ils représentent.

> les comptes actifs s'ouvrent au débit
> les comptes passifs s'ouvrent au crédit

En reprenant l'exemple du bilan de la page 9 nous aurons:

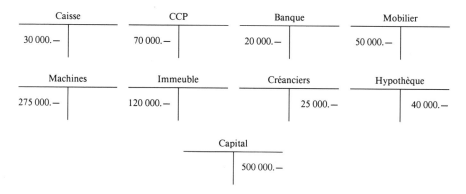

2. Technique de l'enregistrement des opérations

Une fois ouverts, les comptes enregistrent les mouvements de valeurs c'est-à-dire les faits comptables modifiant les valeurs portées initialement dans les comptes.

Ces modifications ne peuvent se traduire qu'en deux opérations arithmétiques: l'addition ou la soustraction. Par conséquent:

a) Pour les comptes actifs:
  – une augmentation s'inscrira au Débit (en *addition* du montant à l'ouverture);
  – une diminution s'incrira au Crédit (en *soustraction* des montants portés au Débit).

b) Pour les comptes passifs:
  – une augmentation s'inscrira au Crédit (en *addition* du montant porté à l'ouverture);
  – une diminution s'inscrira au Débit (en *soustraction* des montants portés au Crédit).

Ces mécanismes se schématisent ainsi:
a) Une permutation dans les actifs donnera lieu à l'écriture suivante:

Exemple: J'achète au comptant du mobilier pour un montant de 15 000.—

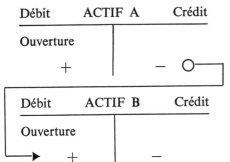

Débit	CAISSE	Crédit
30 000.—		15 000.—

Débit	MOBILIER	Crédit
50 000.—		
15 000.—		

Le montant du compte A passe au compte B.

La valeur du mobilier a *augmenté* de 15 000.—; le disponible en caisse a *diminué* de 15 000.—.

b) Une permutation dans les passifs donnera lieu à l'écriture suivante:

Exemple: Je rembourse 20 000.— à mon créancier par augmentation de ma dette hypothécaire.

Débit	PASSIF A	Crédit
		Ouverture
—		+

Débit	PASSIF B	Crédit
		Ouverture
—		+

Débit	CRÉANCIERS	Crédit
20 000.—		25 000.—

Débit	HYPOTHÈQUE	Crédit
		40 000.—
		20 000.—

Ma dette envers mon créancier a *diminué* de 20 000.— que la banque hypothécaire a versés par *augmentation* de mon emprunt.

c) Un apport nouveau en capital affectera à la fois l'actif et le passif; il sera constaté par l'écriture suivante:

Débit	ACTIF	Crédit	Débit	PASSIF	Crédit
Ouverture					Ouverture
+		−	−		+

Exemple: En vue de financer de nouvelles opérations le propriétaire de l'entreprise investit 50 000.— dans celle-ci; le montant provient de ses fonds privés et il le verse sur le compte bancaire ouvert au nom de l'entreprise.

Débit	BANQUE	Crédit	Débit	CAPITAL	Crédit
20 000.—					500 000.—
50 000.—					50 000.—

Les fonds propres (le capital) ont augmenté de 50 000.—; le disponible sur le compte en banque a augmenté d'autant.

d) Le remboursement d'une dette par versement de liquidités affectera aussi l'actif et le passif.

Débit	ACTIF	Crédit	Débit	PASSIF	Crédit
Ouverture					Ouverture
+		−	−		+

Exemple: Je rembourse par prélèvement en caisse les 5 000.— encore dus à mon créancier.

Situation reprise de l'exemple a)   *Situation reprise de l'exemple b)*

Débit	CAISSE	Crédit	Débit	CRÉANCIERS	Crédit
30 000.—		15 000.—	20 000.—		25 000.—
		5 000.—	5 000.—		

Mon disponible en caisse a diminué de 5 000.—; la dette envers mon créancier est complètement éteinte.

Ces exemples montrent que la convention de la partie double est respectée. Chaque opération a donné lieu à une double écriture:
- l'une au débit d'un compte et simultanément
- l'autre au crédit d'un compte.

L'imputation des montants traduisant les mouvements de valeurs s'est faite sur les comptes corrects.

L'exactitude des écritures dépend:
1) du choix des comptes devant enregistrer les mouvements de valeurs
2) du choix *du côté* du compte — débit ou crédit — affecté par l'opération.

Pour comptabiliser correctement les opérations dans les comptes actifs et passifs, il faudra répondre dans l'ordre aux questions suivantes:

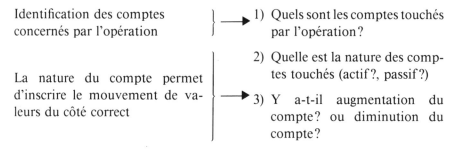

C. Fonctionnement des comptes de gestion

1. *Les comptes de charges et de pertes*

Définitions

La charge est la mesure du capital consommé par l'activité de l'entreprise.

Exemples: Rémunération du travail fourni par le personnel, coût des matières consommées lors de la fabrication, coût de la marchandise vendue, coût de l'énergie et des services utilisés pour le fonctionnement de l'entreprise.

La perte est la mesure du *capital disparu* pour d'autres raisons que la consommation due à l'activité de l'entreprise.

Exemples: Destruction ou disparition pure et simple de marchandises, vol.

Du point de vue comptable, la perte se traite comme une charge.
La charge ou la perte constituent une *diminution de capital* puisque celui-ci est consommé ou perdu.
On pourrait inscrire cette charge directement dans le compte Capital en contrepartie du compte actif enregistrant la diminution effective, (ou d'un compte passif constatant l'augmentation de la dette relative à cette charge non encore payée):

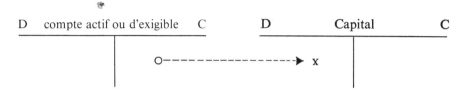

Cependant, la comptabilité est organisée pour nous renseigner sur les différentes catégories de charges que l'activité de l'entreprise engendre. Aussi, au lieu d'inscrire les charges au compte «Capital», on ouvrira autant de comptes de charges que la nature de celles-ci l'exige pour tirer de la comptabilité tous les renseignements utiles sur la structure, la source et l'ampleur de ces charges.
Par conséquent, se substituant au compte «Capital», les comptes de charges fonctionneront comme celui-ci. *Puisque les charges (et pertes) pourraient se comptabiliser au débit du compte «Capital» (diminution de passif) elles s'inscriront au débit du compte de charge:*

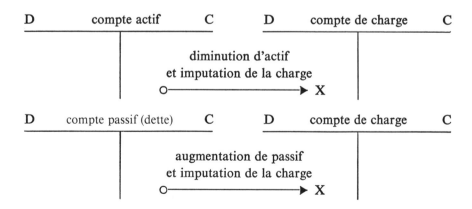

Par opposition, les diminutions de charges s'inscriront *au crédit du compte de charge*, en contrepartie du débit du compte actif ou d'exigible concerné.

Exemple a)

Je règle le loyer de mon commerce, 2 000.— par prélèvement en caisse.

Les comptes touchés sont: «Caisse» (diminution d'actif) et «Loyer», compte de charge qui enregistre la nature de cette diminution d'actif et constate implicitement la diminution de mon capital.

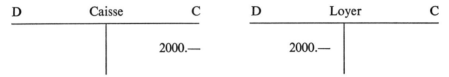

Exemple b)

Reçu une facture de publicité, 1 500.— payable à 30 jours.

Les comptes touchés sont «Créanciers» (compte passif constatant l'augmentation de mes dettes) et «Publicité», compte de charge qui enregistre la nature de cette augmentation de dette.

D	Créanciers	C	D	Publicité	C
	1500.—			1500.—	

2. Les comptes de produits et de gains

Définitions

Le *produit* est la mesure du capital engendré par l'activité de l'entreprise: produit de services rendus ou de la vente de marchandises.

Le *gain* est la mesure du capital apparu dans l'entreprise pour d'autres raisons que la production résultant de l'activité de l'entreprise. Sa comptabilisation est semblable à celle du produit. Comme pour les charges et les pertes, la comptabilité nous renseignera sur les différentes sources de produits et de gains, par la création de *comptes de produits*.

Un produit (ou un gain) constitue une augmentation de capital et pourrait s'inscrire dans le compte «Capital» (en contrepartie du compte actif enregistrant l'augmentation effective ou du compte passif constatant la diminution de la dette):

Pour obtenir des renseignements précis sur les sources de produits, on substituera au compte «Capital» autant de comptes de produits qu'il sera nécessaire; ils fonctionneront de manière identique à celui-ci.

Puisque les produits (et gains) pourraient se comptabiliser au crédit du compte «Capital» ils s'inscriront au crédit du compte de produit.

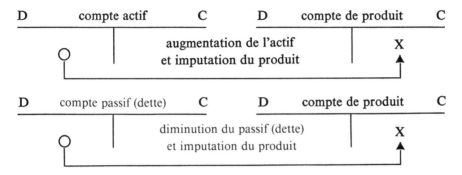

Par opposition, les diminutions de produits s'inscriront au débit du compte de produit, en contrepartie du crédit du compte actif ou du compte passif concerné.

Exemple a)
Encaissé des honoraires, 800.—

D	Caisse	C	D	Honoraires	C
800.—					800.—

Constatation du produit de mon travail: 800.— sur le compte «Honoraires». Ce produit est concrétisé par l'augmentation de 800.— du disponible en «Caisse».

Exemple b)
Obtenu d'un créancier un escompte sur facture, 200.—

D	Créanciers	C	D	Escomptes obtenus	C
200.—					200.—

L'obtention de cet escompte de 200.— diminue d'autant ma dette envers mon fournisseur; il s'agit d'un gain financier constaté par l'imputation du même montant au crédit du compte de produit «Escomptes obtenus».

Le mécanisme des comptes de gestion se schématise ainsi:

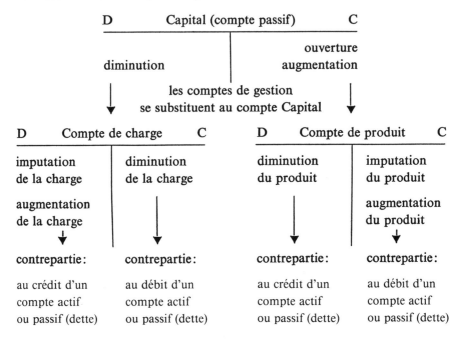

L'opération provenant de l'existence d'une charge ou d'un produit se comptabilise aussi sur la base d'une série de questions; dans l'ordre:

1) S'agit-il pour l'entreprise d'une charge ou d'un produit?
2) Quel compte de charge — ou de produit — enregistre cette opération?
3) De quel côté du compte touché faut-il inscrire la charge?... le produit?
4) Quel est le compte de situation (actif?... passif?) affecté par cette opération?
5) Augmente-t-il ou diminue-t-il?

Plusieurs aspects ressortent de la structure et du rôle de ces comptes:

1) Les comptes de gestion renseignent le gestionnaire sur la nature et la provenance des charges et des produits, autrement dit sur l'activité déployée par l'entreprise.

2) Les comptes de gestion ne représentent pas un élément de la situation de l'entreprise; ils ne figurent donc pas au bilan.
3) La convention de la partie double est respectée. Il y a simultanément imputation au débit d'un compte et au crédit d'un autre compte.
4) La comptabilité générale comprendra un nombre de comptes de gestion égal à celui des informations significatives que l'entreprise veut obtenir sur ses charges et ses produits classés par nature.
5) Il y a interdépendance entre les comptes de gestion et les comptes de situation: chaque inscription d'une charge ou d'un produit modifie la situation de l'entreprise par imputation du mouvement de valeurs correspondant dans un compte actif ou passif.
6) Une double écriture sur deux comptes de gestion ne peut pas se produire: une opération comptable ne peut avoir pour origine simultanément une augmentation et une diminution de charge, ni une augmentation et une diminution de produit.
7) Une nette séparation existe entre les comptes de charges et les comptes de produits : une diminution de charge (inscrite au crédit du compte de charges) n'est pas un produit ; une diminution de produit (inscrite au débit d'un compte de produit) n'est pas une charge.

CHAPITRE III

LE RÉSULTAT

1. Notions
L'un des objectifs essentiels de la comptabilité est d'aboutir à la détermination du résultat. C'est un élément dont l'importance est grande pour le gestionnaire. Sans entrer, pour l'instant, dans le détail des différentes catégories de résultats, on peut définir le résultat comme étant, en dernière analyse de l'activité, la modification du capital propre apparaissant à la fin d'une période observée.
Partant de cette définition, on voit que la notion de résultat est inséparable d'une autre notion : celle du *temps*. Le résultat sera dégagé par un compte qui, *à un moment donné*, procède à la synthèse des informations dispersées dans les comptes de gestion. Totalisant ainsi les charges d'un côté et les produits de l'autre, le compte de résultat appelé «Compte d'Exploitation» ou compte de «Pertes et Profits» ou encore plus simplement «Compte de résultat», fera ressortir :

un bénéfice net si total des produits > total des charges
une perte nette si total des produits < total des charges
un résultat nul si total des produits = total des charges

2. Technique de la détermination du résultat
Cette technique relève de la pure mécanique comptable dans le but de regrouper et comparer les charges aux produits. Cela nous conduit à deux notions : le solde et le virement.
   a) *Le solde* d'un compte ou «position» est la différence arithmétique entre le total du débit et le total du crédit. Ce solde, selon la nature du compte, sera «créditeur» ou «débiteur».
   b) *Le virement* est une opération comptable qui consiste
      1) à transférer le montant imputé à un compte sur un autre compte (à la suite d'une erreur d'imputation par exemple)
      2) à transférer le solde d'un compte sur un autre compte en vue d'une opération de regroupement.
   Le virement ne traduit aucune opération économique.

c) *Le solde pour balance* est celui qui, au moment du virement, s'inscrit du côté arithmétiquement le plus faible du compte rendant ainsi les deux côtés égaux; ce solde est transféré sur un autre compte, du côté opposé. On respecte en cela, forcément, la convention de la partie double.

Exemple:

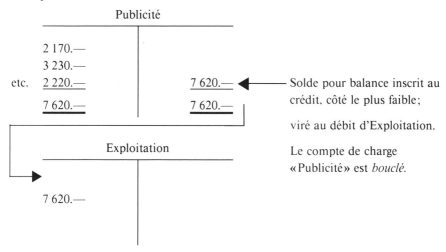

La synthèse des informations fournies par les comptes de gestion s'opère par virement des soldes de ces comptes au compte d'Exploitation.

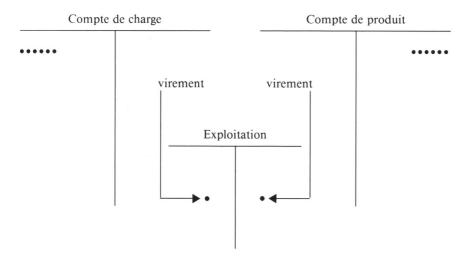

Exemple (résumé): (les contreparties de ces écritures s'inscriraient aux comptes actifs et passifs)[1].

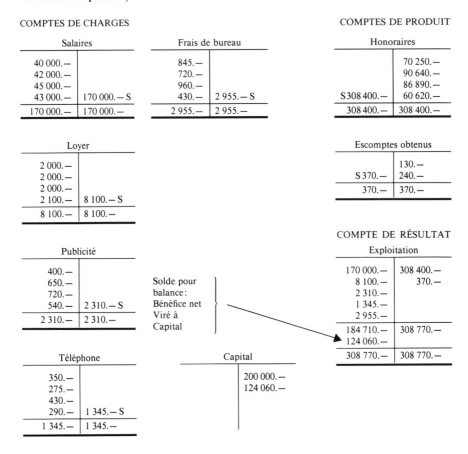

Le mécanisme du virement des comptes de gestion ne change rien à l'interprétation à donner au compte de résultat. Pour les comptes de charges, le débit est le plus fort. Le virement transfère le solde pour balance au débit du compte de résultat. Pour les comptes de produit, le crédit est le plus fort. Le virement transfère le solde pour balance au crédit du compte de résultat. On peut conclure, en toute logique, que le compte de résultat donne à un moment précis et pour une période déterminée:
 – au débit: le regroupement des charges et leur total
 – au crédit: le regroupement des produits et leur total
 – par différence entre ces deux totaux, le résultat.

---

[1] S = solde pour balance, viré à Exploitation.

3. L'interdépendance entre le bilan et le compte de résultat

Repartons des notions de charge et de produit.
Une charge se traduit par une diminution d'actif ou une augmentation des dettes :

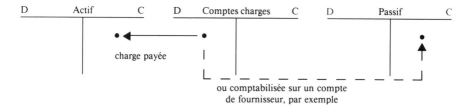

Un produit se traduit par une augmentation des actifs et au 2ᵉ degré par une diminution des dettes :

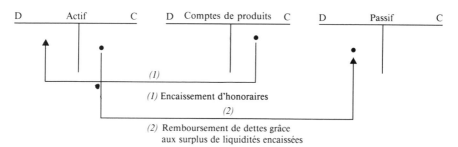

Une fois effectuées les opérations de regroupement de charges et de produits, on en vient à l'alternative suivante :

a) résultat bénéficiaire :

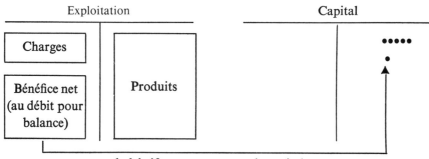

ou
b) résultat déficitaire :

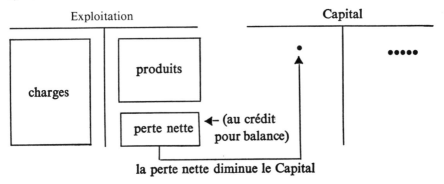

la perte nette diminue le Capital

Il y a par conséquent interdépendance entre les comptes de gestion (compte de résultat) et les comptes de situation (comptes du bilan).

Corollaires :

a) Le compte de capital propre exprimant au bilan la différence entre l'actif et les exigibles, le résultat final s'exprime en terme de variation des fonds propres.
b) Cette variation globale, finale, du capital est la différence ultime des variations spécifiques enregistrées durant la période observée, des éléments de l'actif et des exigibles affectés par les charges et les produits (à l'exclusion d'apport ou de retrait de fonds propres).

Le résultat exprime la variation de fortune nette :

$$\text{Bénéfice net} = + \Delta \text{ Capital propre}$$

ou :

$$\underbrace{[(+\Delta \text{ actifs}) + (-\Delta \text{ dettes})]}_{\text{Total des produits}} - \underbrace{[(-\Delta \text{ actifs}) + (+\Delta \text{ dettes})]}_{\text{Total des charges}} = +\Delta \text{ Capital propre}$$
$$\text{Total des produits} \quad - \quad \text{Total des charges} \quad = \quad \text{Bénéfice net}$$

On tiendra le raisonnement inverse en cas de perte.

Ces variations spécifiques dues à l'enregistrement des charges et des produits, ajoutées aux autres mouvements de valeurs entre comptes de situation (permutations) vont placer l'entreprise, en fin de période observée, dans une situation nouvelle, différente de celle enregistrée en début de période.

En d'autres termes l'entreprise déterminera non seulement son résultat mais, conjointement, sa situation nouvelle du fait des modifications intervenues : elle dressera un nouveau bilan, final celui-là, qui servira de bilan initial à l'exercice suivant.

CHAPITRE IV

LE BILAN FINAL

1. Technique comptable

La technique d'établissement du bilan final est simple: il suffit de calculer les soldes des comptes actifs et passifs et de les virer au bilan.

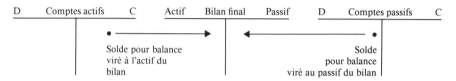

Les comptes actifs et passifs sont ainsi balancés.

2. Synthèse des mécanismes fondamentaux

L'exemple suivant donne cette synthèse des mécanismes fondamentaux: ouverture des comptes, enregistrement d'opérations, détermination du résultat. Il ne donne pas l'image d'un exercice complet au sens où nous devons l'entendre. Son but est d'illustrer d'une manière globale la théorie exposée.

Les opérations se sont déroulées comme suit:
a) Ouverture des comptes: les montants inscrits au bilan initial passent aux comptes actifs et passifs.
b) Les opérations 1 à 18 sont enregistrées selon les fondements propres à la comptabilité en partie double.
c) Les soldes pour balance des comptes de gestion passent à Exploitation pour déterminer le résultat.
d) Le résultat est viré au compte Capital.
e) On tire les soldes pour balance des comptes actifs et passifs; ils sont virés au bilan final.

Bilan initial

Caisse 3 400.—; Poste 8 800.—; Débiteurs 12 500.—; Mobilier et installations 28 000.—; Véhicules 22 000.—; Créanciers 19 300.—; Banque (solde passif) 8 400.—; Capital propre 47 000.—.

Comptes de charges: loyer, électricité, salaires, frais véhicules, publicité, frais divers, intérêts.
Comptes de produits: commissions, honoraires.
Compte de résultat: exploitation.
1. Honoraires reçus en espèces, 18 500.—.
2. Paiements de loyer par virement postal, 7 200.—.
3. Achat à crédit d'une machine à calculer, 3 000.—.
4. Paiements des débiteurs au compte postal, 5 400.—.
5. Paiements des factures de publicité, en espèces, 2 800.—.
6. Inscription des intérêts en faveur de la banque, 300.—.
7. Paiements des salaires, en espèces, 12 000.—.
8. Honoraires reçus au compte postal, 35 800.—.
9. Paiements des factures du garagiste par virement postal, 3 200.—.
10. Prélèvements au compte postal pour la caisse, 15 500.—.
11. Paiements aux créanciers par virement postal, 12 700.—.
12. Inscription des commissions facturées à nos clients, 4 900.—.
13. Paiements par virement postal des factures d'électricité, 2 100.—.
14. Versements du compte postal à la banque, 7 700.—.
15. Paiements de frais divers en espèces, 4 700.—.
16. Reçu en espèces 800.— de la vente d'un meuble usagé.
17. Inscription des taxes du compte postal, 100.—.
18. Paiements de diverses primes d'assurances par chèques sur la banque, 3 900.—.

Actif		Bilan initial	Passif
Caisse	3 400.—	Créanciers	19 300.—
Poste	8 800.—	Banque	8 400.—
Débiteurs	12 500.—	Capital propre	47 000.—
Mobilier et installations	28 000.—		
Véhicules	22 000.—		
	74 700.—		74 700.—

Caisse

	3 400.—	5)	2 800.—
1)	18 500.—	7)	12 000.—
10)	15 500.—	15)	4 700.—
16)	800.—	S	18 700.—
	38 200.—		38 200.—

Poste

	8 800.—	2)	7 200.—
4)	5 400.—	9)	3 200.—
8)	35 800.—	10)	15 500.—
		11)	12 700.—
		13)	2 100.—
		14)	7 700.—
		17)	100.—
		S	1 500.—
	50 000.—		50 000.—

Débiteurs

	12 500.—	4)	5 400.—
12)	4 900.—	S	12 000.—
	17 400.—		17 400.—

Mobilier et installations

	28 000.—	16)	800
3)	3 000.—	S	30 200.—
	31 000.—		31 000.—

Véhicules

	22 000.—	S	22 000.—
	22 000.—		22 000.—

Créanciers

11)	12 700.—		19 300.—
		3)	3 000.—
S	9 600.—		
	22 300.—		22 300.—

Banque

14)	7 700.—		8 400.—
		6)	300.—
S	4 900.—	18)	3 900.—
	12 600.—		12 600.—

Capital propre

			47 000.—
			22 900.—
S	69 900.—		
	69 900.—		69 900.—

Electricité

13)	2 100.—	S	2 100.—
	2 100.—		2 100.—

Salaires

7)	12 000.—	S	12 000.—
	12 000.—		12 000.—

Honoraires

		1)	18 500.—
		8)	35 800.—
S	54 300.—		
	54 300.—		54 300.—

Loyer

2)	7 200.—	S	7 200.—
	7 200.—		7 200.—

Frais véhicules

9)	3 200.—	S	3 200.—
	3 200.—		3 200.—

Publicité

5)	2 800.—	S	2 800.—
	2 800.—		2 800.—

Frais divers

15)	4 700.—		
17)	100.—		
18)	3 900.—	S	8 700.—
	8 700.—		8 700.—

Intérêts

6)	300.—	S	300.—
	300.—		300.—

Commissions

		12)	4 900.—
S	4 900.—		
	4 900.—		4 900.—

Exploitation

2 100.—	4 900.—
12 000.—	54 300.—
7 200.—	
3 200.—	
2 800.—	
8 700.—	
300.—	
BN 22 900.—	
59 200.—	59 200.—

Note: S = Solde pour balance.

Actif	Bilan final		Passif
Caisse	18 700.—	Créanciers	9 600.—
Poste	1 500.—	Banque	4 900.—
Débiteurs	12 000.—	Capital propre	69 900.—
Mobilier et installations	30 200.—		
Véhicules	22 000.—		
	84 400.—		84 400.—

En comparant le capital initial au capital final on obtient aussi la variation de fortune représentée par le résultat net:

Capital propre fin d'exercice	69 900.—
Capital propre début d'exercice	47 000.—
Variation positive de fortune	22 900.—

---

[1] L'incorporation de la variation de fortune (résultat) au Capital est théoriquement correcte. Nous verrons plus loin (titre 3, sections 4, 5 et 6) que pour de multiples raisons, le résultat est porté directement au bilan final: le bénéfice net au passif, la perte nette à l'actif.

Titre 2

FORME MATÉRIELLE
ORGANISATION — EXIGENCES LÉGALES

La tenue de la comptabilité générale revêt plusieurs aspects qu'il convient d'examiner. Ils relèvent du cadre matériel dans lequel évolue la comptabilité et auquel s'appliquent les principes théoriques.

CHAPITRE I

LE SCHÉMA MATÉRIEL

A. La forme de la comptabilité

L'étude de la forme à donner à la comptabilité est un problème administratif doublé d'exigences légales, qui tend à apporter d'incessants perfectionnements à la procédure comptable.
Toutefois, à la base de chaque système proposé – manuel, mécanographique, électronique (ordinateurs) – on retrouve immuablement, sous des aspects apparemment différents, deux documents de la procédure classique:
  – le Journal: il répond au besoin d'authentification et de classement chronologique des opérations;
  – le Grand-livre: il répond au besoin méthodique et analytique des opérations.
Que l'information soit saisie au Journal ou au Grand-livre, le raisonnement procède de la convention de la partie double à appliquer à l'enregistrement des opérations; il reste identique.

1. Le Journal

Le Journal est à la fois la mémoire et le classement chronologique des opérations enregistrées.

Cependant, son rôle va plus loin. Du fait que la tenue du Journal respecte des formes obligées au langage comptable, ce document remplit la fonction d'imputation en désignant les comptes débités et les comptes crédités pour chaque opération.

Il tient lieu de moyen de preuve grâce au caractère d'authenticité que lui confère le respect de la forme. En effet:

   a) Chaque écriture au Journal – ou «article» – réunit les débits et les crédits. C'est le moyen de vérifier l'exactitude du choix des comptes et l'égalité arithmétique Débit = Crédit, donc l'exactitude des chiffres.

   b) L'écriture est décrite brièvement, de façon sommaire, mais claire, en langage comptable: c'est le libellé.

   c) Chaque écriture est datée; on vérifie ainsi la chronologie des enregistrements.

   d) Chaque écriture se réfère à une pièce comptable en vertu du principe qu'aucune écriture ne peut être passée sans justification.

   – La pièce comptable est le document contenant la source écrite des faits à enregistrer. Elle doit décrire clairement et sans ambiguïté les opérations effectuées afin que le comptable en fasse l'analyse et impute correctement les mouvements de valeurs qui en découlent dans les comptes appropriés. On trouve parmi ces documents: quittances, factures, ordres et avis de virements, bordereaux, effets de commerce, copies de lettres expédiées, lettres reçues, notes de débit, notes de crédit, etc.

   – Les pièces comptables servent de pièces justificatives et de moyens de preuve.

   – Le Journal enregistre aussi des faits matériels directement: il en va ainsi des opérations au comptant. Le moyen de preuve sera constitué par le système de la caisse enregistreuse, dont le total journalier sera reporté dans les livres.

   e) Les écritures sont enregistrées au Journal sans blanc (qui favoriserait des inscriptions pré- ou postdatées) ni altération: on ne peut «sauter» de ligne d'écriture ou de page, ni modifier a posteriori ce qui a été écrit. La technique des corrections permet de rectifier les erreurs éventuelles d'enregistrement ou d'imputation. Toute écriture passée à tort fait l'objet d'une «contrepassation» d'écriture en sens inverse et datée du jour de la correction.

   f) L'article au Journal contient un codage particulier (généralement la numérotation) qui permet de remonter facilement aux pièces comptables; celles-ci sont classées systématiquement, de telle sorte que le classement permettra de les consulter aisément.

Le Journal peut se présenter sous forme de feuilles reliées, feuilles séparées ou fiches, de format approprié à chaque système. Les pages sont numérotées; on ne peut intercaler de page entre celles déjà écrites.

L'exemple ci-dessous montre une disposition de principe. Elle peut varier quelque peu dans sa présentation selon le système d'enregistrement adopté.

Exemple I

Pièce comptable à enregistrer dans l'entreprise Tardan:
double de la facture ci-dessous.

```
Tardan & Cie
Renseignements                        Genève, le 20 septembre 19..
commerciaux
GENÈVE              FACTURE N° 642

                    Robert Delude S.A.
                    Import-Export
                    Rue du Lac 5
                    1260 NYON

Septembre 1: Rapport fourni sur la situation
de l'entreprise Meyer, Francfort/RFA;
nos honoraires, selon contrat N° ...                      1 500.—

Payable à 30 jours, net sans escompte, CCP 12-450, Genève
```

Ecriture au Journal de Tardan:

Année: 19..		JOURNAL			Folio: 1
Date		Comptes débités	Comptes crédités	Débit	Crédit
Sept.	20	Débiteurs		1 500.—	
		à Honoraires			1 500.—
		Delude S.A. n/facture N° 642			

Cette présentation est commode car à l'enregistrement il y a parfois plus de deux comptes impliqués dans le jeu des écritures.

Pour des raisons d'ordre pratique, dans les exemples qui suivent, un énoncé de l'opération remplace la pièce comptable. La présentation de l'article au Journal sera aussi simplifiée.

Exemple II

L'entreprise donne l'ordre à sa banque de virer :
    600.— pour régler la facture des communications téléphoniques
   1 200.— au fournisseur X en règlement de sa facture du...

Ecriture au Journal :

Comptes débités	Comptes crédités	Débit	Crédit
Les Suivants à Banque c/c			1 800.—
Téléphone		600.—	
Créancier X		1 200.—	
Ordre de virements du...			

Exemple III

Vendu en bourse des obligations par l'intermédiaire de la banque : 12 000.— + intérêts courus 750.— ; frais comptés par la banque : 200.— (à soustraire du principal).

Comptes débités	Comptes crédités	Débit	Crédit
Banque aux Suivants		12 550.—	
	Titres		11 800.—
	Produit des Titres		750.—
Vente d'obligations selon décompte du...			

2. Le Grand-livre

C'est l'instrument dans lequel les faits comptables sont classés méthodiquement, au moyen *des comptes*.

Chaque écriture du Journal est reportée dans les comptes appropriés. A l'intérieur de chaque compte, les écritures apparaissent dans l'ordre chronologique.

Comme pour le Journal, la présentation du Grand-livre peut diverger selon le système choisi, bien qu'elle demeure identique dans son principe. Le compte peut être représenté sous forme de registre relié ou de fiches séparées.

En repartant de l'exemple I du Journal, les écritures reportées aux comptes du Grand-livre se présentent de cette manière:

Année: 19..		DÉBITEURS	Folio: 1	
Date		Libellé	Débit	Crédit
Sept.	20	Delude S.A. N/facture N° 642	1 500.—	

Année: 19..		HONORAIRES	Folio: 1	
Date		Libellé	Débit	Crédit
Sept.	20	Delude S.A. N/facture N° 642		1 500.—

Remarque: Dans ces fiches de compte, seul l'essentiel a été reproduit. Des colonnes particulières peuvent recevoir d'autres références: N° des pièces comptables, indication de la contre-écriture (c'est-à-dire du compte enregistrant l'opération du côté opposé) une 3e colonne donnant, après chaque opération, la position (le solde) du compte, etc.

A l'évidence un système de fiches de comptes présente plus de souplesse qu'un Grand-livre sous forme de registre relié. L'organisation du Grand-livre et sa portée reposent sur la nature et le fonctionnement de l'entreprise. En fait, c'est le genre d'entreprise, son modèle économique, qui détermine le nombre de comptes, leur intitulé, leur classement essentiel. Ce classement implique que les comptes ouverts soient choisis avec discernement, reflètent le « modèle économique » de l'entreprise, fournissent les informations qu'on attend d'eux et donnent une vue d'ensemble de l'activité déployée.

Remarque: Pour des raisons de simplification, les comptes du Grand-livre seront présentés sous la forme d'un compte en T.

Exemple:

B. Problèmes d'organisation

La procédure comptable classique entraîne un travail matériel très lourd: l'enregistrement au Journal puis les reports au Grand-livre prennent beaucoup de temps, coûtent cher à l'entreprise, sans parler des risques encourus d'oublis ou d'erreurs.

Depuis fort longtemps, on a cherché à alléger ce travail, à faire plus vite tout en donnant de sérieuses garanties contre les risques d'erreurs.

On a imaginé au fil du temps – et des découvertes technologiques – différents systèmes. Citons pour mémoire:
- *le système américain* (ou Journal/Grand-livre réunis en un seul registre);
- *la comptabilité «à décalque»* qui permet, grâce à un procédé technique de duplication, de tenir le Journal et le Grand-livre en même temps, donc de supprimer les reports;
- *les systèmes mécanographiques* qui, tous, relient l'enregistrement à la machine à écrire à une calculatrice;
- *la comptabilité sur ordinateur,* enfin, qui permet grâce à des procédés très sophistiqués et aux possibilités quasi infinies qu'offre l'informatique, d'enregistrer et de traiter les informations comptables avec une très grande rapidité et une parfaite fiabilité.

JOURNAUX ET LIVRES AUXILIAIRES

Si la mise sur système informatique favorise la division rationnelle des tâches comptables, il n'en va pas toujours de même des autres systèmes. C'est pourquoi ceux-ci sont assortis de journaux et de livres auxiliaires qui rendent possible la division des tâches.

L'objectif est le suivant: l'entreprise est confrontée à certaines opérations comptables à caractère répétitif ou qui demandent un traitement détaillé particulier; enregistrer ces opérations au Journal général et au Grand-livre général alourdirait considérablement l'organisation, rendant celle-ci moins facile à manier et à consulter. La loi oblige parfois la tenue de ces livres auxiliaires; il en est ainsi du livre de paie. On instaure alors le système des journaux spécialisés dit journaux auxiliaires, par catégories d'opérations.

Exemples: Journal des achats, Journal des ventes, Journal de paie, de banque, de chèques postaux, de caisse, etc.

Aux journaux auxiliaires se joignent aussi des «Livres» auxiliaires, par exemple: Caisse, Banque, Chèques postaux, Salaires, Débiteurs, Créanciers. L'enregistrement détaillé s'effectue dans ces journaux et livres spécialisés. Ensuite, on reporte régulièrement les opérations (une fois par jour, par semaine, par mois), au Journal général – et simultanément au Grand-livre –

sous forme d'une écriture collective se référant à chacune des sources fournies par les livres auxiliaires. Exemples: total journalier des ventes, total mensuel des salaires.

Ce système de comptabilité auxiliaire trouve sa nécessité dans la tenue des comptes de clients et de fournisseurs: on ouvre un compte à *chaque client* et à *chaque fournisseur,* de telle manière qu'il soit aisé de déterminer à n'importe quel moment, la position (solde) de chaque compte, les opérations étant enregistrées au fur et à mesure de l'arrivée des pièces comptables: copies des factures envoyées, factures reçues, versements des clients, paiements aux fournisseurs. A période régulière, le total des opérations est reporté au Journal général et au Grand-livre qui gère deux comptes *collectifs,* l'un pour les clients/débiteurs, l'autre pour les fournisseurs/créanciers.

CHAPITRE II

EXIGENCES LÉGALES

Le Titre trente-deuxième du Code des obligations

Aux articles 957 à 964, le Titre XXXIIe CO définit les exigences minimales légales relatives à la tenue de la comptabilité commerciale (ou comptabilité générale). La comptabilité commerciale s'applique aux entreprises de droit privé et à celles de droit public (ces dernières ne font pas partie de notre étude). Il s'agit de toute entité économique astreinte à s'inscrire au Registre du Commerce: entreprise individuelle, société commerciale, société coopérative.

L'article 957 CO astreint l'entreprise à une tenue exacte de la comptabilité. Cette exactitude se subdivise en:
- *exactitude formelle, et*
- *exactitude matérielle.*[1]

A. L'exactitude formelle

L'exactitude formelle appelle l'application de règles de forme groupées selon les principes suivants:

1) Le système comptable adéquat qui définit le nombre et la forme des livres utilisés. Le système doit être le support aussi parfait que possible devant répondre aux nécessités de l'enregistrement et servir l'entreprise de façon fiable.

2) L'enregistrement des opérations doit se faire de manière continue et cohérente. (On peut définir la cohérence comme étant la qualité d'un système coordonné de comptes autonomes convenant à l'entreprise, celle-ci étant douée d'autonomie et possédant sa propre individualité.) L'entreprise doit enregistrer les opérations chronologiquement sans lacune, avec les reports au Grand-livre. Les opérations de même nature doivent être enregistrées dans les mêmes comptes selon la convention des parties doubles, sur la base de pièces justificatives lisibles et régulièrement établies (date, description de l'opération).

3) Le principe de la permanence des enregistrements comptables, tel qu'il est prescrit par l'article 962, alinéa 2 CO. L'enregistrement des opéraitons doit être exempt de défauts. *« Les supports de données et d'images doivent en outre être protégés contre toute influence dommageable. »*

---

[1] Bourquin G.: Principes de la tenue régulière des comptes. Dans «L'expert-comptable suisse», juin-juillet 1983, pp. 15-16. Nous avons retenu cette classification claire et rigoureuse.

4) Le principe de lisibilité, qui ressort de l'article 963, alinéa 2 CO:
« Les enregistrements sur des supports de données ou d'images doivent être produits de manière à être lisibles sans l'aide d'instruments. »

Le respect du principe de lisibilité fera que les écritures originelles doivent rester lisibles, inaltérées et inaltérables en toutes circonstances. L'écriture sera donc indélébile et satisfera à la double exigence légale de l'article 962, alinéas 1 et 2 CO:
« Toute personne astreinte à tenir des livres doit les conserver pendant dix ans, de même que la correspondance et les pièces comptables.
Le compte d'exploitation et le bilan doivent être conservés en original; les autres livres peuvent être conservés sous forme d'enregistrements sur des supports d'images, la correspondance et les pièces comptables sous forme d'enregistrements sur des supports de données ou d'images, pourvu que les enregistrements correspondent aux documents et puissent être rendus lisibles en tout temps. Le Conseil fédéral peut préciser les conditions. »
5) Le principe du nominalisme. Enfin, l'unité monétaire adéquate à utiliser est défini à l'article 960, alinéa 1 CO:
« Les articles de l'inventaire, du compte d'exploitation et du bilan sont exprimés en monnaie suisse. »
La monnaie étant un des termes de l'échange, le prix exprimé en unités monétaires adéquates constitue la base de l'analyse comptable. Cette obligation s'applique à l'inventaire, au bilan et au compte de résultat. La comptabilité d'une entreprise inscrite au R.C. peut être tenue entièrement ou partiellement en monnaie étrangère.

Dans le même ordre d'idées, les livres seront tenus *« dans une langue qui permette à qui consulte la comptabilité, d'être correctement informé »*[1].

B. L'exactitude matérielle

Elle appelle l'application de règles de fond, regroupées selon les principes suivants:
1) *Le principe de l'enregistrement intégral des opérations et des événements qui exercent une influence sur le patrimoine de l'entreprise.*
Il relève de la teneur de l'article 957 CO. Chaque fait économique sur-

---

[1] Bourquin G., art. cité.

venant au sein de l'entreprise doit être comptabilisé lorsqu'il est identifiable et mesurable.

En dehors de toute obligation légale on peut ajouter qu'en cela la comptabilité atteint sa finalité: c'est l'instrument d'information de la vie économique de l'entreprise.

2) *Les opérations enregistrées doivent être en concordance avec les faits de nature juridique et/ou de nature économique.*

La comptabilité analyse l'activité économique de l'entreprise à travers l'échange. Ces échanges portent par nature sur des éléments réels et financiers et s'expriment le plus souvent à travers un cadre juridique. A la base de chaque opération il y a par conséquent une pièce justificative (cf. p. 34) émanant de tiers ou établie par l'entreprise elle-même.

3) *Interdiction d'enregistrer des opérations fictives ou inexactes.*

Ce principe est en fait le corollaire du précédent; l'omission d'opérations, l'enregistrement d'opérations inexactes, fictives ou simplement espérées sont interdits. Mais il est aussi interdit de sortir de la comptabilité des éléments qui n'ont plus à y figurer ou des valeurs qui n'existent plus[1]. Malheureusement toutes les précautions garanties par la partie double sont impuissantes contre le non-enregistrement volontaire d'une opération.

4) *La fidélité des regroupements*
   - de certaines données de base
   - des écritures récapitulatives.

L'organisation comptable comporte des livres auxiliaires (cf. p. 38). Certaines écritures font l'objet de regroupements dans des documents récapitulatifs tels que livres auxiliaires ou pièces récapitulatives (bordereaux, relevés, etc.). Ces regroupements doivent garantir que les données de base ont été enregistrées sans omission, que la récapitulation se fait sans omission et que les bordereaux et bons auxiliaires sont arithmétiquement exacts: les balances de comptes des livres auxiliaires contrôlent la concordance des comptes collectifs et des groupes de comptes individuels.

5) *L'exactitude arithmétique des comptes du Grand-livre général.*
   Elle concerne:
   - les additions des comptes
   - les reports d'une page à l'autre
   - les calculs des soldes

---

[1] Cf. Bourquin, Le principe de sincérité du bilan. Genève 1979, p. 305.

- les reports sur la balance générale de vérification des soldes de chacun des comptes
- les additions de la balance générale[1].

C. L'interdiction de compensation

Si l'on se réfère à l'article 959 CO à teneur duquel le bilan et le compte d'exploitation doivent être clairs et faciles à consulter, ainsi qu'à l'article 662a, al. 2 ch. 6, il est interdit de compenser les actifs et les passifs, de même que les charges et les produits. Certaines exceptions sont admises et seront étudiées en temps opportun.

Remarques

1. D'autres exigences légales, plus strictes, s'appliquent aux entreprises revêtant une forme juridique autre que l'entreprise individuelle: société en nom collectif, société anonyme par exemple[2]. Il n'est pas prématuré de savoir que certaines de ces exigences légales peuvent aussi s'appliquer à l'entreprise individuelle, comme nous le verrons plus loin.
2. Enfin, des lois spéciales sont à l'origine de règles comptables propres à certaines entreprises particulières: banques, fonds de placements, assurances, entreprises de transport concessionnaires. Elles restent en dehors de l'étude de la comptabilité générale.

---

[1] Cf. Bourquin G., op. cit. p. 306.
[2] Cf. Traité II.

CHAPITRE III

DISPOSITIONS LÉGALES ET ENTREPRISE INDIVIDUELLE

Les exigences légales du Titre XXXIIe CO s'appliquent à toutes les entités économiques: entreprises individuelles, sociétés de personnes physiques, sociétés de personnes morales.
Les opérations traitées dans ce volume concernent toutes les entreprises. Les règles comptables propres aux sociétés de personnes physiques et de personnes morales sont traitées dans le volume II. Les particularités comptables de l'entreprise individuelle sont examinées dans ce volume en fonction de la progression de l'exposé.

Titre 3

LES TRAVAUX COMPTABLES

1re partie: L'exercice comptable

Avant d'entreprendre l'étude détaillée des opérations englobées dans les travaux comptables, il convient:
- *de définir l'exercice comptable;*
- *de cerner les diverses phases opérationnelles qui composent l'exercice comptable.*

CHAPITRE I

NOTIONS

L'existence de l'exercice comptable provient de la nécessité de subdiviser la vie de l'entreprise en périodes d'égales durées en vue:
  a) de déterminer le *résultat* relatif à l'activité déployée pendant la période;
  b) de déterminer en fin de période la *situation patrimoniale* de l'entreprise;
  c) de permettre des analyses et des comparaisons fiables.

Ces périodes doivent par conséquent être de même durée et indépendantes les unes des autres.

Sur le plan économique un tel découpage en « périodes-cadres » est purement artificiel: l'activité de l'entreprise n'en est pas interrompue pour autant. Par contre, il découle d'une obligation légale. A l'article 958 CO, la loi définit la période comptable:

« Toute personne astreinte à tenir des livres doit dresser un inventaire et un bilan au début de son entreprise, ainsi qu'un inventaire, un compte d'exploitation et un bilan à la fin de chaque exercice annuel.
L'inventaire, le compte d'exploitation et le bilan sont clos dans un délai répondant aux nécessités d'une marche régulière de l'entreprise. »

L'exercice comptable correspondra donc à une période de douze mois. La date fixe du bouclement est laissée au libre choix de l'entreprise. Elle ne doit pas forcément coïncider avec la fin de l'année civile (31 décembre).

Cependant, pour des raisons évidentes, l'entreprise aura intérêt à faire coïncider la période comptable avec la période fiscale, si celle-ci est de douze mois. Il en sera de même a fortiori si la période fiscale couvre deux exercices (impôt fédéral direct par exemple).

A cette règle on peut opposer trois exceptions:
1) Une entreprise en création en cours d'année civile verra son premier exercice réduit à la période s'écoulant entre la date de fondation et celle de clôture.
2) Une entreprise peut être liquidée en cours d'année civile: l'exercice en sera réduit d'autant.
3) La loi fédérale sur les banques (art. 6, al. 3) exige l'établissement de bilans trimestriels et semestriels.

Situations intermédiaires:

Dans bien des cas, l'établissement des comptes annuels ne correspond pas aux nécessités de la gestion courante; celle-ci a besoin de renseignements plus fréquents. C'est pourquoi rien n'empêche le gestionnaire de dresser, à partir des données comptables, des comptes d'exploitation et des bilans intermédiaires (mensuels, trimestriels, etc.). Ces opérations s'exécutent d'une façon extracomptable, sans interrompre le cours de l'enregistrement des faits en comptabilité générale.

CHAPITRE II

LE CONTENU ET LES PHASES DE L'EXERCICE COMPTABLE

A. Les opérations ou matières à enregistrer

Les opérations enregistrées en comptabilité sont aussi nombreuses que variées. Il serait vain d'en dresser la liste.
Il convient toutefois :
   a) d'étudier les opérations de comptabilité générale qui peuvent s'appliquer à toute entreprise, quel que soit son secteur d'activité ;
   b) d'appliquer les principes sur lesquels repose l'enregistrement proprement dit.

B. Le déroulement de l'exercice

En partant :
   - de la notion de l'exercice comptable
   - des principes de la comptabilité en partie double
   - de l'exigence de la forme de la comptabilité
   - des exigences légales en matière de tenue des livres

les phases de l'exercice seront dans l'ordre :

1) Ouverture des comptes, soit :
   - reprise au Journal des éléments du bilan initial
   - report au Grand-livre de ces éléments
2) Enregistrement des opérations en cours d'exercice

Contrôle matériel 3) Etablissement de la balance générale de vérification avant inventaire

Opérations de fin d'exercice et clôture des comptes
   4) Ecritures correctives
   5) Opérations d'inventaire et écritures d'évaluation s'y rapportant
   6) Etablissement de la balance générale de vérification après inventaire
   7) Clôture des comptes de gestion et regroupement des charges et des produits au compte de résultat
   8) Détermination du résultat
   9) Clôture des comptes actifs et passifs et établissement du bilan final

10) Présentation des comptes annuels (bilan final, compte de résultat, éventuellement établissement d'autres documents: annexe au bilan, tableau des flux de fonds)
11) Affectation du résultat

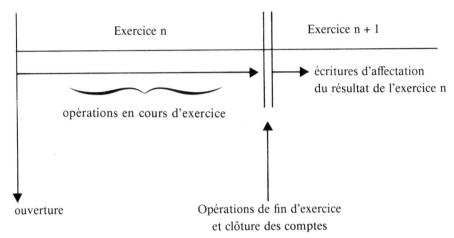

Remarques:
1) Le bilan final de l'exercice sert de bilan initial à l'exercice suivant.
2) Le résultat ne pouvant être déterminé avant la fin de l'exercice, les écritures relatives à son affectation n'interviennent qu'au cours de l'exercice suivant.

2ᵉ partie: Etude des phases de l'exercice comptable

SECTION 1. L'OUVERTURE DES COMPTES

Supposons le bilan initial suivant:

Actif		Passif	
Caisse	10 500.—	Créanciers	15 200.—
Chèques postaux	35 700.—	Banque	
Débiteurs	3 600.—	prêt en c/c	17 700.—
Stock de marchandises	60 800.—	Capital propre	217 700.—
Installations et mobilier	140 000.—		
	250 600.—		250 600.—

a) Ecriture de reprise au Journal du bilan initial[1]:

Année: 19..		JOURNAL		Folio: 1
Date		Comptes débités Comptes crédités	Débit	Crédit
Janv.	01	Les Suivants à Bilan		250 600.—
		Caisse	10 500.—	
		Chèques postaux	35 700.—	
		Débiteurs	3 600.—	
		Stock de marchandises	60 800.—	
		Installations et mobilier	140 000.—	
		pour ouverture, selon bilan au...		
Janv.	01	Bilan aux Suivants	250 600.—	
		Créanciers		15 200.—
		Banque c/c		17 700.—
		Capital propre		217 700.—
		pour ouverture, selon bilan au...		

---

[1] Nous donnons à titre d'exemple l'écriture complète. Dans les développements ultérieurs, le Journal comme le Grand-livre seront reproduits sous forme simplifiée.

b) Ecritures d'ouverture au Grand-livre :

Caisse	Chèques postaux	Débiteurs
10 500.—	35 700.—	3 600.—

Stock de marchandises	Installations et mobilier	Créanciers
60 800.—	140 000.—	15 200.—

Banque c/c	Capital propre
17 700.—	217 700.—

SECTION 2. LES OPÉRATIONS EN COURS D'EXERCICE

La comptabilité ne se borne pas à enregistrer les opérations «en vrac» au cours de l'exercice. Elle respectera non seulement la chronologie des faits comptables dans une optique de continuité, mais aussi pour des raisons de clarté et dans le but de remplir sa fonction d'instrument d'analyse, elle distinguera les opérations en
- opérations courantes d'exploitation
- opérations exceptionnelles d'exploitation
- opérations courantes hors exploitation
- opérations exceptionnelles hors exploitation.

CHAPITRE I

LES OPÉRATIONS COURANTES D'EXPLOITATION

Les opérations d'exploitation sont le reflet de l'activité économique caractéristique de l'entreprise en vue de la réalisation des objectifs pour lesquels elle fonctionne: entreprise de transformation, entreprise commerciale, etc... Elles sont génératrices de charges et de produits, occasionnent des mouvements de valeurs dans les comptes actifs et passifs et aboutissent à la détermination du résultat d'exploitation.

A. La gestion des liquidités[1]

Les mouvements de liquidités peuvent passer par trois comptes distincts:
- le compte de «Caisse»
- le compte de «Chèques postaux»
- le compte de «Banque»

1. Le compte de Caisse

Ce compte enregistre les entrées et les sorties d'espèces. Son solde est nécessairement débiteur. On ne peut sortir plus d'argent qu'il en entre.

En principe, chaque entreprise possède un livre auxiliaire de caisse à partir duquel on procède au contrôle quotidien (étant donné la fréquence des mouvements) de concordance entre le solde comptable et le montant effectif des espèces en caisse.

---

[1] Par souci didactique, le terme de «Liquidités» remplace souvent les comptes spécifiques de Caisse, Banque et Chèques postaux.

2. Le compte de Chèques postaux (CCP)

L'Office des chèques postaux assure à l'entreprise titulaire d'un compte un service d'encaissements, de paiements et de retraits d'espèces, simplifiant les mouvements de liquidités et évitant les mouvements d'espèces importants. Ce compte fonctionne comme le compte de caisse : son solde (disponible) sera toujours débiteur, l'Office des chèques postaux ne consentant au titulaire ni avance ni découvert. L'Office des chèques postaux administre les comptes contre rémunération d'une taxe prélevée directement sur ceux-ci. Dans la comptabilité du titulaire, ces taxes constituent une charge imputée à un compte « Ports », « Frais de CCP » (par exemple) ou « Frais divers d'administration ». La multitude des opérations par le truchement du compte de chèques postaux exige aussi la tenue d'un livre auxiliaire. La concordance du solde disponible est vérifiée au moyen des « avis de situation » adressés au titulaire à dates rapprochées, selon la fréquence des mouvements. En cas de contestation (non-concordance des soldes), un extrait des opérations peut être demandé à l'Office des chèques postaux. Un intérêt (taux limité) est servi sur le disponible du compte.

3. Le compte de Banque (c/c)

Il faut entendre par là le compte courant que l'entreprise se fait ouvrir auprès de son banquier chargé de son service de caisse. Outre les encaissements et les paiements, les retraits, d'autres opérations passent par le compte courant ; nous aurons l'occasion de les traiter au fur et à mesure de leur examen.

Contrairement aux deux comptes précédents, le compte courant bancaire, bien que présentant généralement un solde débiteur (disponible) peut être créditeur. Ce sera le cas lorsque le banquier consent, contre garanties, une avance en compte courant à son client. Par contrat, on fixe le maximum (plafond) de cette avance.

Il découle de cette particularité que le compte courant bancaire peut varier de position, donc de nature, en cours d'exercice.

D'actif (emploi) – avec un solde débiteur – qu'il est, il peut devenir passif (ressource) – solde créditeur – au moment où l'entreprise opère un prélèvement supérieur au disponible ; inversement, de passif qu'il est le c/c peut devenir actif au moment où les versements sur le compte dépassent le découvert. Ainsi, le c/c porté à l'actif au bilan initial, peut devenir passif au bilan final ou inversement.

Un compte courant est producteur d'intérêts : ceux-ci seront débiteurs (charge) pour le cas où pendant l'exercice les capitaux empruntés ont produit des intérêts plus élevés que ceux déposés ; ils seront créditeurs dans le cas inverse. Ces intérêts sont mis à disposition ou prélevés sur le c/c et imputés soit à un compte « Intérêts débiteurs » (compte de charge) soit à un compte « Intérêts créditeurs » (compte de produit).

La fréquence des opérations sur c/c demande aussi la tenue d'un livre auxiliaire de banque. La concordance des opérations enregistrées dans la comptabilité de l'entreprise et dans celle de la banque est vérifiée au moyen de l'extrait du c/c adressé par le banquier à son client. Ce contrôle a lieu généralement par mois ou par trimestre; il peut être au besoin plus fréquent.

Remarque: L'office des chèques postaux et les banques adressent au titulaire du compte des « avis de débit » et des « avis de crédit » justifiant les opérations: prélèvements, virements, taxes, frais, intérêts, etc.

B. Les opérations avec les tiers

Introduction

La présence des comptes de tiers se justifie par le fait que la comptabilité générale ne se borne pas à enregistrer des opérations constatées par des mouvements d'espèces, autrement dit des flux financiers d'entrées et de sorties engendrés par l'activité de l'entreprise. Ce serait faillir au principe de l'enregistrement intégral des opérations et ne donner qu'une vision très partielle de la situation.

La transaction est une chose; le dénouement de celle-ci en est une autre. Il n'est pas indispensable que les deux parties du contrat s'exécutent simultanément pour que l'opération devienne «comptabilisable»; l'une suffit puisqu'il existe un fait économique basé sur un rapport juridique modifiant la situation de l'entreprise.

Mis à part les opérations au comptant, il y a, dans chaque transaction, décalage entre le flux réel et le flux financier. Il va alors surgir des créances et des dettes qu'il s'agira d'enregistrer sans attendre leur dénouement financier: la contrepartie en argent. Il est admis, dans ce cas, que la contreprestation (le paiement) se déroulera dans les normes prévues par le contrat. La comptabilité n'est pas asservie aux seuls mouvements de fonds et tiendra compte de ces décalages.

1. *Les comptes de débiteurs*

Ils naissent d'un contrat entre l'entreprise et son client; l'entreprise vend un service ou une marchandise; elle sera payée ultérieurement:

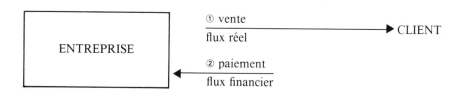

Exemple: vente à crédit: Fr. 1 000. – ; règlement à 30 jours.
Ecritures:

Débiteurs		Vente	Liquidités	
1) 1 000. –	2) 1 000. –	1) 1 000. –	2) 1 000. –	

Au lieu d'utiliser le terme «Débiteur» on adopte souvent celui de «Client» pour désigner les personnes qui achètent contre facture les produits ou services de l'entreprise. On réserve alors le terme de «Débiteur» aux personnes contre lesquelles l'entreprise a une créance de nature différente (prêt en argent par exemple).

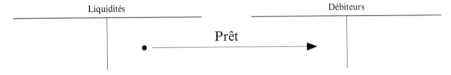

2. *Enregistrement des pertes sur clients/débiteurs*

Il arrive qu'en cours d'exercice un client/débiteur soit déclaré en faillite, donc dans l'impossibilité d'honorer ses engagements. La liquidation des biens du failli peut déboucher essentiellement sur deux cas:
– la faillite ne laisse aucun dividende au créancier;
– le dividende de la faillite couvre partiellement la créance.

Il en résultera de toute manière une perte attestée par un acte de défaut de biens (délivré par l'Office des poursuites et faillites). Cet acte servira de justificatif pour enregistrer la perte par l'écriture:

Pertes sur débiteurs à *Débiteurs*

Nous verrons comment se traite le compte «Pertes sur débiteurs» en fin d'exercice (p. 144).

3. *Les comptes de créanciers*

Puisqu'ils traduisent le financement exigible, les créanciers proviennent de diverses transactions:
– achats de biens ou de services à un fournisseur
– emprunts auprès de personnes
– emprunts auprès d'instituts financiers

On peut réserver le terme de «Fournisseur» aux personnes ou entreprises auprès desquelles des biens et/ou des services sont achetés. Le terme de «Créancier» sera alors réservé aux personnes ou entreprises auprès desquelles un emprunt est contracté.

Enfin les comptes enregistrant les prêts octroyés par des instituts financiers portent nommément le nom de ces établissements.

4. Comptes collectifs et comptes individuels[1]

Les comptes *collectifs* de tiers au Grand-livre ne peuvent être que débiteurs pour les créances et créditeurs pour les dettes.

En revanche, dans les livres auxiliaires, les comptes *individuels* de clients et de fournisseurs peuvent présenter des soldes inversés dans la mesure où des avances sur commandes sont effectuées. Ces fiches individuelles dégagent par compensation la position personnelle du tiers face à l'entreprise.

5. Comptabilité des avances sur commande

Ces avances sur commandes sont traitées différemment en comptabilité générale. L'entreprise recevant une telle avance est tenue à une contreprestation: la livraison de la marchandise ou du service dans le délai prévu. En conséquence, le client est «créancier» de cette contreprestation: c'est un exigible en marchandises ou en services.

Exemple: Dans le *livre auxiliaire des clients,* les mouvements ont été les suivants:

Client Robert		Client Albert		Client Denis		Client Roger	
750.—	750.—	1 240.—	1 240.—	1 875.—		1 500.—	
840.—		375.—	375.—				
920.—		730.—					

Au Grand-livre, nous avons pour toutes ces opérations les regroupements ci-dessous:

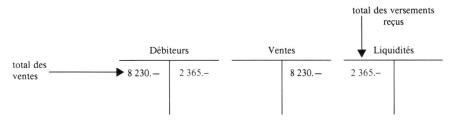

Supposons maintenant que le client Roger passe une commande de Fr. 10 000.— livrable à trois mois sur laquelle il verse une avance de Fr. 2 000.—. Dans le livre auxiliaire la position du compte «Roger» s'inverse:

---

[1] On n'utilise pour les besoins de l'étude que les comptes collectifs de tiers.

Dans la comptabilité générale, cette opération entraîne l'écriture :

Liquidités à Avances reçues des clients . . . . Fr. 2 000.—

Débiteurs		Liquidités	Avances reçues des clients
8 230.—	2 365.—	2 000.—	2 000.—

Ce sont deux contrats distincts dont les effets ne sont pas compensés par confusion juridique, le fournisseur et l'acheteur étant supposés continuer normalement leur activité et représentant des entités économiques distinctes.

Les Fr. 2 000.— encaissés ne peuvent compenser ce reste à devoir à l'entreprise sur ses prestations (ventes) effectuées :
Fr. 8 230.— − Fr. 2 365.— = Fr. 5 865.—

Par contre, l'entreprise fournisseur a une prestation à exécuter en marchandises (ou en services) pour laquelle le client acheteur est créancier : il a financé en partie son achat par un prépaiement.

La livraison entraîne les écritures suivantes :

Dans le livre auxiliaire, sur le compte « Roger » :

Client Roger	
1 500.—	2 000.—
10 000.—	

Au Journal général :

Débiteurs à Ventes . . . . Fr. 10 000.—
Avances reçues à Débiteurs . . . . Fr. 2 000.—

Au Grand-livre :

Débiteurs		Avances reçues des clients
8 230.—	2 740.—	2 000.—
10 000.—	2 000.—	2 000.—

On tiendra un raisonnement inverse pour les avances que l'entreprise consent à ses fournisseurs : ceux-ci deviennent débiteurs de l'entreprise pour la contre-valeur des avances faites sur les commandes, jusqu'à exécution de celles-ci : on les comptabilise au Grand-livre sur le compte *« Avances aux fournisseurs »*. Ces liquidités sont engagées, par avance, dans le processus d'exploitation.

C. Les opérations relatives aux effets de commerce créances et dettes de change

1. Aspects juridiques

Le Code des Obligations distingue trois sortes d'effets de change, ou effets de commerce (CO 990 ss):
- a) la lettre de change ou *traite;*
- b) le billet à ordre;
- c) le chèque bancaire.

Le chèque bancaire ne sera pas traité; il n'entraîne aucune particularité dans les écritures.

1.1. La lettre de change

Définition: La lettre de change est un ordre donné par le créancier (tireur) à son débiteur (tiré) de payer à une tierce personne (bénéficiaire) une certaine somme d'argent à une date fixée (échéance).

Exemple: le 10 janvier 19.. l'entreprise ALBERT tire une lettre de change de 1 500.— sur son débiteur MAURICE, rue du Rhône 10, à Genève, à l'ordre de son créancier CHARDIN. Echéance de l'effet: 28 février.

```
Genève              le  10 janvier 19..                    Fr. 1.500.—

Au 28 février 19..                       veuillez payer contre cette lettre de change
à l'ordre de  Monsieur CHARDIN                                       la somme de
francs mille cinq cents

Valeur  en compte

A   Monsieur Paul MAURICE                       signé :
                                                ALBERT
    Rue du Rhône 10

No.   45                GENEVE
```

Albert est le tireur (ou émetteur) de l'effet; Maurice en est le tiré (le débiteur) et Chardin le bénéficiaire.

1.2. Le billet à ordre

Définition: Le billet à ordre est la promesse faite par une personne (le souscripteur) de faire à une autre personne (le bénéficiaire), une prestation d'argent à une date fixée (échéance).

Exemple: le 1er février 19.., Ribet souscrit un billet à ordre de 3 000.— au 15 mars, en faveur de son créancier Méroz.

```
Genève              le 1er février 19..                    Fr. 3.000.—
Au 15 mars 19..                         je payerai         contre ce billet à ordre
à l'ordre de  Monsieur MEROZ                                      la somme de
francs trois mille
Valeur en compte
A   Georges RIBET                                 signé :
                                                  RIBET
    5, place Neuve
No.    23                    GENEVE
```

Ribet est le souscripteur; Méroz est le bénéficiaire.

Au moment de l'émission d'effets de change, les créances et dettes ordinaires se transforment en créances et dettes de change matérialisées par ces effets. La comptabilité doit enregistrer ces transformations.

Les effets de commerce sont:

a) *pour le bénéficiaire:* des créances portées à l'*actif* sous la dénomination d'Effets en portefeuille (ou Traites et Remises, ou encore Effets à recevoir);

b) *pour le tiré ou le souscripteur:* des dettes portées au *passif*, sous la dénomination d'Effets à payer (ou Promesses et Acceptations, ou encore Effets en circulation).

2. Ecritures à l'émission d'une traite

Reprenons l'exemple de la page 57:

a) *Situation chez Albert* (tireur) avant le tirage de la traite:

Débiteur Maurice	Créancier Chardin
1500.—	1500.—

Situation après le tirage de la traite:

Maurice ne doit plus rien à Albert: il s'est engagé à payer à l'échéance un effet que Chardin encaissera; donc Maurice est crédité de cet engagement.

Albert ne doit plus rien à Chardin: ce dernier a été «payé» par l'effet que lui a remis Albert, dont Maurice est le tiré.

b) *Chez Maurice* (le tiré)
 – situation avant le tirage de la traite:

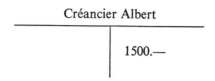

– situation après acceptation de la traite:

La dette ordinaire s'est transformée en dette de change: «Effets à payer» est en quelque sorte un «créancier inconnu» car Maurice ne sait pas *qui*, à l'échéance, viendra encaisser l'effet qu'il s'est engagé à payer: banque ou toute autre personne à qui l'effet aura été endossé (voir page 61).

c) *Chez Chardin* (le bénéficiaire)
 – situation avant le tirage de la traite:

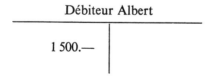

– situation après le tirage de la traite:

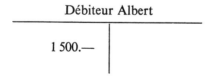

La créance ordinaire s'est transformée en créance de change. Chardin, en possession de la traite, peut transformer celle-ci en argent liquide (voir page 62).

3. *Ecritures à l'émission d'un billet à ordre*

Reprenons l'exemple de la page 58:

a) *Chez Ribet* (le souscripteur)
 — situation avant la souscription du billet:

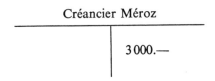

 — situation après la souscription du billet:

La dette ordinaire s'est transformée en dette de change.

b) *Chez Méroz* (le bénéficiaire)
 — situation avant la souscription du billet:

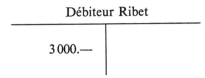

 — situation après la souscription du billet:

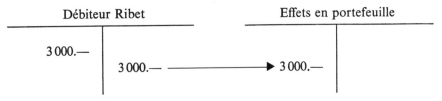

La créance ordinaire s'est transformée en créance de change.

4. Les facultés du bénéficiaire

En possession de l'effet, le bénéficiaire peut:
  a) Attendre l'échéance de l'effet pour l'encaisser (généralement, les encaissements se font par l'intermédiaire des banques).
  b) Remettre l'effet en paiement à un créancier, à l'ordre de qui il l'endossera (CO 1001 ss).
  c) Escompter l'effet, c'est-à-dire le négocier avant l'échéance auprès d'une banque.

Reprenons l'exemple de la traite. Chez Chardin, le bénéficiaire, la situation est la suivante:

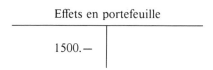

4.1. Attente de l'échéance

Chardin attend l'échéance et encaisse l'effet au 28 février:
(la banque retient 5.— de frais)

Effets en portefeuille	Caisse (ou banque)	Intérêts débiteurs et frais de banque
1 500.— | 1 500.—	1 495.— |	5.— |

4.2. L'endossement (CO 1001 ss)

Supposons que Chardin ait une dette envers son fournisseur Solvy. Ce dernier est d'accord d'accepter en paiement la traite tirée sur Maurice et dont Chardin est le bénéficiaire. Chardin *endosse* la traite en faveur de Solvy et lui transfère la propriété de l'effet:

Ecritures chez Chardin:

Effets en portefeuille	Créancier Solvy
1500.— | 1500.—	1500.— | ••••

4.3. La remise à l'escompte

Supposons qu'au 10 janvier, date à laquelle Chardin reçoit la traite en paiement, celui-ci ait immédiatement besoin de liquidités. Il s'adresse alors à sa banque qui lui *escompte* l'effet et le crédite valeur en compte. Autrement dit, Chardin peut transformer immédiatement la traite en argent liquide, grâce à l'«avance» que lui consent sa banque; celle-ci encaissera l'effet à l'échéance. Ce service rendu n'est pas gratuit et la banque *retiendra* au bénéficiaire l'intérêt de l'argent ainsi avancé (appelé escompte), calculé du jour de la négociation à celui de l'échéance, ainsi que divers frais:

décompte de la banque :	valeur nominale		1500.—
	— escompte 6% pendant 50 jours	12,50	
	frais d'encaissement	1,50	14.—
	Valeur *effective* au 10 janvier :		1486.—

Ecritures :

Effets en portefeuille	Banque	Intérêts débiteurs et frais de banque
1500.— | 1500.—	1486.— |	14.— |

Revenons chez Maurice, le tiré. Une fois l'effet accepté et passées les écritures nécessaires, il attendra l'échéance pour s'acquitter de sa dette de change :

Caisse (ou Banque)	Effets à payer
•••• | 1500.—	1500.— | 1500.—

5. Retour d'effets ou effets protestés

Si, à l'échéance, la banque (ou le créancier endossataire) n'a pu encaisser l'effet auprès du tiré, l'effet est retourné au cédant (ou endosseur).
Ces effets ne sont pas réinscrits dans le compte «Effets en portefeuille», mais directement passés au débit du client débiteur (tiré ou endosseur), y compris

les frais de retour comptés par la banque, auxquels peuvent s'ajouter les intérêts de retard comptés par le cédant (ou endosseur).

Exemple: La banque retourne un effet impayé 500.— + frais 6.—.

Débiteur X		Banque	
506.—			506.—

Nous ajoutons 10.— d'intérêts de retard:

Débiteur X		Intérêts créanciers[1]	
506.—			10.—
10.—			

Les retours d'effets peuvent passer par un compte d'actif: «Protêts et retours»:

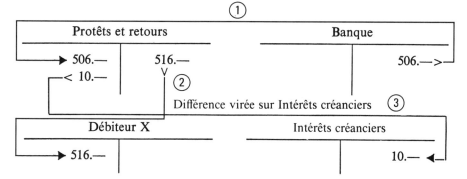

En fin d'exercice, le solde du compte «Protêts et retours» passe au compte «Intérêts» (écriture 3).

6. Enregistrement à la valeur nominale et à la valeur effective

Des mécanismes décrits plus haut on peut déduire que le compte «Effets en portefeuille» enregistrera les traites et les billets à ordre:
    a) à la valeur *effective (actuelle)* ou
    b) à la valeur *nominale*.

---

[1] **Remarque:** Il n'est pas impératif de comptabiliser les charges et produits relatifs aux effets de change sur des comptes distincts. Etant donné qu'il s'agit d'opérations liées, un seul compte pourrait être ouvert; par exemple: «Intérêts et frais sur effets de change».

Exemple: *Valeur nominale*   *Valeur effective*

1. Inventaire initial   5 150.—   5 000.—
2. Tirages, souscriptions et
   endossements à notre ordre   20 640.—   20 450.—
3. Encaissements à l'échéance   7 980.—   net 7 950.—
4. Endossements aux créanciers   4 310.—   4 240.—
5. Remises à l'escompte   7 270.—   6 845.—

a) *Enregistrement à la valeur effective*

Effets en portefeuille		Banque	
(1) 5 000.—	7 950.— (3)	••••••	
(2) 20 450.—	4 240.— (4)	(5) 6 845.—	
	6 845.— (5)		

Caisse		Débiteurs		Créanciers	
••••		••••		••••	
(3) 7 950.—		20 450.—	(2) (4) 4 240.—		

Remarques:
1. On pourrait s'étonner que les traites acceptées par les clients soient d'un montant plus élevé que leurs dettes. En acceptant des traites à des échéances plus éloignées que les factures, les clients se voient chargés d'une majoration correspondant à la perte d'escompte. Dans notre exemple, cette majoration (190.—) apparaît en «produit» sur le compte «Intérêts».
2. C'est à la clôture, à l'évaluation du compte «Effets en portefeuille», qu'apparaîtra, en bloc, la différence d'intérêts (voir ce chapitre, p. 213).

Tenu à la valeur effective, le fonctionnement du compte «Effets en portefeuille» peut se résumer ainsi:

Débit	Effets en portefeuille	Crédit
ouverture : report de la valeur effective portée au bilan initial entrées : à la valeur correspondant à la diminution des créances envers les débiteurs	sorties : 1) encaissements à l'échéance : valeur nette encaissée, frais déduits ; 2) endossements : à la valeur effective acceptée par les créanciers ; 3) remises à l'escompte : à la valeur effective bonifiée par la banque.	

b) Enregistrement à la valeur nominale

Le compte « Effets en portefeuille » enregistre, d'une manière stricte, à l'entrée et à la sortie, la valeur inscrite sur les traites et les billets à ordres ; conséquence : à chaque opération d'entrée et de sortie d'effet, on comptabilisera la différence entre la valeur nominale et la valeur effective.

Reprenons l'exemple précédent :

Effets en portefeuille		Intérêts déb. et frais de banque	
(1) 5 150.—[1]	7 980.— (3)	(3) 30.—	
(2) 20 640.—	4 310.— (4)	(4) 70.—	
	7 270.— (5)	(5) 425.—	

Intérêts créanciers	
	150.—[1]
	190.— (2)

[1] **Remarque :** Le fait d'inscrire 5 150.— (valeur nominale) à l'ouverture entraîne une « plus-value » de 150.— : différence entre la valeur nominale et la valeur effective. Ce produit est en fait inscrit au crédit d'« Intérêts » par anticipation.
Si l'entreprise escompte ces 5 150.— d'effets aujourd'hui, elle en retire 5 000.— ; la perte d'escompte annule le produit.
Si l'entreprise attend l'échéance de ces effets, elle en retire la valeur nominale. La plus-value de 150.— s'est concrétisée. (Voir aussi le chapitre consacré aux évaluations des effets de commerce en fin d'exercice, pp. 143 et 213.)

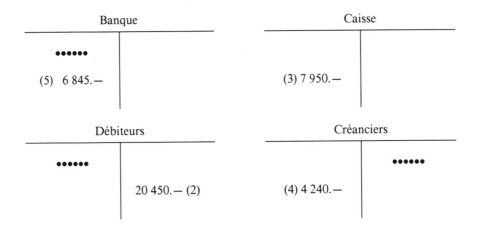

D. Les opérations sur marchandises destinées à la vente

1. Principes

Pour comprendre la structure comptable des opérations d'achats et de ventes de marchandises, quelques principes de base sont à retenir.

    a) L'enregistrement des achats et celui des ventes d'une même marchandise ne sont pas forcément simultanés, tant s'en faut. Entre le moment où la marchandise est achetée et celui où elle est vendue, il s'écoule un cetain temps, celui du stockage.

    b) L'objectif de l'entreprise étant de vendre avec bénéfice, il s'ensuit que le prix de vente unitaire se forme par addition du prix d'achat et de la quote-part des frais d'achat et de vente, des frais généraux d'exploitation et du bénéfice net imputé à chaque unité.[1]

2. Calcul du prix de vente et comptabilité

    a) L'entreprise se livre à un calcul précis du prix de vente unitaire des marchandises afin que celui-ci, multiplié par les quantités vendues – le chiffre d'affaires – couvre toutes les charges d'exploitation courantes et dégage un bénéfice net. La formation de ce prix de vente sera basée sur le prix d'achat et les frais d'achat, l'analyse des coûts d'exploitation de

---

1. C'est une méthode de calcul parmi d'autres. Ce problème relève du calcul des coûts et prix de revient traité par la comptabilité analytique d'exploitation.

l'exercice précédent, des perspectives d'augmentation ou de réduction de ces coûts, de l'état du marché, de la concurrence, du chiffre d'affaires probable, etc.
b) La comptabilité enregistre graduellement les opérations d'achats, de ventes, de charges d'exploitation et doit permettre, à n'importe quel moment, de faire le point de la situation pour prendre éventuellement les mesures qui s'imposent.

3. *Les comptes*

A la base de l'organisation, on trouve deux comptes bien distincts, sans chercher à établir immédiatement des liens entre eux:
a) un compte actif *«Stock et Achats»*: il enregistre au prix de revient d'achat:
le stock initial de marchandises,
les achats durant l'exercice,
les frais directs d'achats: taxes douanières, frais d'acheminement (tels que transports, assurances-transport) et de stockage.
b) un compte de produit *« Ventes»*: il enregistre le produit de l'activité de l'entreprise, c'est-à-dire le chiffre d'affaires constitué par les sorties successives de marchandises, au prix de vente, durant l'exercice.

Par conséquent, il n'existe pas de lien apparent entre les comptes *«Stock et Achats»* et *« Ventes»* car il n'existe pas de synchronisation entre les opérations d'entrées de marchandises venant gonfler le stock à un certain prix de revient d'achat et les sorties diminuant le stock à un prix de vente calculé selon les principes évoqués plus haut.

La transformation du prix de revient d'achat en prix de vente n'apparaît en comptabilité qu'au moment où la marchandise est vendue. Donc:
– avant la vente: la marchandise est considérée comme du stock évalué au prix de revient d'achat; c'est un *actif;*
– au moment de la vente: cette même marchandise, au prix de revient d'achat, devient une *charge d'exploitation;* elle disparaît du stock pour s'ajouter aux composants du prix de revient.

3.1. Le système de l'inventaire permanent

En toute logique, une opération de vente donne lieu à une double écriture :
— la première au prix de vente encaissé (ou facturé au client) :

Le compte de vente dégage le chiffre d'affaires net (CAN) de la période.

— la deuxième au prix de revient d'achat de cette marchandise vendue, qui se soustrait du stock existant pour s'ajouter aux charges d'exploitation par le truchement du compte de charge « Prix de revient d'achat de la marchandise vendue » (PRAMV) ou « Mouvement » (M)[1].

Si un client retourne de la marchandise, on passe les écritures inverses :
— la première au prix de vente : diminution de notre créance entraînant une diminution du chiffre d'affaires :

---

[1] Le mouvement est le prix de revient d'achat unitaire multiplié par les quantités vendues : $PRAMV_u \times Q$.

- la deuxième au prix de revient d'achat: réintégration de la marchandise dans le stock et diminution de la charge «Prix de revient d'achat de la marchandise vendue»:

Par ce double jeu d'écritures, la position du compte *«Stock et Achats»* indique, *en permanence,* la valeur au prix de revient d'achat des marchandises en stock.

Un tel traitement exige que le prix de revient d'achat de la marchandise soit connu au moment de la vente. Ce sera le cas:
   a) si le compte de stock est tenu en quantités et en valeur avec imputation aussi précise que possible des frais d'achats et des déductions obtenues;
   b) si les articles sont peu nombreux et individualisés, munis d'une référence (étiquette-code) au coût d'achat;
   c) si les articles sont nombreux, en appliquant une majoration «standard» au prix d'achat (pour absorber les charges imputables au prix de revient d'achat) identifiée par un code.

Exemple: Stock initial 50 000.—
  Achats à crédit de l'exercice   au PRA   375 000.—
  Ventes à crédit   au PV   250 000.—
                                   au PRA   100 000.—
  Retour des clients   au PV   7 000.—
                                   au PRA   2 700.—

Stock et Achats		PRAMV (M)		Ventes	
50 000.—	100 000.—	100 000.—	2 700.—	7 000.—	250 000.—
375 000.—					
2 700.—					

Fournisseurs		Clients	
	375 000.—	250 000.—	7 000.—

3.1.1. La notion de bénéfice brut (BB)
Le bénéfice brut est la différence entre le CAN et le M. Dans l'exemple ci-dessus: 243 000.— − 97 300.— = 145 700.—. Il s'exprime aussi en pourcent du chiffre d'affaires:

$$\frac{145\,700 \times 100}{243\,000} = 59{,}95\,\%$$

La marge de bénéfice brut sert à couvrir les autres charges d'exploitation de l'exercice pour laisser, éventuellement, un bénéfice net (BN). Donc:
si BB > total des charges d'exploitation: Bénéfice net
si BB < total des charges d'exploitation: Perte nette.

3.2. Le système de l'inventaire intermittent
Il est parfois plus simple (ce sera le cas pour des entreprises de petite taille) de ne pas comptabiliser les mouvements de stock au moment des ventes. En conséquence, on n'est plus censé connaître le PRA de chacune de celles-ci.
A la base de ce système, seuls deux comptes interviennent:

Il faut se rendre à l'évidence qu'un certain nombre de faits importants échappent à la comptabilité:

a) elle n'indique plus la valeur au PRA des marchandises en stock; pour la connaître, il faut procéder à un inventaire physique en quantité et en valeur.
b) Sans l'inventaire physique,
 – la position du compte «Stock et Achats» perd de sa signification puisqu'elle évolue au gré des approvisionnements, sans prendre en compte les mouvements dus aux ventes;
 – il est impossible de déterminer M, donc le bénéfice brut et le bénéfice net.

Pour recueillir ces informations, on procédera à l'évaluation du stock restant puis au calcul suivant:

$$\begin{array}{rl} & \text{Stock initial} \\ + & \underline{\text{Achats en cours de période}} \\ \text{total}\ : & \text{Stock et Achats au PRA} \\ - & \underline{\text{Valeur du stock inventorié}} \\ \text{différence}: & \text{PRAMV (M)} \end{array}$$

Exemple: Reprenons les données précédentes.

Stock initial	50 000.—
Achats à crédit de l'exercice au PRA	375 000.—
Ventes à crédit	250 000.—
Retour des clients	7 000.—
Inventaire physique du stock	327 700.—

Calcul du bénéfice brut:

a) recherche b) bénéfice brut:
 du mouvement:

    50 000.—   (250 000 − 7 000) − 97 300.— = 145 700.—
 + <u>375 000.—</u>
 = 425 000.—   CAN   −   M   =   BB
 − <u>327 700.—</u>
 = <u>97 300.—</u>

Le moyen de surmonter cette difficulté — en cas de recherche d'un résultat intermédiaire — est de raisonner comme suit, dans la mesure où les structures de l'entreprise le permettent: la majoration moyenne en pour-cent du PRA pour calculer le PV est connue. Par conséquent, on déduit du chiffre d'affaires net cette majoration pour obtenir le PRAMV; celui-ci, soustrait du solde de stock-achats, dégage la valeur comptable (théorique et approximative) du stock.

Exemple: Total des ventes du 1er trimestre 250 000.—.
Total du compte « Stock et Achats » au 1er trimestre 180 000.—.
Le PRA est majoré de 70% pour couvrir les charges et dégager un bénéfice net:

PRA	100%
+ Majoration	70%
Prix de vente	170%

Calculs :

$$\text{PRAMV} = \frac{250\,000 \times 100}{170} = 147\,059.- \quad \text{(arrondi)}$$

Valeur théorique du stock en fin de trimestre :

$$180\,000.- - 147\,059.- = \underline{32\,941.-}$$

3.3. La subdivision de « Stock et Achats » en deux comptes

Ce modèle d'organisation part des principes suivants :
  a) Le compte de « Stock » est un actif ; il n'enregistre aucun mouvement en cours d'exercice ;
  b) Les achats en cours d'exercice et les frais d'achats y afférents sont considérés *provisoirement* comme une charge ; cette charge sera corrigée en fin d'exercice, à l'évaluation du stock final.

3.3.1. Adapté au système de l'inventaire permanent, le schéma des opérations se présente comme suit :

Stock	Achats	PRAMV	Ventes
Stock initial	Achats de l'exercice | Retours aux fourn. Frais d'achats • 〉————▶•	sorties au PRA	•

La valeur comptable permanente du stock est trouvée par l'opération :
(Stock initial + Achats) − (Retours + sorties au PRA)

3.3.2. Adapté au système de l'inventaire intermittent, le schéma est différent :

Stock	Achats	Ventes
Stock initial	Achats de l'exercice | Retours aux fourn. Frais d'achats	•

On y retrouve les lacunes du système de l'inventaire intermittent.

4. Les déductions sur factures
La théorie comptable distingue les déductions sur factures en:
- déductions à caractère *commercial*
- déductions *financières*

4.1. Les déductions à caractère commercial (appelées parfois frais directs de vente)
- *Le rabais:* c'est une réduction exceptionnelle du prix de vente en raison, par exemple, d'un défaut de qualité ou de non-conformité de la chose vendue. Elle s'exprime d'habitude en un montant forfaitaire.
- *La remise:* c'est une réduction appliquée au prix courant de vente, calculée généralement en pour-cent de celui-ci; elle est octroyée, par exemple, en considération du volume de la transaction.

   Exemple:
   2% de remise pour les commandes dépassant 2 000.—
   3% de remise pour les commandes dépassant 5 000.—.

- *La ristourne* est une réduction de prix appliquée à l'ensemble du chiffre d'affaires réalisé avec un client ou un fournisseur pour une période déterminée, généralement annuelle. Elle intervient donc à la fin de l'exercice.

   Exemple:
   1% de ristourne sur un chiffre d'affaires annuel minimum de 300 000.—,
   1,5% sur un minimum de 400 000.—, etc.

4.2. Les déductions financières
Elles sont la conséquence d'usages ou de conditions de paiement fixées d'avance et se traduisent par une réduction exprimée en pour-cent du prix facturé en cas de paiement avant le délai d'exigibilité.

Exemple:
Facture payable à 30 jours net ou dans les 8 jours sous déduction de 2% d'escompte.

4.3. Traitement comptable
La distinction caractérisant les déductions sur factures entraîne des conséquences quant à leur traitement comptable.

4.3.1. Les déductions commerciales
- si elles sont appliquées *avant l'enregistrement* de la facture (achat ou vente), on comptabilise le montant net;
- si elles sont accordées *après l'enregistrement* de la facture, il faut les comptabiliser:
  - s'il s'agit d'un *achat* en déduction du PRA
  - s'il s'agit d'une *vente* en déduction du chiffre d'affaires

4.3.2. Les déductions financières n'influencent ni le PRA ni le PV; la facture est enregistrée à la réception ou à la vente, sans prendre en considération le règlement avant terme, celui-ci restant une décision de caractère financier. Il découle de cela que:

a) les escomptes déduits sur factures fournisseurs sont un *produit financier.*

Exemple:

Facture enregistrée à réception de marchandises 2 000.—, payable à 30 jours net. Le service financier règle cette facture 8 jours après réception, sous déduction de 2% d'escompte.

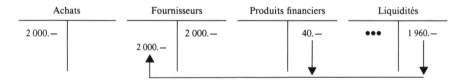

b) les escomptes déduits sur factures clients sont une *charge financière*[1].

Exemple:

Nous expédions 5 000.— de marchandises à un client contre facture à 30 jours net, escompte 2% en cas de paiement dans les 8 jours; le client règle la facture 7 jours après réception.

---
[1] **Remarque**: Pour des raisons évidentes de clarté et d'analyse, on évitera la compensation entre ces charges et ces produits. Cf. Traité III, pp. 232 ss.

Ventes	Clients		Charges financières	Liquidités
5 000.—	5 000.—	5 000.—	100.—	••• 4 900.—

5. *Les frais de vente (V)* [1]

Les frais de vente sont constitués par certaines dépenses qu'entraîne la commercialisation – ou distribution – des marchandises. Ce sont des charges pour l'entreprise qui se divisent en deux catégories essentielles :

   5.1. Les frais de vente proportionnels au *volume* des ventes : frais d'expédition et de livraison des produits à la clientèle, frais d'encaissement, de recouvrement. Ces charges peuvent varier en fonction de l'allure des ventes mais sont aussi subordonnées à des décisions extérieures à l'entreprise : augmentation des tarifs postaux, du prix du transport, du prix du carburant, des frais d'emballage, du nombre de petites commandes, etc.

   5.2. Les frais de vente proportionnels au *chiffre d'affaires* : commissions allouées aux représentants et aux courtiers. Dans une certaine mesure, on peut considérer que les frais de déplacement des représentants sont aussi des frais de vente.

Le critère de proportionnalité n'est pas absolu. Il se peut que certains frais de vente soient plus ou moins fixes.

Enregistrement des frais de vente

En se référant à la nature et aux sources de ces charges, il apparaît qu'elles ne sont jamais déductibles du chiffre d'affaires. Ce serait une grossière erreur analytique de les imputer au compte «Ventes». Le chiffre d'affaires net n'est en aucun cas diminué par ces charges. On ouvrira, par conséquent, un compte de charges «Frais de ventes» auquel sont imputées toutes ces dépenses. On peut aussi affiner l'information comptable en ouvrant deux comptes : l'un pour les charges proportionnelles au volume des ventes, l'autre pour celles proportionnelles au chiffre d'affaires.

6. *Le prix de revient commercial et le bénéfice commercial*

Le prix de revient commercial (PRC) est le PRAMV augmenté des frais de vente.

Le bénéfice commercial (BC) est le bénéfice brut diminué des frais de vente : BC = BB – V. En d'autres termes, c'est le chiffre d'affaires net duquel on a déduit le mouvement et les frais de vente :

$$BC = CAN - (M + V)$$

---

[1] A ne pas confondre avec les frais directs de vente, synonymes de déductions accordées sur factures expédiées aux clients (déductibles du chiffre d'affaires).

Le bénéfice commercial sert à couvrir les autres charges d'exploitation courantes pour dégager le bénéfice net (ou la perte nette si ces charges sont plus élevées).

7. *Synthèse des concepts analytiques fondamentaux*

A ce stade de l'étude, nous pouvons procéder à la synthèse des concepts analytiques fondamentaux relatifs aux opérations sur marchandises.

PRIX D'ACHAT	PRIX DE VENTE BRUT
éventuellement: – rabais, ristournes, remises obtenus	éventuellement: – rabais, ristournes remises accordés
= Prix d'achat net + Frais d'achat	Prix de vente net (PVN) PVN x Q = CAN CHIFFRES D'AFFAIRES NET – Mouvement
PRIX DE REVIENT D'ACHAT (PRA)	
PRA de la marchandise vendue ou Mouvement: PRAMV x Q = M + Frais de vente (v)	= BÉNÉFICE BRUT (BB) – Frais de vente (v) BÉNÉFICE COMMERCIAL (BC) – autres charges courantes d'exploitation (F)
= PRIX DE REVIENT COMMERCIAL (PRC) + autres charges courantes d'exploitation (F)	
= PRIX DE REVIENT (PR)	= BÉNÉFICE/PERTE NET (BN/PN)

E. La taxe sur la valeur ajoutée (TVA)

1. Définition

La taxe sur la valeur ajoutée (TVA) est un impôt fédéral relatif à la consommation sur territoire suisse, c'est-à-dire sur ce que le particulier dépense pour acquérir non seulement des biens en tout genre, mais aussi des prestations de services.

C'est un impôt indirect, à la consommation, voté en 1993 par le peuple et les cantons, entré en vigueur le 1er janvier 1995 en remplacement de l'ancien impôt sur le chiffre d'affaires (Icha) dont l'institution remonte à 1941. Il est perçu par l'Administration fédérale des contributions (AFC), division de la TVA.

2. Mécanisme et objet de l'impôt

En tant qu'impôt multistade, la TVA est perçue à tous les échelons de la production et du commerce, chez les fabricants, les commerçants, les prestataires de services, lesquels livrent des biens et des services aux consommateurs. De plus, pour éviter des distorsions de concurrence, sont également imposées les importations de biens et de services ainsi que les prestations à soi-même.

L'entreprise assujettie calcule la TVA sur le chiffre d'affaires qu'elle réalise avec son client. Dans le décompte périodique qu'elle adresse à l'AFC, elle déclare le montant de la TVA due et opère la déduction de l'impôt préalable en soustrayant les montants de TVA qu'elle-même a payés à ses fournisseurs. Seule la différence sera, soit versée à l'AFC, soit remboursée par celle-ci. Toute charge cumulée de l'impôt est ainsi écartée.

La TVA frappe:
- les livraisons de biens faites à titre onéreux sur territoire suisse;
- les prestations de services fournies à titre onéreux sur territoire suisse;
- les prestations à soi-même[1];
- les importations de biens[2];
- l'acquisition de prestations de services en provenance de l'étranger[3];
- les opérations exclues de par la loi du champ de l'impôt, dans la mesure où leur imposition a été autorisée[4].

3. Opérations exclues du champ de l'impôt

Des prestations énumérées de manière exhaustive par la loi sont exclues du champ de l'impôt, sans droit à la déduction de l'impôt préalable, soit résumées brièvement:
- les envois par la poste de lettres, de colis, de journaux et de périodiques en abonnement;
- les prestations dans le domaine de la santé, de l'assistance sociale, de la sécurité sociale, de l'enseignement et de la protection de la jeunesse;
- les prestations culturelles;
- les opérations d'assurances;
- certaines opérations dans le domaine du marché monétaire et des capitaux;

---

[1] Son imposition doit empêcher que se créent des inégalités de charges entre assujettis et non-assujettis.

[2] La loi énumère les cas d'importations de biens en franchise d'impôt.

[3] Dans la mesure où elles dépassent globalement 10 000.– par année civile.

[4] Ceci afin de préserver la neutralité concurrentielle ou de simplifier la perception de l'impôt.

- certaines transactions portant sur les bâtiments et terrains;
- les paris, loteries et autres jeux de hasard;
- les prestations d'associations, sous certaines conditions.

4. Opérations exonérées de l'impôt

Les opérations suivantes sont exonérées de l'impôt avec droit à la déduction de l'impôt préalable:
- les livraisons de biens à l'étranger;
- les marchandises en transit;
- les prestations de services à l'étranger à condition qu'elles soient utilisées ou exploitées à l'étranger.

5. Assujettissement

Quiconque réalise des chiffres d'affaires provenant d'activités soumises à l'impôt est en principe assujetti. Cependant, des exceptions à l'assujettissement existent, d'une part pour certaines branches d'activité et, d'autre part pour des montants limites concernant le niveau du chiffre d'affaires et de la dette fiscale.

a) Exceptions à l'assujettissement en raison du genre d'activité:
Ne sont pas obligatoirement assujettis: les agriculteurs, sylviculteurs et horticulteurs livrant exclusivement des produits agricoles, forestiers ou horticoles tirés de leur propre exploitation, ainsi que les marchands de bétail.

b) Exceptions à l'assujettissement en raison de montants limites
Il n'y a pas d'assujettissement obligatoire:
Si le chiffre d'affaires annuel est inférieur à 75'000.–.
Si le chiffre d'affaires annuel est inférieur à 250'000.– et que la dette fiscale ne dépasse pas régulièrement 4'000.– par année. La dette fiscale est le montant de l'impôt dû qui dépasse celui de l'impôt préalable.

c) Assujettissement volontaire
Quiconque n'étant pas assujetti obligatoire peut se faire inscrire comme contribuable volontaire si cela sert à préserver la neutralité concurrentielle, à éviter des cumuls d'impôt ou à simplifier la perception de l'impôt. Le requérant doit cependant justifier un intérêt évident et durable ou prouver que les excédents d'impôt préalable atteignent régulièrement une certaine ampleur.

Néanmoins, l'assujettissement volontaire ne doit pas entraîner des avantages fiscaux injustifiés pour le requérant.

d) Entité fiscale ou groupe de sociétés
Des entreprises ayant un lien étroit entre elles peuvent demander une imposition de groupe. Les sociétés et personnes faisant partie du groupe sont

considérées comme un seul assujetti. Les chiffres d'affaires internes ne sont pas imposables, mais aucune déduction de l'impôt préalable n'est possible sur ces chiffres d'affaires.

6. Taux de l'impôt

Le taux normal de la TVA est de 6,5%; certains biens de première nécessité sont toutefois grevés d'un taux de 2%, soit entre autres:
- l'eau potable amenée par conduites;
- les denrées alimentaires solides et liquides, à l'exclusion des boissons alcooliques et des repas cuisinés livrés au consommateur;
- le bétail, volailles et poissons;
- les céréales;
- les semences, tubercules, oignons à planter, plantes vivantes, boutures, greffons, fleurs coupées;
- les fourrages, pailles, litières pour animaux, engrais;
- le traitement thérapeutique du bétail, de la volaille et des poissons comestibles;
- les médicaments;
- les journaux, revues, livres et autres imprimés;
- les prestations de services (à caractère non commercial) de sociétés de radio et télévision.

7. Schéma de la TVA

Exemple d'une même marchandise, taxée au taux normal de 6,5%, importée pour 100.– et revendue à 120.– à une société qui y incorpore d'autres produits valant 60.– et qui l'écoule finalement pour 220.–.

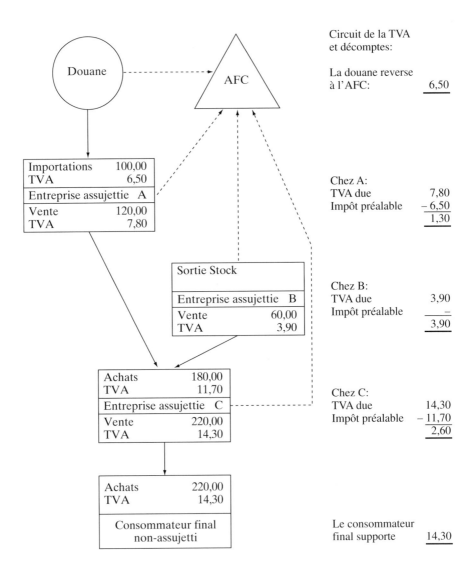

8. Contreprestations, base de calcul

Le chiffre d'affaires total imposable repose sur la notion de contreprestation, qui peut être calculée selon deux concepts différents:
   a) les contreprestations convenues, c'est-à-dire sur base des factures établies et envoyées;
   b) les contreprestations reçues, c'est-à-dire sur base du paiement ou de l'encaissement des factures. Ce mode de calcul nécessite une autorisation écrite de l'AFC.

L'assujetti a le choix entre ces deux procédés; ce choix dépend surtout de l'organisation comptable et des délais de paiement. Le choix de la seconde formule est surtout opéré pour des raisons évidentes de commodités:
   - l'entreprise ne verse l'impôt que sur les prestations encaissées: pas d'avance de liquidités;
   - le problème des retours et des déductions sur le PV (escomptes, rabais, ristourne) est résolu: l'impôt se calcule sur le prix de vente net;
   - les pertes sur clients sont déduites avant de payer l'impôt.

En conséquence le chiffre d'affaires, au sens de la TVA, n'est pas forcément identique à celui dégagé par le compte d'exploitation.
Mais la pratique des affaires et la branche d'activité déterminent le choix des concepts.

9. Comptabilité et organisation

En comptabilité, le caractère de poste neutre de la TVA implique que l'impôt dû sur les ventes aux clients soit inscrit sur sur un compte séparé « TVA dû», et l'impôt payé pour les achats aux fournisseurs sur des comptes séparés « Impôt préalable». Ce dernier est réparti en:
   - impôt préalable sur les achats de marchandises et les prestations de services;
   - impôt préalable sur les investissements et les autres dépenses d'exploitation.

La comptabilisation peut être faite « au net» ou « au brut», les deux méthodes pouvant être appliquées conjointement (par exemple les produits « au brut», les charges « au net»). La structure et l'activité de l'entreprise détermineront la méthode la plus appropriée.
   a) Lorsque la comptabilisation a lieu « au net», l'impôt dû sur les ventes est, pour chaque opération, comptabilisé sur un compte séparé. Il en est de même de l'impôt payé ou à payer sur les achats.
   L'avantage de ce procédé est d'apporter plus de clarté à la comptabilité: les charges et produits apparaîtront toujours en montants nets et les comptes de « TVA due» et « Impôt préalable» indiqueront à chaque instant le solde de la créance ou de la dette fiscale envers l'AFC.

b) Dans la comptabilisation « au brut », les comptes enregistrent les montants bruts, impôt compris. L'impôt dû et l'impôt préalable déductible seront ressortis globalement de ces comptes de manière périodique. Ce procédé se prête particulièrement aux transactions se répétant fréquemment, pour autant qu'elles soient soumises à un seul taux. Il est indiqué par ailleurs de subdiviser les comptes en fonction des taux afin que l'impôt puisse être ressorti globalement.

La saisie et la compréhension des écritures sont facilitées en ajoutant au journal et livres auxiliaires des colonnes de dépouillement du chiffre d'affaires, et en ouvrant autant de comptes supplémentaires qu'il existe de catégories à dépouiller.

Exemple (écritures chez une entreprise assujettie)
1. Importé des produits pour 30 000.–. TVA payée 6,5%.
2. Acheté à crédit à un fabricant assujetti des marchandises pour 18 000.–, plus TVA 6,5%.
3. Vendu pour 50 000.– de marchandises, au comptant, plus TVA 6,5%.
4. Payé des frais généraux pour 4 260.– TVA 6,5% comprise, et pour 2 040.–TVA 2% comprise.
5. Vendu à un client pour 8 000.– de marchandises, à crédit, plus TVA 6,5%.
6. Retour d'un client (voir No 5) pour 2 130.–, TVA incluse. Le solde de la facture est payé sous déduction de 3% d'escompte.
7. Prélevé pour consommation particulière des marchandises pour 1 000.–. Ajouter la TVA à 6,5%.
8. Vendu à l'étranger, contre accréditif et en franchise d'impôt, des marchandises pour 10 000.–.
9. Le fournisseur (voir N° 2) accorde un rabais de 1 704.–, TVA 6,5% incluse.
10. Extourne de la TVA (en cas de comptabilisation « au brut »).
11. Paiement de la TVA.

Journal auxiliaire des créanciers/fournisseurs avec colonnes de dépouillement pour le calcul de la TVA

N° Date	Libellé	Fact. N° Pièce N°	Assujettis TVA N°	N° Compte	Montants TVA incluse	Montants nets			Impôt préalable 0%	Impôt préalable 1 2
							6,5%	2%		
1	Importations	–	–	–	31 950,00	30 000,00			1 950,00	
2	Achats à crédit	–	–	–	19 170,00	18 000,00			1 170,00	
4a	Frais généraux	–	–	–	4 260,00	4 000,00				260,00
4b	Frais généraux	–	–	–	2 040,00		2 000,00			40,00
9	Rabais	–	–	–	(1 704,00)	(1 600,00)			(104,00)	
Total intermédiaire					55 716,00	50 400,00	2 000,00	0,00	3 016,00	300,00

1. Impôt préalable sur achats de marchandises et prestations de services.
2. Impôt préalable sur investissements et autres dépenses d'exploitation.

Journal auxiliaire des débiteurs/clients avec colonnes de dépouillement pour le calcul de la TVA

N° Date	Libellé	Fact. N° Pièce N°	N° Compte	Montants TVA incluse	Montants nets 6,5%	Montants nets 2%	Montants nets 0%	TVA due
3	Ventes au comptant	–	–	53 250,00	50 000,00			3 250,00
5	Ventes à crédit	–	–	8 520,00	8 000,00			520,00
6a	Retours marchandises	–	–	(2 130,00)	(2 000,00)			(130,00)
6b	Escomptes 3%	–	–	(191,70)	(180,00)			(11,70)
7	Prestations à soi-même	–	–	1 065,00	1 000,00			65,00
8	Exportations	–	–	10 000,00			10 000,00	0,00
Total intermédiaire				70 513,30	56 820,00	0,00	10 000,00	3 693,30

84

Journal

a) Cas d'une comptabilisation au net

1)	Les suivants	à Liquidités		31 950.–
	Impôt préalable[1]		1 950.–	
	Achats		30 000.–	
2)	Les suivants	à Fournisseurs		19 170.–
	Impôt préalable[1]		1 170.–	
	Achats		18 000.–	
3)	Liquidités	aux suivants	53 250.–	
	TVA due			3 250.–
	Ventes			50 000.–
4a)	Les suivants	à Liquidités		4 260.–
	Impôt préalable[2]		260.–	
	Frais généraux		4 000.–	
4b)	Les suivants	à Liquidités		2 040.–
	Impôt préalable[2]		40.–	
	Frais généraux		2 000.–	
5)	Clients	aux suivants	8 520.–	
	TVA due			520.–
	Ventes			8 000.–
6a)	Les suivants	à Clients		2 130.–
	TVA due		130.–	
	Ventes		2 000.–	
6b)	Les suivants	à Clients		6 390.–
	TVA due		11.70	
	Ventes		180.–	
	Liquidités		6 198.30	
7)	Privé	aux suivants	1 065.–	
	TVA due			65.–
	Achats[3]			1 000.–
8)	Clients	à Ventes	10 000.–	10 000.–
9)	Fournisseurs	aux suivants	1 704.–	
	Impôt préalable[1]			104.–
	Achats			1 600.–
10)	Pas d'écriture			
11)	TVA due	aux suivants	3 693.30	
	Impôt préalable[1]			3 016.–
	Impôt préalable[2]			300.–
	Liquidités			377.30

---

[1] Impôt préalable sur achats de marchandises et prestations de services.
[2] Impôt préalable sur investissements et autres dépenses d'exploitation.
[3] Les marchandises consommées par l'exploitant sont comptabilisées au PRA. Voir p. 102.

b) Décompte périodique de TVA

Analyse du chiffre d'affaires:

Chiffre d'affaires, selon contreprestations convenues	68 000.–
Prestations à soi-même	1 000.–
Chiffre d'affaires total	69 000.–
Moins: exportations de biens	– 10 000.–
rabais, escomptes	– 2 180.–
Chiffre d'affaires imposable	56 820.–

Décompte de l'impôt:

Livraisons, prestations	56 820.–	à 6,5% =	3 693.30
Livraisons, prestations	–	à 2 % =	–
Total de l'impôt			3 693.30

Moins: impôt préalable déductible sur achats marchandises	– 3 016.–
impôt préalable déductible sur autres dépenses	– 300.–
Montant à payer à l'AFC	377.30

c) Cas d'une comptabilisation au brut

Il est nécessaire d'ouvrir les comptes de gestion par catégorie de taux d'impôt. On jugera également ici de l'opportunité de la méthode de comptabilisation mixte, soit les produits «au brut» et les charges «au net».

1.	Achats 6,5%	à Liquidités	31 950.–	31 950.–
2.	Achats 6,5%	à Fournisseurs	19 170.–	19 170.–
3.	Liquidités	à Ventes 6,5%	53 250.–	53 250.–
4a.	Frais généraux 6,5%	à Liquidités	4 260.–	4 260.–
4b.	Frais généraux 2%	à Liquidités	2 040.–	2 040.–
5.	Clients	à Ventes 6,5%	8 520.–	8 520.–
6a.	Ventes 6,5%	à Clients	2 130.–	2 130.–
6b.	Les suivants	à Clients		6 390.–
	Ventes 6,5%		191.70	
	Liquidités		6 198.30	
7.	Privé	à Achats 6,5%[3]	1 065.–	1 065.–
8.	Clients	à Ventes 0%	10 000.–	10 000.–
9.	Fournisseurs	à Achats 6,5%	1 704.–	1 704.–

---

[3] Voir p. 85.

10. Ventes 6,5%	à TVA due	3 693.30	3 693.30
Impôt préalable¹	à Achats 6,5%	3 016.–	3 016.–
Impôt préalable²	à Frais généraux 6,5%	260.–	260.–
Impôt préalable²	à Frais généraux 2%	40.–	40.–
11. TVA due	aux suivants	3 693.30	
	Impôt préalable¹		3 016.–
	Impôt préalable²		300.–
	Liquidités		377.30

Le factoring (ou affacturage)

1. Notions

Le factoring est une forme de financement à court terme de la vente à crédit et de garantie des risques de crédit.

On appelle contrat de factoring cette convention permanente passée entre une entreprise et le factor, par laquelle l'entreprise s'engage à céder au factor tout ou partie de ses créances nées d'une opération commerciale (biens et services).

En contreprestation, le factor s'engage auprès de l'entreprise :
1) à recouvrer le montant des factures à l'échéance ;
2) à gérer les comptes clients (rappels, recouvrements, poursuites) ;
3) à garantir l'entreprise contre le risque de crédit (non-paiement), à moins que le contrat n'en dispose autrement. Cette garantie est soumise, de la part du factor, à une acceptation préalable des créances de l'entreprise.

Le factor tient alors la comptabilité *« Débiteurs »* de l'entreprise. Le contrat prévoira, en conséquence, l'exclusivité, pour le factor, de toutes les créances, même dans le cas où le financement des ventes n'a pas été prévu. Le factor n'accepte que les créances à court terme : 30 à 150 jours.

Jusque-là, les dispositions du contrat de factoring ne correspondent à aucun mode de financement supplémentaire.

2. Financement

Le contrat devra prévoir, pour qu'il y ait financement supplémentaire, que le factor procédera à des avances sur créances approuvées.

[1,2] Voir p. 85.

3. Autres prestations

En pratique, les prestations du factor comprennent aussi un relevé périodique de situation des comptes clients, bordereaux de soldes mensuels, statistique cumulatives de chiffres d'affaires, calcul des intérêts moratoires, calcul de la TVA, etc.

4. Le coût du factoring

Il se compose de deux éléments:

4.1. La commission de factoring

C'est le prix de la prestation de service offerte par le factor. Elle se calcule en pour-cent du volume des ventes ou c'est un montant fixe par facture. Cette commission dépend de certains facteurs variables; citons:
- la structure des ventes (chiffre d'affaires par rapport au nombre de factures)
- nombre de clients (en Suisse, à l'étranger)
- répartition du chiffre d'affaires (Suisse, étranger)
- conditions de vente (comptant, escompte éventuel, délai de paiement)
- nature et qualité des créances
- prise en charge du risque de ducroire: le factor répond, par contrat, du paiement des clients et s'engage à supporter les pertes sur ceux-ci.

Ainsi, la commission est calculée pour chaque entreprise individuellement, en fonction des prestations fournies.

4.2. Les intérêts débiteurs

C'est le coût du financement anticipé, au moment où l'entreprise profite de cette possibilité offerte par le factor.

Il est plus avantageux, pour l'entreprise, de séparer ces deux éléments du coût de factoring. Elle connaît ainsi exactement le coût des avances consenties (le taux d'intérêt appliqué correspond plus ou moins à celui des crédits bancaires à court terme).

5. Schéma des opérations

Le factoring convient particulièrement aux commerces de biens de consommation ou entreprises de services à clientèle commerciale. Il n'est pas une solution satisfaisante pour les entreprises vendant des biens d'investissement.

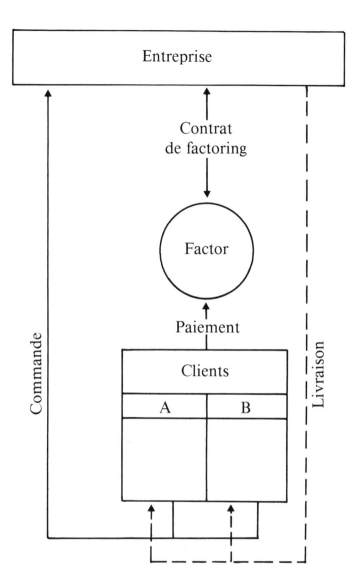

Ce schéma fait ressortir:

a) un lien juridique entre l'entreprise et le client: le contrat de vente;
b) un lien juridique entre l'entreprise et le factor: le contrat de factoring (contrat innommé) dont l'objet est le transfert de propriété de créances sous certaines réserves; de plus, «les règles du mandat sont applicables à la prestation de service du factor, à l'exception de la règle permettant la résiliation ou la répudiation du contrat en tout temps». Vu le caractère

de ce contrat, on se référera particulièrement aux articles 22, 164 ss, 184 et 312 ss CO[1];

c) la seule obligation faite au client est celle de régler sa contreprestation au factor. On consultera à ce sujet les articles 164 et 167 ss CO.

6. Comptabilité

L'introduction du factoring modifie la structure comptable de l'entreprise «factorée» ou vendeur: les comptes-clients *personnels* gérés par le factor disparaissent de celle-ci. De plus, l'entreprise «factorée» ouvrira un compte de tiers au factor qui se substitue aux comptes des clients factorés et enregistre les factures cédées. On comptabilise les mouvements de fonds sur un c/c ouvert au factor.

6.1. Le contrat ne prévoit pas de garantie-ducroire, ni d'avances.

a) Enregistrement de la vente:

Débiteurs à Vente

b) L'entreprise cède tout ou partie de ses factures au factor:

Factor, c/cession[2] à Débiteurs

Bordereau des factures cédées adressé au factor. La comptabilité conserve ainsi une trace de la cession des factures. L'entreprise ne pourra disposer de leur contrevaleur qu'à l'échéance de celles-ci.

c) Le factor débite l'entreprise de sa commission:

Commission de factoring à Factor c/c[3]

(il s'agit là de frais administratifs)

d) 1) Le factor met à disposition de l'entreprise la contrevaleur des factures payées par les clients:

Factor c/c à Factor c/cession

2) L'entreprise prélève:

Liquidités à Factor c/c

---

[1] Dallèves L.: Le contrat de factoring, Genève 1970, pp. 89-90. Cf. aussi Guggenheim D.: Les contrats de la pratique bancaire suisse, Genève 1981, 3ᵉ partie.

[2] ou «*Clients factorés*», «*Débiteurs factorés*»

[3] ou «*Banque c/c*»

e) Dans la mesure où le factor n'a pas pris en compte le risque ducroire, les factures non recouvrées sont retournées à l'entreprise:

Débiteurs à Factor c/cession

6.2. Le factor consent à des avances sur factures cédées.
Les écritures 1, 2 et 3 ci-dessus sont identiques.
  a) Le factor avance les fonds sur factures cédées:

Liquidités à Factor c/c

  b) L'entreprise est avisée des versements des clients:

Factor c/c à Factor c/cession

(Le montant peut être différent de celui de l'avance consentie.)
  c) Le factor débite l'entreprise de l'intérêt sur les avances consenties:

Intérêts factoring à Factor c/c

(Ces intérêts sont des frais financiers, au même titre que l'escompte des effets de commerce.)

Remarque: Si la société de factoring supporte le ducroire, l'entreprise peut tenir un seul compte d'actif au nom du factor: les créances cédées sur débiteurs sont compensées par les avances émanant du factor[1]. Mais comme en pratique le factor ne reprend pas le ducroire sur tous les clients, cette solution n'est pas toujours satisfaisante.

7. *Inscription au bilan*

  a) Si le factor n'a ni repris le ducroire, ni consenti d'avance, les débiteurs apparaîtront au bilan comme tels, même si le factor est chargé d'encaisser les factures correspondantes.

A la clôture, on passera une écriture annulant provisoirement le compte *«Factor c/cession»* (sauf si le compte s'intitule *«Clients factorés»*):

Débiteurs à Factor c/cession

Les *Débiteurs* sont portés au bilan final et peuvent faire l'objet d'une provision ad hoc.
A la réouverture des comptes on rétablira la situation par l'écriture inverse.

  b) Si des avances ont été consenties par le factor et qu'elles ne sont pas encore compensées, le compte *«Factor c/c»* apparaîtra au passif du bilan (exigible à court terme).

---

[1] Manuel suisse de revision comptable I, p. 157.

c) Si le factor *a repris le ducroire* et qu'il y a possibilité *de compenser* les créances avec les avances consenties, il y a faculté d'inscrire à l'actif du bilan l'avoir envers la société de factoring.

Exemple:
Clients cédés au factor (ducroire repris par lui) 55 000.—:

        Factor c/c à Clients   55 000.—

Prélèvements 42 000.—:

        Caisse à Factor c/c   42 000.—

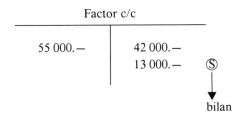

Exemple:
L'entreprise PLANEX, ingénieurs-conseils, décide de confier à la Banque régionale la tenue de ses comptes clients exclusivement suisses. La Banque régionale agissant en tant que factor, demande une commission de 2% sur le chiffre d'affaires. Elle consent à une avance en c/c de 80% sur les factures cédées moyennant un intérêt de 7% l'an (frais compris). La banque ne prend pas en charge le risque ducroire.

Ecritures au Grand-livre
1) Facturé aux clients pour 30 000.— d'honoraires.
2) Les copies de factures sont adressées à la banque régionale.
3) Avis que la banque a reçu des versements pour 17 000.—, montant mis à disposition de l'entreprise.
4) Adressé encore des factures d'honoraires pour 50 000.—.
5) Elles sont cédées à la banque.
6) Prélèvement en c/c de la contre-valeur des factures cédées soit 80% de 80 000.— = 64 000.—.
7) En cours d'exercice d'autres clients ont payé leurs factures 52 000.—.
8) Facturé des honoraires pour 19 000.—.
9) Factures cédées à la banque.
10) La banque retourne pour 5 000.— de factures impayées.
11) Opéré pour 11 000.— de prélèvements.

Débiteurs		Débiteurs factorés		Honoraires	
1) 30 000.–	2) 30 000.–	2) 30 000.–	3) 17 000.–		1) 30 000.–
4) 50 000.–	5) 50 000.–	5) 50 000.–	7) 52 000.–		4) 50 000.–
8) 19 000.–	9) 19 000.–	9) 19 000.–	10) 5 000.–		8) 19 000.–
10) 5 000.–	S 5 000.–		S 25 000.–		
104 000.–	104 000.–	99 000.–	99 000.–		

Liquidités		Banque R c/c	
6) 64 000.–		3) 17 000.–	6) 64 000.–
11) 11 000.–		7) 52 000.–	11) 11 000.–
		S 6 000.–	
		75 000.–	75 000.–

Actif	Extrait du bilan final		Passif
Débiteurs	5 000.–	Banque R c/c	6 000.–
Débiteurs factorés	25 000.–		

G. L'enregistrement initial des immobilisations corporelles

1. Les composantes du prix d'acquisition

A première vue, étant donné que l'entreprise consent à une dépense ayant un effet de longue durée, on portera au bilan le montant des dépenses engagées pour l'acquisition de l'immobilisation. Mais ce montant peut être différent selon les cas.

– Ce peut être le prix net d'achat si la transaction n'a entraîné aucune autre dépense:

Immobilisation à Liquidités

– L'acquisition d'un équipement peut entraîner des dépenses connexes: frais de transport, douane, montage, expertise ...

On sera tenté de les ajouter au prix d'achat.
Par prudence, il est cependant préférable d'absorber intégralement ces charges exceptionnelles en les passant à *Exploitation*. On évite ainsi de gonfler le prix d'acquisition et les annuités d'amortissement (voir ce chapitre).

2. L'entreprise crée (fabrique) son immobilisation

Si l'entreprise crée sa propre immobilisation (machine, bâtiment...) elle ouvrira un compte débité des dépenses nécessaires à sa création. En cas de besoin, ce compte peut être subdivisé en sous-comptes appropriés: matières, matériel, salaires, énergie, frais administratifs, etc. Le regroupement final sur le compte de l'immobilisation dégagera son coût de revient.

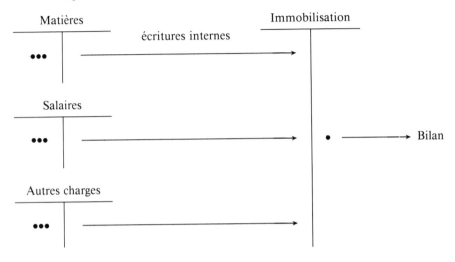

H. L'enregistrement initial des immobilisations incorporelles

On trouve surtout dans cette rubrique les éléments suivants: fonds de commerce, brevet, licence de fabrication, marque de fabrique. Ces éléments sont enregistrés au plus à leur prix d'acquisition (article 665 CO).

I. Opérations courantes génératrices de charges

A côté des opérations sur marchandises, les autres opérations courantes génératrices de charges sont nombreuses et variées. Aussi ouvrira-t-on au Grand-livre autant de comptes de charges que la nature de ces opérations l'exige et pour respecter certains principes dont il sera question à la clôture des comptes.

1. Les charges courantes d'exploitation [1]

Parmi ces charges, on trouve généralement:
  a) Loyer, électricité, communications téléphoniques, travaux d'entretien, de réparations, eau, gaz, primes d'assurances contre l'incendie ou couvrant la responsabilité civile, publicité, fournitures de bureau, frais postaux, etc.; autrement dit tous les services que l'entreprise consomme pour assurer son exploitation en provenance de divers fournisseurs ou de l'Etat.

---

[1] Ces charges présentent la caractéristique d'être plus ou moins fixes pour une «plage d'activité» donnée; elles sont indépendantes de la variation du volume d'activité ou du chiffre d'affaires à l'intérieur de cette plage.

b) Les taxes ou impôts à la charge de l'entreprise.
c) Les frais de personnels, salaires, appointements et charges salariales qui s'y ajoutent.
d) Frais de transports, de déplacements et de représentation.
e) Frais financiers: intérêts des emprunts et des dettes, escomptes accordés aux clients, frais divers de banques.

L'ensemble de ces charges, à caractère répétitif, constitue les *frais généraux* de l'entreprise.

Il existe aussi des dépenses inclassables; on les impute au compte de «*Frais divers*».

Si les charges sont payées comptant on passe l'opération:

Sinon la facture est portée en compte pour être réglée plus tard:

Parmi ces charges, les salaires et les charges sociales requièrent un examen particulier.

2. Salaires et charges sociales

2.1. Notions

Les frais de personnel constituent souvent la charge d'exploitation la plus lourde de l'entreprise. Cette charge se divise en deux parties:
1) La rémunération du personnel (salaires, appointements);
2) Les prestations sociales, ou charges salariales, ou charges sociales.
   Les prestations sociales sont celles qui, en plus du salaire, sont versées par l'entreprise en faveur du personnel, en vertu d'un contrat ou de la législation sociale.

Les principales charges sociales sont:
– les cotisations de l'assurance vieillesse et survivants (AVS);
– les cotisations versées au titre du «2ᵉ pilier»;

- les cotisations versées à une caisse d'allocations familiales;
- les primes d'assurances accidents, maladie et chômage.

Le montant des prestations s'exprime en % ou en ‰ du salaire.

2.2 Charges sociales supportées paritairement

Le personnel participe dans une proportion fixée par la loi, par le contrat de travail ou une convention collective, à certaines de ces prestations. Il en est ainsi de l'AVS, des caisses de retraite, primes d'assurances accidents non professionnels, primes d'assurances maladie, assurance chômage. Ces contributions sont retenues au personnel au moment du paiement du salaire et versées aux caisses d'assurances en même temps que la quote-part de l'entreprise. Les cotisations versées aux caisses AVS se décomposent ainsi:

AVS	(assurance vieillesse et survivants)	8,4%
AI	(assurance invalidité)	1,2%
APG	(assurances perte de gain)	0,5%
		10,1%
AC	(assurance chômage)	3,0%[1]
		13,1% du salaire brut

dont 6,55% à la charge de l'entreprise
6,55% à la charge du salarié

2.3 Charges sociales supportées intégralement par l'entreprise, conformément à la loi ou une convention collective

a) Les cotisations versées pour alimenter les caisses d'allocations familiales (ALFA) sont entièrement à la charge de l'entreprise. Elles sont calculées sur la masse salariale brute.

Généralement, les caisses AVS drainent aussi ces cotisations et se chargent de verser les allocations aux ayants droit.

Les décomptes AVS et ALFA sont établis mensuellement ou trimestriellement: il doit y avoir concordance parfaite entre les déclarations fournies et la comptabilité des salaires.

b) Les primes d'assurances accidents professionnels. Elles résultent d'un contrat conclu avec les compagnies d'assurances privées ou la Caisse nationale suisse d'assurance en cas d'accidents (CNA).

2.4. Primes d'assurances accidents et maladie

Les primes d'assurances accidents et maladie sont payables d'avance, au début de la période à couvrir. Leur calcul est donc basé sur la masse salariale budgétée de l'exercice. L'entreprise en assure le paiement total

---

[1] Proportionnel jusqu'au plafond mensuel de 8 100.–.

d'avance et cette charge s'allège des retenues mensuelles opérées sur les salaires versés pour la part des primes d'assurances accidents et maladie non professionnels supportée par le salarié. La rectification de la prime totale, résultant de l'écart entre la masse salariale budgétée et le total des salaires effectivement versés, s'opère en fin d'exercice.

2.5. Comptabilité

a) Le livre auxiliaire des salaires

C'est un document indispensable pour une gestion précise des salaires.

Il contient, pour chaque collaborateur, une fiche de salaire dont la présentation peut se résumer ainsi (liste des rubriques non exhaustive):

Nom: Prénom:				Date de naissance:				N° AVS:	
Date		Salaire brut	Retenues					Total des retenues	Salaire net
Mois	Année		AVS	Caisse de retraite	Ass. accidents non prof.	Ass. maladie	Ass. chômage		
Total:									

Cette fiche personnelle de salaire sert de moyen de preuve et fournit tous les renseignements sur le salaire brut, les primes versées et sur les retenues opérées. Ces renseignements sont nécessaires à l'établissement des déclarations fiscales des travailleurs, aux feuilles de déclaration aux institutions d'assurances, à l'AVS, etc.

Une fois les paies effectuées, on dresse une feuille de récapitulation des salaires»: c'est l'addition des opérations passées sur les fiches personnelles. Les totaux sont reportés en comptabilité générale.

b) Opérations au Grand-livre

Au Grand-livre, les mécanismes des opérations relatives aux charges sociales se schématisent ainsi:

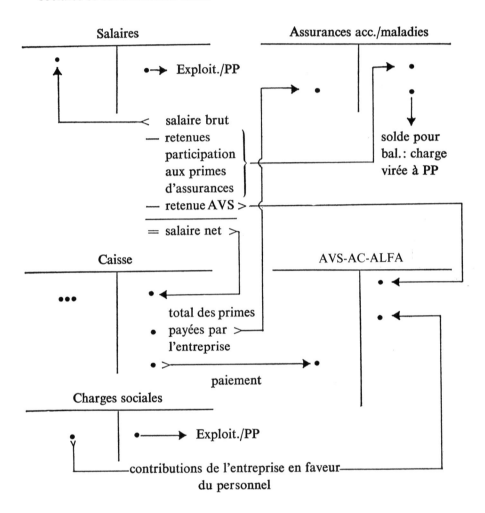

Remarque : Le compte AVS-AC-ALFA est porté au passif du bilan dans la mesure où il reste un solde à régler en fin d'exercice.

Exemple:

Tenir les quelques comptes suivants (situation avant les opérations du 31 décembre).

	Débit	Crédit
Caisse	50 000.−	−.−
Salaires	220 000.−	−.−
AVS - AC - ALFA	−.−	−.−
Assurances acc./maladie	8 500.−	4 840.−
Charges sociales	16 280.−	−.−
Exploitation	−.−	−.−

Opérations à fin décembre:
1. Paiement des salaires: brut 20 000.− ; tenir compte de:
   a) retenue au personnel de sa participation aux primes d'assurances accidents et maladie 440.− ;
   b) participation du personnel à la caisse AVS-AC 1 070.− ;
   c) participation de l'entreprise à la caisse AVS-AC 1 120.− (la participation de l'entreprise 1 070.− est majorée d'une participation aux frais d'administration de la caisse AVS 50.−).
2. Cotisations à la caisse d'allocations familiales 360.−.
3. Paiement du montant dû à la caisse AVS-AC-ALFA.

```
       Salaires                 Assurances acc./mal.              Caisse
      220 000.−                  8 500.−  |  4 840.−           50 000.−  | 1)  18 490.−
 1)    20 000.−                           | 1a)  440.−                   | 3)   2 550.−

      AVS-AC-ALFA                                                  Charges sociales
              | 1b)  1 070.−                                       16 280.−  |
              | 1c)  1 120.−                                  1c)   1 120.−  |
 3)   2 550.− | 2)     360.−                                  2)      360.−  |
```

J. Frais de recherche et de développement

Ces opérations entraînent principalement les dépenses suivantes: traitement des chercheurs et autres salaires, charges sociales s'y rapportant, matières diverses, matériel, frais de locaux, énergie, frais administratifs, etc. On les enregistre dans les comptes appropriés par nature pour les regrouper ensuite selon la destination de ces opérations. Diverses possibilités peuvent se présenter; citons les cas essentiels suivants:

1. Si ces dépenses s'incorporent à une commande, elles s'ajoutent au prix des travaux facturés au client.
2. Il peut s'agir de recherche fondamentale pure. Si les dépenses ne débouchent pas forcément sur une immobilisation (brevet non exploité, par exemple), le principe de prudence voudra que ces dépenses soient incorporées aux charges de l'exercice en cours.

3. Si l'activité consiste à développer la recherche expérimentale en vue de brèveter et commercialiser une innovation, les dépenses inhérentes à cette activité seront aussi imputées à des comptes appropriés dont le traitement, en fin d'exercice, peut diverger (voir pp. 184 ss).

K. Les produits d'exploitation

Dans l'entreprise de distribution ou de production, le compte de *Ventes* enregistre le produit d'exploitation.

A côté des ventes, l'activité de l'entreprise peut dégager d'autres produits secondaires; ils seront imputés à des comptes distincts. Citons principalement: les intérêts bancaires créditeurs, les escomptes obtenus des fournisseurs, les commissions reçues pour prestations fournies.

Dans les entreprises dont l'activité provient d'une prestation de service et non pas de la commercialisation de marchandises (médecin, avocat, hôtellerie, bureau fiduciaire) la prestation chiffrée est enregistrée sur un compte «*Honoraires*» ou tout autre intitulé: «*Commissions*», «*Travaux exécutés*», «*Restauration*»...

Si les produits sont encaissés au comptant, on passe l'écriture:

Sinon la facture est portée en compte pour être encaissée ultérieurement:

Dans les entreprises de service, la notion de bénéfice brut peut prendre une signification différente (restauration par exemple) ou disparaître complètement.

L. Le compte privé[1] et l'entreprise en raison individuelle

1. Concept

L'entreprise individuelle est l'entité économique exploitée par une personne physique qui en est le propriétaire. L'inscription au Registre du commerce d'une telle entreprise confère à son propriétaire la qualité de commerçant.

2. Aspects juridiques et comptabilité

Au plan du droit civil, les biens commerciaux et les biens privés de l'exploitant ne forment pas deux patrimoines séparés. Les créanciers, qu'ils soient commerciaux ou privés ont un droit sur la totalité du patrimoine du commerçant, sans qu'il y ait un lien de subsidiarité entre la fortune commerciale et la fortune privée.

---

[1] Appelé aussi «*Mouvement de capital*».

Mais, selon l'article 957 CO, la comptabilité doit révéler à la fois la situation financière de l'entreprise, l'état des dettes et des créances se rattachant à l'exploitation, de même que le résultat des exerces annuels. De plus l'article 959 CO exige que soit dressés, de manière complète, claire et précise, un compte d'exploitation et un bilan annuel se rattachant à l'entreprise.

En conséquence:
   a) la comptabilité de l'entreprise individuelle traitera exclusivement des biens représentant la fortune commerciale, des créances et des dettes de l'entreprise et des opérations de nature économique et juridique s'y rapportant;
   b) l'absence de fixité du capital propre investi fera que celui-ci peut varier non seulement au gré des résultats annuels et de leur affectation, mais aussi à la suite des prélèvements et des versements opérés par l'exploitant en cours d'exercice, indépendamment de toute règle de bonne gestion.

L'existence d'un seul patrimoine de l'exploitant (privé et commercial) oblige à la tenue d'un compte jouant le rôle d'articulation entre les opérations de l'entreprise en tant qu'entité économique et celles, personnelles, de l'exploitant en tant que propriétaire de cette entité: c'est *le compte privé*.

L'exploitant décide, en toute liberté, de ses prélèvements en espèces ou, dans certains cas, en marchandises; il peut aussi faire régler ses dépenses personnelles par les liquidités dont dispose son entreprise. Ces dépenses sont en fait des retraits de fonds déductibles du *«Capital»*. La clarté de la comptabilité requiert cependant certaines exigences:
   – la mise de fonds initiale de l'exploitant ne doit pas être modifiée à tout instant;
   – il est utile, sinon indispensable à l'exploitant de connaître, en cours d'exercice, le total de ses dépenses personnelles.

3. Fonctionnement du compte privé

Ce compte privé, sorte de c/c est un sous-compte de *«Capital»*.

3.1. Prélèvements

Les prélèvements privés donnent lieu à l'écriture suivante:

Cette solution évite de porter les dépenses privées de l'exploitant aux charges de l'entreprise et d'introduire dans l'interprétation des résultats des éléments subjectifs. Le cas typique est celui des impôts personnels de l'exploitant.

D'autre part, le compte privé est crédité en cours d'exercice de prestations découlant de l'activité du propriétaire dans son entreprise : commission par exemple.

3.2. L'AVS de l'exploitant indépendant

De par la loi, l'exploitant indépendant est aussi affilié à l'AVS. Il en supporte les cotisations dans leur totalité, calculées sur son *revenu*[1]. Il découle de cette disposition légale que les cotisations AVS de l'exploitant indépendant ne constituent pas une charge pour l'entreprise, même si celle-ci en assure le paiement.
Il en est de même pour la caisse de retraite dite du « 2e pilier ».

Les opérations au Grand-livre se présentent comme suit :

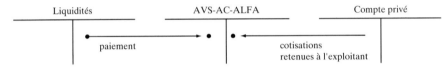

3.3. Prélèvements en marchandises

Les marchandises prélevées par l'exploitant pour sa propre consommation sont comptabilisées au prix de revient d'achat; (l'exploitant ne peut incorporer de bénéfice sur sa propre consommation).
L'écriture au Grand-livre est la suivante :

Si les produits consommés sont frappés de la TVA à 6,5%[2], les écritures sont les suivantes :

Journal :

1) Prélèvement :

   Compte privé à Consommation particulière (TVA 6,5%)

---

[1] Il s'agit du revenu estimé ; la déclaration de l'impôt fédéral direct sert de base de calcul. La rectification se fait donc tous les deux ans Le taux AVS est actuellement de 9,5% dès 46 600.– de revenu annuel. En deçà de ce montant, un taux progressif est appliqué par tranches de revenu.

[2] Voir ce chapitre.

2) Extourne de la TVA

Consommation particulière à la TVA due

3) Imputation des prélèvements au PRA:

Consommation particulière à Achats

CHAPITRE II

LES OPÉRATIONS EXCEPTIONNELLES D'EXPLOITATION

En cours d'exercice, l'entreprise peut réaliser une opération de caractère exceptionnel entraînant une charge ou un produit. Dans ce cas, il faut *enregistrer le résultat* de l'opération dans un compte approprié – de charges ou de produits – qui, viré en fin d'exercice au compte d'exploitation, se distinguera des charges et des produits courants.

Exemples:
L'entreprise liquide un équipement et l'opération laisse apparaître un bénéfice substantiel ou une perte importante; vente d'un terrain préalablement destiné à l'extension de l'entreprise, dégageant un bénéfice.

CHAPITRE III

LES OPÉRATIONS HORS EXPLOITATION

A côté de son exploitation principale (fabrication ou commerce des marchandises par exemple) une entreprise peut s'adonner à des activités accessoires qu'elle tente de rendre lucratives. Ainsi, les liquidités peuvent être placées dans des affaires immobilières ou des valeurs mobilières (actions, obligations, bons de caisse, parts de fonds de placements, etc.).
Ces activités engendrent des charges et des produits hors exploitation et la comptabilité, pour garder sa clarté et faciliter l'analyse, devra les dissocier de ceux de l'exploitation principale.

A. Organisation comptable

On tiendra au Grand-livre les comptes appropriés, actifs, passifs, de charges et de produits destinés à enregistrer ces opérations. De plus, deux comptes de résultats interviennent dans l'organisation pour permettre de dégager:
- le résultat d'exploitation de l'exercice
- les charges et produits hors exploitation
- le résultat global de l'exercice

Le schéma sera le suivant (exemple en cas de bénéfice)

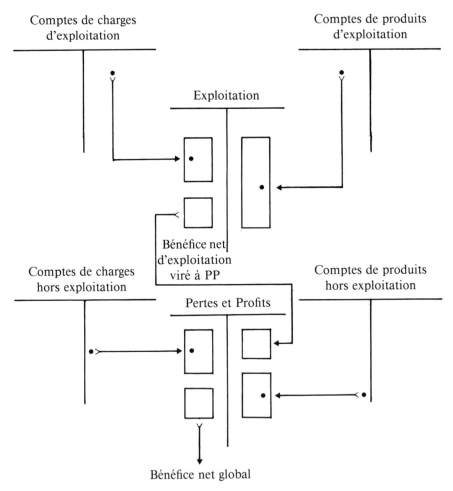

Cette subdivision est indispensable. En regroupant toutes ces opérations sur un compte unique de résultat, une perte d'exploitation peut être masquée par un bénéfice hors exploitation plus élevé qu'elle et vice versa.

B. Les comptes relatifs aux affaires immobilières

1. Notions

Généralement, une transaction immobilière entraîne la constitution d'un gage immobilier: celui qui achète ou construit un immeuble opère rarement avec la totalité de ses fonds propres; il fait appel au crédit immobilier ou crédit hypothécaire. L'immeuble garantit le prêt et constitue le gage immobilier. Deux formes caractérisent ce gage:
1) L'obligation hypothécaire ou hypothèque. C'est un acte authentique inscrit au Registre foncier qui détient et conserve cet acte;
2) La cédule hypothécaire, constatée par acte notarié. Elle est aussi inscrite au Registre foncier mais elle est remise au porteur. Ce papier-valeur peut être négocié, vendu ou cédé. Une cédule hypothécaire peut être nominative ou au porteur.

Comme un immeuble peut garantir plusieurs emprunts hypothécaires différents, chaque hypothèque se voit attribuer un rang. En cas d'insolvabilité du propriétaire-emprunteur entraînant la vente de l'immeuble, le créancier hypothécaire en 2e rang ne reçoit rien avant que le 1er rang ait été désintéressé intégralement; le 3e rang ne touche rien avant le 2e. Le crédit hypothécaire en premier rang est accordé à long terme, à un taux d'intérêt tributaire du marché des capitaux et peut-être d'autres facteurs qu'il est inutile d'évoquer ici. Le crédit hypothécaire en 2e rang sera accordé pour une plus courte durée et à un taux plus élevé: le prêteur en 2e rang court un risque plus grand que le prêteur en 1er rang; le 3e rang risque encore davantage que le 2e.

2. Les comptes

Un compte actif *«Immeuble»* et un compte passif *«Hypothèque»* (ou plusieurs comptes d'hypothèque si l'immeuble garantit différents emprunts) constituent les comptes de situation.

Le compte *«Charges d'immeuble»* enregistre les charges telles que: réparation, abonnement d'eau et d'électricité, impôts immobiliers, assurance incendie, assurance responsabilité civile, autres assurances éventuelles, intérêts hypothécaires, frais de conciergerie, amortissement de l'immeuble.[1]

Le compte *«Produits d'immeuble»* enregistre les revenus suivants: loyer des locaux loués aux tiers, loyer des locaux utilisés par les bureaux, magasins et entrepôts de l'entreprise appartenant au propriétaire de l'immeuble, loyer de l'appartement mis à la disposition du concierge.

---

[1] **Note:** Pour des raisons de commodité didactique, les charges d'immeuble sont regroupées en un seul compte; en réalité une comptabilité d'immeuble se compose de divers comptes de charges, identifiées par nature tels que eau, gaz, électricité, entretien, réparations, chauffage, entretien de chaufferie, service d'immeuble.

2. 1. Remarques relatives à certaines opérations
2. 1.1. Quant aux charges:

1. Il est parfois difficile de savoir si certaines dépenses sont à considérer comme frais d'immeuble ou comme augmentation de la valeur de l'immeuble. Le critère déterminant sera celui-ci: si la dépense a pour conséquence une augmentation du produit de l'immeuble, on débitera le compte «Immeuble»; si cette dépense n'a aucune incidence sur le produit immobilier, elle sera imputée au compte «Charges d'Immeuble».
2. La dette hypothécaire entraîne:
   - le paiement de l'intérêt hypothécaire; c'est une charge;
   - l'amortissement financier de la dette elle-même; c'est une diminution de dette compensée par une diminution d'actif (liquidités).

Il est courant que le débiteur verse chaque année une somme *constante* comprenant l'intérêt et l'amortissement financier. En conséquence, l'amortissement de la dette augmentera chaque année d'un montant égal à celui de la diminution de l'intérêt; celui-ci décroît au fur et à mesure de l'amortissement de la dette. Si le versement a lieu une fois par an, on parle *d'annuité constante;* s'il a lieu deux fois par an, on parle alors de *demi-annuité constante*.

Exemple:
Une hypothèque de 200 000.— au taux de 6%; amortissement initial 1% (il s'agit de l'amortissement financier). Annuité constante.

Calcul de l'annuité:

Intérêt 6% sur 200 000.—	12 000.—
Amortissement initial 1% sur 200 000.—	2 000.—
	14 000.—

A l'échéance de la première annuité on passe l'écriture:

Caisse (ou Banque)		Charges d'immeuble		Hypothèque	
••••	14 000.—	12 000.—			200 000.—
		2 000.—			

A l'échéance de la 2e annuité, on aura:

Caisse (ou Banque)		Charges d'immeuble		Hypothèque	
••••	14 000.—	11 880.—		2 120.—	198 000.—

et ainsi de suite.

calcul de l'annuité : intérêt 6% de 198 000.—   11 880.—
                 amortissement   2 120.—
                                                     14 000.—

Note:

Il est aussi fréquent que le contrat d'emprunt prévoie les intérêts d'un côté et, de l'autre, indépendamment, l'amortissement de l'hypothèque, auquel cas la charge financière totale varie d'un exercice à l'autre.

2. 1.2. Quant aux produits:

Trois cas peuvent se présenter:
    a) Si l'immeuble est entièrement destiné à la location à des tiers, le problème ne se pose pas; l'encaissement des loyers entraîne l'écriture:

Liquidités à Produits d'immeuble

    b) L'immeuble comprend à la fois des locaux d'exploitation et des appartements loués à des tiers.

        Dans cette hypothèse nous sommes en face de deux catégories d'opérations:

           1) Les opérations d'encaissement des loyers (comme ci-dessus)
           2) L'écriture interne analytique de charge d'exploitation correspondant au loyer des locaux occupés par l'entreprise:

Loyer d'exploitation (ou Exploitation)
à Produits d'immeuble

        Cette écriture est généralement passée avant la clôture des comptes, pour le loyer annuel.

    c) Dans la mesure où le propriétaire de l'entreprise occupe un appartement dans l'immeuble dont il est aussi le propriétaire, on comptabilisera le loyer de cet appartement:

Compte privé à Produits d'immeuble

Ce loyer est en fait un produit auquel n'est incorporé aucun bénéfice, le propriétaire ne pouvant se «facturer» un bénéfice à lui-même. En passant cette écriture ainsi, on se rapproche d'une notion de rentabilité plus exacte.

On pourrait aussi créditer le compte *« Charges d'immeuble »*, mais cette manière de procéder ne reflèterait plus le montant exact des charges immobilières de l'exercice puisque le loyer du propriétaire se soustrairait de ces charges. On ne peut non plus compenser des charges par un produit même exempt de bénéfice.

2. 2. Le compte chauffage

Ce compte est débité de toutes les charges résultant du chauffage des locaux : combustible, amortissement et entretien de la chaufferie, salaire du chauffeur. Il est crédité des contributions de chauffage versées par les locataires. En fin de saison de chauffage :
- la contrevaleur du combustible en soute passe au compte « chauffage » pour la nouvelle saison ;
- le trop perçu sera rétrocédé aux locataires ;
- le supplément sera facturé aux locataires.

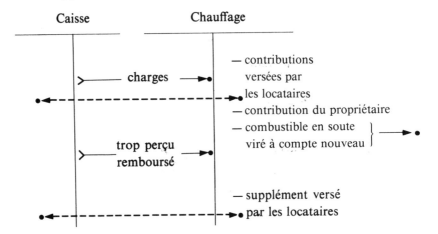

Exemple :

Extrait du bilan au 1er janvier :
Caisse : 14 000.— ; Poste : 34 600.— ; Immeuble : 440 000.— ; Hypothèque 4 % : 250 000.— ; Combustible en soute : 4 500.— ; Redevances de chauffage dues par les locataires : 750.—.[1]

1. Réintégration dans le compte de chauffage du combustible en soute et des redevances dues.
2. Encaissement de loyers au compte postal : 90 000.—.
3. Paiement de l'annuité hypothécaire par virement postal, intérêts 10 000.— + amortissement 2 000.— = 12 000.—.

---

[1] Se référer à la section 4, chap. 3, p. 232.

4. Paiement par poste de charges diverses d'immeuble: 22 000.—.
5. Comptabilisation du loyer de l'appartement que le propriétaire occupe dans l'immeuble: 1 500.—.
6. La location de l'appartement du concierge est de 800.—.
7. Prélèvement personnel au compte de chèques postaux: 24 000.—.
8. Payé en espèces les impôts immobiliers: 2 400.—.
9. Paiement de réparations et de transformations de l'immeuble pour 39 000.— (sur cette somme: 9 000.— sont considérés comme charges de l'exercice) par virement postal.
10. Achat de combustible à crédit: 8 000.—.
11. Redevances de chauffage versées au compte postal par les locataires: 13 200.—.
12. Combustible en soute, en fin de saison: 2 000.—.
13. Remboursé aux locataires le trop perçu sur les redevances de chauffage?

Actif	Extrait du bilan au 1er janvier 19..		Passif
Caisse	14 000.—	Hypothèque 4%	250 000.—
CCP	34 600.—		
Immeuble	440 000.—		
Combustible en soute	4 500.—		
Redevances de chauffage	750.—		

Caisse		CCP		Immeuble	
14 000.—	8) 2 400.—	34 600.—	3) 12 000.—	440 000.—	
	13) 1 950.—	2) 90 000.—	4) 22 000.—	9) 30 000.—	
		11) 13 200.—	7) 24 000.—		
			9) 39 000.—		

Combustible en soute		Redevances de chauffage		Hypothèque	
4 500.—	1) 4 500.—	750.—	1) 750.—	3) 2 000.—	250 000.—

Chauffage saison X		Produits d'immeuble		Charges d'immeuble	
1) 4 500.—	11) 13 200.—		2) 90 000.—	3) 10 000.—	
1) 750.—	12) 2 000.—		5) 1 500.—	4) 22 000.—	
10) 8 000.—			6) 800.—	6) 800.—	
13) 1 950.—				8) 2 400.—	
15 200.—	15 200.—			9) 9 000.—	

Privé		Fournisseurs		Chauffage saison Y	
5) 1 500.—			10) 8 000.—	12) 2 000.—	
7) 24 000.—					

C. Opérations relatives aux titres cotés en bourse

1. Notions

La comptabilité doit fournir quatre types de renseignements:
- a) Le mouvement de valeur des titres en capital.
- b) Le revenu des titres, c'est-à-dire les intérêts des obligations, les dividendes d'actions.
- c) Les gains ou les pertes réalisés sur les opérations d'achat et de vente des titres. Deux cas peuvent se présenter:
   - l'achat et la vente ont lieu durant le même exercice. La différence de cours (gain ou perte) est définitivement réalisée et comptabilisée.
   - L'achat et la vente s'étalent sur des exercices différents. Il faudra alors tenir compte de l'évaluation des titres à l'inventaire (voir p. 145).
- d) Les frais de gestion du portefeuille — titres.

L'impôt anticipé [1]

La Confédération perçoit un impôt anticipé sur les revenus de capitaux mobiliers, les gains faits dans les loteries et, dans certaines conditions, sur les prestations d'assurances.

L'impôt anticipé sur les revenus de capitaux mobiliers a pour objet les intérêts, rentes, participations aux bénéfices et tous autres rendements:
- a) des obligations émises par une personne domiciliée en Suisse, des cédules hypothécaires et lettres de rentes émises en série, ainsi que des avoirs figurant au livre de la dette;
- b) des actions, parts sociales et bons de jouissance émis par des sociétés anonymes, sociétés à responsabilité limitée ou sociétés coopératives suisses;
- c) des parts à un fonds de placement ou à tout ensemble de biens de caractère semblable, émises par une personne domiciliée en Suisse ou par une personne domiciliée à l'étranger conjointement avec une personne domiciliée en Suisse;
- d) des avoirs de clients auprès de banques et de caisses d'épargne suisses.

Il s'agit d'un prélèvement opéré à la source, c'est-à-dire chez le débiteur de la prestation constituant le revenu imposé, par retenue sur le montant dû au créancier. Il est considéré par l'administration fiscale comme un acompte

---

[1] Actuellement, il se monte à 35 % sur les revenus des titres de débiteurs suisses.

payé par le bénéficiaire du revenu sur ses impôts directs cantonaux et communaux. Le contribuable peut demander que les retenues subies lui soient remboursées, dans le cas où la loi prévoit que la déclaration de la prestation imposable remplace le paiement de l'impôt. L'impôt anticipé retenu est récupérable par le propriétaire des titres pour autant qu'il soit domicilié en Suisse, qu'il ait la jouissance des revenus et que les titres aient été déclarés au fisc. Le montant en sera déduit du bordereau d'impôts directs.

Par conséquent l'impôt anticipé est à considérer comme *un compte débiteur* et sera porté comme tel à l'actif du bilan. Cet impôt, imputable (déductible) sur la facture d'impôt est celui qui a été retenu durant l'exercice comptable faisant l'objet de la déclaration soit, pratiquement, celui de l'année précédant celle de l'exercice clôturé.

2. Les comptes

Les comptes seront de natures différentes:
   a) Le compte actif «*Titres*» représente la contre-valeur des titres détenus et les mouvements de valeur effectifs s'y rapportant. Si les opérations portent sur diverses catégories de valeurs, on peut ouvrir les comptes appropriés: *Actions, Obligations, Bons de caisse, Bons de participation...*
   b) Le compte «*Produit des titres*»: ce compte de gestion enregistre le rendement *brut* des titres: dividendes, intérêts.
   c) Le compte «*Frais de gestion du portefeuille-titres*», imputé:
      – des frais d'achat ⎫ courtage, timbre fédéral, frais de transmis-
      – des frais de vente ⎬ sion, taxes de bourse, etc.
      – des droits de garde
   d) Le compte «*Différences de cours réalisées*», imputé des gains et des pertes sur les opérations d'achats et de ventes durant l'exercice.
   e) Le compte «*Impôt anticipé*»: il enregistre les montants d'impôt retenus et rétrocédés par l'Administration fédérale des contributions.

Exemples d'écritures détachées:

   a) Achat d'actions par l'entremise de la banque. En voici le bordereau:

5 actions Ateliers mécaniques S.A.
nominal 1 000. – , au cours de 1 100. – .... 5 500. –
+ frais... 43. –
Ces titres ont été payés .... 5 543. –

Ecriture:

Titres	Banque	Frais de gestion
5 500. –	5 543. –	43. –

b) Vente d'actions par l'entremise de la banque. En voici le bordereau:

3 actions, Gerba S.A.
nominal 500. –, au cours de 750. – .... 2 250. –
– frais... 18. –
Cette vente a rapporté net........................... 2 232. –

Ecriture:

Titres		Banque		Frais de gestion	
...	2 250. –	2 232. –		18. –	

c) Achat d'obligations par l'intermédiaire de la banque; en voici le bordereau au 15 juin:

6 obligations 6% ville de X 19..
jouissance 31 mars et 30 septembre
nominal 1 000. –, au cours de 101,50 .... 6 090. –
+ coupons courus, 75 jours à 6% .... 75. –
                                                      6 165. –
+ frais divers .... 55. –
                                                      6 220. –

Ce bordereau concerne: 1) les coupons courus 75. –
                              2) les titres proprement dits:
                                  6 090. – + 55. – = 6 145. –

Le compte «Titres» enregistre la valeur effective des titres, coupons non compris.
Le compte «Produit des titres» enregistre le coupon couru.

Ecriture pour l'opération ci-dessus:

Titres		Banque		Produit des titres	
6 090. –			6 220. –		75. –

	Frais de gestion	
	55. –	

Pourquoi les 75.— sont-ils portés au débit de « Produit des titres »? L'acquisition de ces obligations a lieu le 15 juin ; les derniers coupons ont été encaissés par le vendeur le 31 mars précédent. Pour la période d'intérêts courant du 31 mars au 30 septembre, les coupons sont encore attachés aux obligations. A partir du 31 mars, leur valeur augmente chaque jour pour atteindre son maximum le 30 septembre.

L'intérêt du 31 mars au 15 juin (date de l'achat des titres) appartient encore au vendeur. L'acheteur paie les titres et la valeur acquise par les coupons en cours jusqu'au 15 juin. Le 30 septembre, il encaisse les coupons pour une valeur totale de 180.— et comptabilise :

Produit des titres		Banque	Impôt anticipé
75.—	180.—	117.—	63.—

Ainsi pour les coupons en question, le compte « Produit des titres » indique : au débit 75.— et au crédit 180.— ; la différence de 105.— représente l'intérêt du 15 juin au 30 septembre, soit la part de la période de revenu au profit du nouveau propriétaire des titres. Les 75.— constituent une rectification anticipée.

d) Vente d'obligations ; extrait du bordereau de la banque :

Nominal 10 000.— ; effectif	9 540.—
valeur acquise par les coupons	108.—
	9 648.—
– frais divers	64.—
	9 584.—

Ecriture :

Titres		Produit des titres	Banque
••••	9 540.—	108.—	9 584.—

Frais de gestion
64.—

e) Récupération de l'impôt anticipé

Hypothèse: durant l'exercice précédent, l'impôt anticipé s'est élevé à 200.—.

Total du bordereau d'impôts sur le revenu
et la fortune de l'exploitant .... 14 500.—
– imputation de l'impôt anticipé .... 200.—
net à payer .... 14 300.—

L'entreprise règle les impôts; écriture:

Impôt anticipé		Compte privé	Caisse
200.—			
....	200.—	14 500.—	14 300.—
....			

Exemple:

(Les opérations sur titres sont traitées par l'intermédiaire de la banque.)

Extrait du bilan initial:

CCP: 3 650.—; Banque (actif): 18 500.—; Titres: 248 000.—; Impôt anticipé: 1 850.—.

1. Achat de titres pour 34 300.— dont 300.— de coupon couru. Frais 150.—.
2. Vente de titre 52 800.—. A ce montant s'ajoute le coupon couru de 700.—. Frais 200.—
3. Souscription et libération d'obligations: 12 700.—. Frais 80.—
4. Encaissement d'obligations échues: 4 000.—.
5. Encaissement de coupons d'obligations pour 12 500.—. Tenir compte de l'impôt anticipé.
6. Paiement des impôts personnels par virement postal: 4 500.—, sous déduction de l'impôt anticipé récupérable.
7. Prélèvement personnel à la banque: 12 000.—.
8. Droits de garde portés en compte par la banque: 700.—.

Ecritures:

Actif	Extrait du bilan initial	Passif
Poste	3 650.—	
Banque	18 500.—	
Impôt anticipé	1 850.—	
Titres	248 000.—	

CCP				Banque				Impôt anticipé			
	3 650.–	6)	2 650.–		18 500.–	1)	34 450.–		1 850.–	6)	1 850.–
				2)	53 300.–	3)	12 780.–	5)	4 375.–		
				4)	4 000.–	7)	12 000.–				
				5)	8 125.–	8)	700.–				

Titres				Produit des titres				Frais de gestion			
	248 000.–	2)	52 800.–	1)	300.–	2)	700.–	1)	150.–		
1)	34 000.–	4)	4 000.–			5)	12 500.–	2)	200.–		
3)	12 700.–							3)	80.–		
								8)	700.–		

Compte privé			
6)	4 500.–		
7)	12 000.–		

Remarque

En Suisse, il n'existe aucune prescription particulière obligeant de séparer les frais de transaction du cours d'achat ou de vente. En conséquence, les frais d'achat *s'additionnent* au cours d'achat et les frais de vente *se soustraient* du cours de vente.

Avantage: L'enregistrement se fait au prix réellement payé ou encaissé. La différence de cours dégagée est nette.

Inconvénient: On peut reprocher à la comptabilité un manque de clarté. La différence ne reflète pas la plus ou moins-value boursière exacte, si l'opération d'achat/vente a lieu durant le même exercice.

D. Acquisition des titres de participation

Une entreprise peut déclarer que les titres détenus ont le caractère de participation:
a) si leur possession revêt une certaine durabilité, justifiée par l'utilité économique qu'ils représentent pour l'entreprise;
b) quand leur possession permet d'exercer une influence dans la société émettrice. Reste à déterminer à partir de quelle proportion cette influence existe. On estime que si les titres représentent au moins 20% du capital de l'entreprise émettrice, cette influence est réelle (cf. article 665a CO). Cette proportion est évidemment assortie d'une représentation au sein du conseil d'administration, d'une participation aux processus de décision et d'opérations communes.

Ces titres sont comptabilisés à leur prix d'acquisition.

CHAPITRE IV

OPÉRATIONS EXCEPTIONNELLES HORS EXPLOITATION

Une opération de caractère exceptionnel peut parfois être enregistrée hors exploitation. Elle fera l'objet d'une inscription distincte dans un compte approprié viré, en fin d'exercice, à *Pertes et Profits*. Dans cet ordre d'idées on peut citer un don important à une action de bienfaisance:

Don spécial   à   Liquidités

SECTION 3: LES TRAVAUX DE FIN D'EXERCICE

Les travaux de fin d'exercice comprennent:
1) L'établissement de la balance générale provisoire de vérification.
2) Les écritures correctives de résultat.
3) La prise d'inventaire et les écritures liées aux opérations d'évaluations dont:
    a) évaluation des éléments de l'actif circulant; calcul, constitution ou dissolution de provisions;
    b) évaluation des immobilisations; calcul et prise en compte des amortissements;
    c) évaluation des engagements et charges futures;
    d) constitution et dissolution de réserves latentes.
4) Le regroupement des charges et des produits sur le ou les comptes de résultat; détermination du résultat.
5) La balance de vérification après écritures de clôture.
6) La clôture des comptes actifs et passifs.
7) L'établissement du bilan de clôture ou bilan final.
8) La présentation des comptes annuels: bilan final, compte de résultat, annexe au bilan.
9) Les écritures d'affectation du résultat.

Avant d'entreprendre l'étude de ces différentes phases, il convient d'examiner les aspects juridiques qui conditionnent les travaux de fin d'exercice.

CHAPITRE I

LES PRINCIPES COMPTABLES APPLICABLES À LA CLÔTURE DES COMPTES

1. Généralités

Plusieurs des principes appliqués à l'enregistrement des opérations durant l'exercice retrouvent leur application aux travaux de fin d'exercice:
- quant à l'intégralité des comptes annuels;
- quant à l'exactitude formelle: les principes de la permanence et de la lisibilité des écritures enregistrées;
- quant à l'exactitude matérielle:
    a) la fidélité du regroupement des données et des écritures de récapitulation, sans omission;
    b) l'exactitude arithmétique des comptes du Grand-livre;
    c) la concordance de la balance générale finale des comptes avec le bilan et le compte de résultat.
- quant à l'interdiction de compensation entre actifs et passifs, ainsi qu'entre charges et produits.

A ces principes s'ajoutent ceux qui s'appliquent spécifiquement aux opération de fin d'exercice.

2. Les principes appliqués à la clôture des comptes

On les trouve essentiellement énoncés aux articles 959 et 960 CO (titre XXXIIe) 663, 663a, 663b, 665 à 667 et 669 CO (droit des S.A.). Bien que pour la plupart ils fassent partie du droit des S.A., ils peuvent aussi s'appliquer à l'entreprise individuelle.

2.1. Le principe de clarté qui découle de l'article 959 CO. Les postes du bilan seront désignés de manière précise; leur libellé sera en concordance avec les faits de nature juridique et/ou de nature économique. Quant à l'ordonnancement des comptes au bilan, la loi ne prescrit pas de schéma obligatoire sauf pour les banques, les fonds de placement et les entreprises de transport concessionnaires.

2.2. Le principe de sincérité. Dans son aspect négatif, il interdit que le bilan montre de l'entreprise une image «plus favorable que celle qui paraît être la réalité»[1]. Dans son aspect positif, il demande que l'inventaire et le bilan soient en concordance avec les faits de nature juridique et/ou économique. On trouve aussi l'énoncé du principe de sincérité dans la 4e directive de la CEE (art. 2, ch. 3).
En conséquence, découlent de cet énoncé:
a) l'état complet des comptes annuels (bilan et compte de résultat);
b) les jugements de situation ou de valeur au moment de la prise d'inventaire et des opérations d'évaluations, qui commandent
   – l'interdiction d'inscrire au bilan des actifs pour une valeur supérieure à celle autorisée par la loi;
   – l'interdiction de sous-évaluer les provisions et amortissements que les circonstances exigent.

2.3. Le principe de l'unité monétaire des comptes annuels; il exige que les rubriques du bilan et du compte de résultat soient exprimées en monnaie suisse.

2.4. Le principe de continuité. Ce principe veut que les méthodes comptables sont supposées être constantes d'un exercice à l'autre. Il revêt un double aspect[2]:

2.4.1. La continuité *formelle*: la classification des postes du bilan et le contenu de ces différents postes seront identiques d'un exercice à l'autre; c'est la continuité externe du bilan.

---

[1] Bourquin G., op. cit., p. 216
[2] Leuenberger S.: Le principe de continuité du bilan, p. 3. Faculté de Droit, Université de Genève, 1984.

2.4.2. La continuité *matérielle*: elle prescrit la permanence dans l'application des méthodes comptables d'un exercice à l'autre. C'est la continuité interne du bilan.

Il faut souligner que ce principe n'est pas absolu et que des ruptures peuvent intervenir si les circonstances l'exigent, sous peine de conduire à une fausse représentation de la situation de l'entreprise. Cette rupture peut être:
– formelle, telle que l'adoption d'une structure de bilan différente, ou
– matérielle, dans la mesure où il est indispensable d'opter pour une nouvelle méthode d'évaluation de certains postes de l'actif.

2.5. Le principe de prudence. On peut l'énoncer comme suit: étant donné qu'en économie d'entreprise de nombreuses transactions sont entachées d'incertitudes, la politique de gestion voudra que l'on fasse preuve de prudence à l'établissement des comptes annuels. En conséquence, toute surestimation de profit est plus dangereuse qu'une sous-estimation. En pratique comptable, ce principe se traduit par l'application de deux autres principes.

2.5.1. Le principe de *réalisation*: on n'incorpore pas dans le résultat de l'exercice un bénéfice non réalisé.

2.5.2. Le principe *d'imparité*: on ne prend pas en compte les gains, revenus, profits non réalisés. Par contre, toutes les pertes probables, prévisibles ou même éventuelles doivent être évaluées et comptabilisées immédiatement.

2.6. Le principe de continuation de l'exploitation

Ce principe découle de la constatation suivante:
De par la loi, l'entreprise (commerçant, personne physique ou morale) est tenue d'établir ses comptes annuellement. Mais, en regard de ses activités, ce «découpage» est artificiel: en effet, l'arrêté des comptes ne signifie pas l'arrêt de l'exploitation et l'entreprise est présumée rester en activité. Pour l'évaluation des éléments du bilan, cela joue un rôle primordial car un bien prendra une valeur différente en fin d'exercice, selon que l'entreprise est considérée dans la perspective d'une exploitation ininterrompue ou dans une situation de liquidation.
D'une manière générale, pour l'évaluation des biens à la clôture, on se placera dans la perspective de la continuation et non d'une liquidation, sauf si l'arrêt de l'activité est prévisible ou si une décision de liquidation est prise par exemple pour toute l'entreprise (vente, faillite) ou pour un élément du bilan (machine à remplacer dans un proche délai).

2.7. Le principe de la spécialisation des exercices

La comptabilité doit respecter le principe de la spécialisation des exercices: c'est l'ensemble des règles et des techniques comptables qui permettent d'imputer à une période donnée les charges et les produits qui lui sont propres et rien d'autre[1].

2.8. Le principe de la concordance entre les charges et les produits d'exploitation de l'exercice.

Dans toute la mesure du possible, les charges d'exploitation doivent être incorporables dans les coûts ou prix de revient. Elles ne sont reconnues comme telles que si elles ont un lien avec les produits de l'exercice. Cette identification est indépendante de toute considération financière.

2.9. Le principe du rattachement des charges et des produits à l'exercice.

Le résultat n'est en principe définitivement acquis que dans la mesure où le cycle d'exploitation est terminé. Mais comme il n'y a pas obligatoirement coïncidence entre le début du cycle d'exploitation et l'ouverture des comptes, la fin du cycle d'exploitation et la clôture des comptes, il faudra *déterminer l'élément décisif qui permettra de considérer le résultat comme acquis.*
Ce principe du rattachement est lié:
- *à des considérations d'ordre économique*: la définition de la période englobant le cycle d'exploitation, depuis le jour de la prise en compte de la matière première, sa transformation en produit fini, jusqu'à la date de vente de celui-ci; ou d'une manière plus générale, toute activité économique engendrant des charges et des produits en correspondance, dont le début et la fin s'insèrent dans un seul exercice comptable;
- *à des considérations d'ordre juridique*: le bénéfice étant déterminé par une plus-value, celle-ci doit être la conséquence de l'accomplissement d'une transaction avec des tiers sous forme de valeur encaissée immédiatement ou dans un avenir proche qui ne laisse aucun doute à ce sujet. Si l'encaissement est *antérieur* (partiellement ou dans sa totalité) aux prestations fournies par l'entreprise, on ne parlera de plus-value réalisée qu'au moment où l'entreprise aura fourni la contre-prestation correspondant à la transaction. Ce sera le cas de la vente à prépaiement ou lorsque à la signature d'un contrat de vente, il est prévu que l'acheteur versera une avance.

Ces trois derniers principes s'appliquent, entre autres, aux écritures correctives de charges et de produits.

---

[1] Recommandations à l'usage des membres de l'Ordre des experts comptables et des comptables agréés. Principes comptables N° 9, Paris 1969, p. 1.

CHAPITRE II

LA BALANCE GÉNÉRALE PROVISOIRE DE VÉRIFICATION [1]

Notions

La balance générale provisoire de vérification est un document dressé hors comptabilité. Elle poursuit un triple but :
1. Vérification de l'exactitude arithmétique de la comptabilité [2]. Les additions verticales donnent les totaux du Journal général. Les totaux horizontaux indiquent la position de chaque compte.
2. Calcul des soldes de tous les comptes, déterminant ainsi leur position avant les opérations de clôture.

    Les soldes des comptes de situation ainsi déterminés seront confrontés avec les données d'inventaire pour permettre de procéder aux écritures appropriées dans le but de faire coïncider le solde de ces comptes avec les existants réels.

    Les soldes des comptes de gestion dégagent les charges et les produits relatifs aux opérations courantes. Certains d'entre eux seront modifiés à la suite des écritures correctives et d'évaluation.
3. Mise à disposition de l'entreprise des soldes des comptes peu ou pas interprétés représentant la synthèse des informations relatives aux opérations de l'exercice.

Exemple:

Caisse		CCP		Banque	
22 400.—	305 000.—	20 100.—	258 000.—	71 400.—	217 000.—
91 000.—	32 000.—	280 300.—	1 500.—	315 600.—	44 810.—
312 600.—	76 000.—	32 630.—	27 000.—	99 000.—	19 000.—
27 300.—	32 000.—		14 700.—	42 000.—	
	7 500.—		10 000.—	1 560.—	

Débiteurs		Effets en portefeuille		Impôt anticipé	
181 200.—	85 600.—	77 200.—	73 400.—	1 400.—	1 400.—
929 500.—	315 600.—	85 600.—	105 000.—	840.—	
	280 300.—	51 200.—	27 300.—		
	312 600.—				
	19 500.—				

---

[1] Appelée aussi « Balance finale avant clôture ». Cf. par ex. Apothéloz B. : Contribution à l'élaboration d'une théorie générale de la comptabilité et application de sa méthode aux opérations relatives au crédit-bail, p. 81. Lausanne 1989.

[2] **Remarque :** L'exactitude arithmétique de la comptabilité est en général vérifiée à intervalles réguliers afin d'éviter les pertes de temps dans la recherche d'erreurs éventuelles.

Titres		Stock et Achats		Mobilier	
75 000.—	42 000.—	209 800.—	70 000.—	24 400.—	
		850 000.—	715 000.—		
		15 000.—	14 000.—		
		32 000.—			

Immeuble		Créanciers		AVS-AC-ALFA	
300 000.—		73 400.—	150 000.—	1 500.—	1 500.—
16 000.—		217 000.—	850 000.—		4 000.—
		258 000.—	167 200.—		8 250.—
		305 000.—			
		14 000.—			

Effets à payer		Hypothèque		Capital	
115 300.—	87 300.—		180 000.—		470 000.—
	73 400.—				

Ventes		PRAMV		Intérêts et Escomptes	
19 500.—	91 000.—	70 000.—	15 000.—	6 000.—	
	929 500.—	715 000.—			

Loyer		Téléphones		Publicité	
12 500.—		2 000.—		2 200.—	

Frais divers		Salaires		Charges sociales	
610.—		110 000.—		8 250.—	

Compte privé		Produits d'immeuble		Produit des titres	
32 000.—	30 000.—		32 630.—		2 400.—
27 000.—			12 500.—		
8 900.—					

Frais de déplacements				Charges d'immeuble	
30 000.—				3 000.—	
				14 700.—	

Balance générale provisoire de vérification

COMPTES	Sommes		Soldes	
	Débit	Crédit	Débit	Crédit
Caisse	453 300.—	452 500.—	800.—	
Compte de chèques postaux	333 030.—	311 200.—	21 830.—	
Banque	529 560.—	280 810.—	248 750.—	
Débiteurs	1 110 700.—	1 013 600.—	97 100.—	
Effets en portefeuille	214 000.—	205 700.—	8 300.—	
Impôt anticipé	2 240.—	1 400.—	840.—	
Titres	75 000.—	42 000.—	33 000.—	
Marchandises	1 106 800.—	799 000.—	307 800.—	
Mobilier	24 400.—		24 400.—	
Immeuble	316 000.—		316 000.—	
Créanciers	867 400.—	1 167 200.—		299 800.—
AVS-AC-ALFA	1 500.—	13 750.—		12 250.—
Effets à payer	115 300.—	160 700.—		45 400.—
Hypothèque		180 000.—		180 000.—
Capital		470 000.—		470 000.—
Ventes	19 500.—	1 020 500.—		1 001 000.—
PRAMV	785 000.—	15 000.—	770 000.—	
Intérêts et Escomptes	6 000.—		6 000.—	
Loyer	12 500.—		12 500.—	
Téléphones	2 000.—		2 000.—	
Publicité	2 200.—		2 200.—	
Frais divers	610.—		610.—	
Salaires	110 000.—		110 000.—	
Charges sociales	8 250.—		8 250.—	
Compte privé	67 900.—	30 000.—	37 900.—	
Produits d'immeuble		45 130.—		45 130.—
Produit des titres		2 400.—		2 400.—
Frais de déplacement	30 000.—		30 000.—	
Charges d'immeuble	17 700.—		17 700.—	
	6 210 890.—	6 210 890.—	2 055 980.—	2 055 980.—

CHAPITRE III

LA PRISE EN COMPTE DES CHARGES SUPPLÉTIVES

1. Définition
On appelle charges supplétives celles qui correspondent à un calcul et non à une sortie de fonds. Elles donnent lieu à une écriture interne, de type analytique.

2. L'intérêt du capital propre investi
Les capitaux empruntés sont producteurs d'intérêts, représentent une charge financière prise dans le calcul du résultat.
Les fonds propres, au contraire, n'engendrent pas d'intérêts à décaisser: ils sont rémunérés par le bénéfice, s'il y en a un. Pourtant ces fonds propres ne sont pas gratuits; investis dans l'entreprise, ils impliquent la renonciation à une autre affectation rémunératrice: par exemple, un placement en valeurs mobilières. C'est ce qu'on nomme le coût d'opportunité.
Cette rémunération des fonds propres sera évaluée de manière théorique et correspondra approximativement au taux d'intérêt conventionnel pratiqué sur le marché.
Dans l'entreprise individuelle, elle sera constatée par l'écriture interne suivante:

Cela signifie que même si le bénéfice est nul, les fonds propres auront été rémunérés au taux conventionnel.

3. La rémunération du travail de l'exploitant
Dans l'entreprise individuelle, l'exploitant est rémunéré par son bénéfice. Il n'existe pas de contrat de travail entre l'exploitant et son entreprise alors qu'il en existe un entre l'exploitant et ses collaborateurs.

Dans la mesure où l'exploitant travaille dans sa propre entreprise, il agit en tant que facteur de production. A ce titre, il doit être compris dans les charges que l'entreprise doit pouvoir supporter: si l'exploitant n'y travaillait pas, il faudrait bien rémunérer la personne remplissant cette fonction.

A n'en point douter, ignorer la rémunération du travail de l'exploitant serait considérer sa prestation comme un profit pur et empêcher de comparer les charges d'exploitation de l'entreprise individuelle à celles d'une entreprise sociétaire exerçant la même activité. Ces arguments suffisent à justifier cette prise en compte.

La rémunération sera évaluée à un niveau conventionnel objectif et entraîne l'écriture suivante:

CHAPITRE IV

LA CORRECTION DES CHARGES ET DES PRODUITS

1. Le décalage entre l'enregistrement de charges et de produits, et la détermination du résultat.

Les charges et les produits sont enregistrés en cours d'exercice de manière immédiate et continue, au fur et à mesure de leur survenance ; la saisie chronologique de l'information est basée sur une pièce comptable datée. Or, certaines de ces opérations ne sont pas toujours enregistrées durant l'exercice auquel elles devraient être normalement affectées. Cela provient de l'existence même de la notion d'exercice comptable défini à l'article 958 CO alors que l'activité de l'entreprise ne s'interrompt pas. En conséquence :
– Certaines charges et certains produits sont imputables à l'exercice en cours alors qu'ils sont appelés de l'exercice postérieur ; ce sont les charges à payer et les produits à recevoir.
– En revanche, d'autres charges et d'autres produits sont rejetés de l'exercice en cours et imputés à l'exercice postérieur : ce sont les charges payées ou constatées d'avance et les produits encaissés ou constatés d'avance.

Afin de respecter l'exactitude du bilan et des comptes de gestion – donc du résultat – il faudra affecter ces revenus et ces charges aux exercices dont ils dépendent. Cette affectation se fera parfois au prorata du temps afférent à chaque exercice, du fait que le contenu de certains comptes de gestion ne correspond pas à la charge ou au produit de la période comptable.

On exclura du résultat toutes opérations en suspens, c'est-à-dire les charges et les produits dont le rattachement à l'exercice et leur enregistrement comptable ne coïncident pas.

Les écritures correctives interviennent dans la détermination correcte des charges et des produits de l'exercice et *a fortiori* du résultat. Leur contrepartie sera portée au bilan par le truchement des comptes correctifs : charges payées d'avance et à payer, produits reçus d'avance et à recevoir.

2. Les comptes transitoires

Certaines charges et certains produits périodiques peuvent se comptabiliser ou se régler à l'avance: les montants comptabilisés, payés ou perçus dans les derniers mois de l'exercice en cours, modifieront le résultat de l'exercice suivant. Ces montants doivent «transiter» de l'exercice à clôturer vers le nouveau. Les comptes correctifs destinés à enregistrer ces avances portent le nom de *«Comptes transitoires»*.

Exemple 1:

L'encaissement des loyers, au mois de décembre, a produit la somme de 15 000.—; dans ces 15 000.— sont compris 3 000.— versés par des locataires pour janvier de l'année suivante. On extrait ces 3 000.— de l'exercice en cours, pour les imputer à l'exercice suivant.

a) Encaissement des loyers en décembre:

Liquidités		Produits d'immeuble	
15 000.—			15 000.—

b) Correction au 31 décembre:

Produits d'immeuble   à   Produits reçus d'avance .... 3 000.—

Produits d'immeuble		Produits reçus d'avance	
	15 000.—		3 000.—
3 000.—			
P.P. ← 12 000.—			

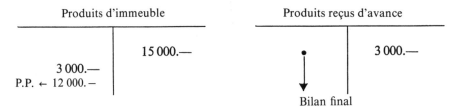

Bilan final

«Produits reçus d'avance», compte transitoire passif, est porté au passif du bilan final car, pour l'instant, ces 3 000.— correspondent à un engagement envers les locataires.

Actif	Extrait du bilan final	Passif
	Produits reçus d'avance	3 000.—

Le produit de l'exercice en cours est corrigé par rapport au suivant.

c) Réouverture des comptes au 1er janvier ; à la reprise du bilan on retrouve le compte ouvert :

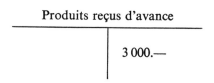

d) Le produit du nouvel exercice est corrigé par rapport au précédent, puisque ce produit, déjà encaissé, s'ajoute aux nouveaux produits courants. On passe la contre-écriture (appelée extourne) :

Produits reçus d'avance   à   Produits d'immeuble .... *3 000.—*

Par le truchement du compte transitoire passif porté au bilan final, 3 000.— sont imputés aux *« Produits d'immeuble »* ; ils correspondent à des loyers de janvier, bien qu'ils aient été encaissés l'année précédente.

Exemple 2 :

Dans les frais généraux payés en décembre 7 500.—, sont incorporés 1 500.— correspondant au montant de la prime d'assurance accidents collective du personnel payée pour l'exercice suivant ; ces 1 500.— sont à soustraire du compte *« Frais généraux »* de l'exercice en cours car ils sont imputables au prochain exercice.

Ecritures :

a) Paiement des frais généraux :

Frais généraux (groupés)	Liquidités
7 500.—	7 500.—

b) Correction à la clôture:

Charges payées d'avance   à   Frais généraux . . . .   *1 500.—*

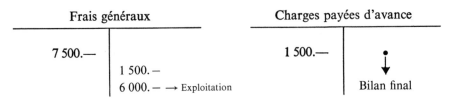

« *Charges payées d'avance »*, compte transitoire actif, est porté à l'actif du bilan final. C'est un droit non encore consommé dont la valeur est subordonnée à la continuité de l'activité de l'entreprise.

Actif	Extrait du bilan final	Passif
Charges payées d'avance 1 500.—		

c) Réouverture des comptes au 1er janvier:

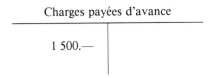

d) Correction du nouvel exercice par rapport au précédent, puisque cette charge, déjà payée, s'ajoute aux nouvelles charges courantes. On passe l'extourne:

Frais généraux   à   Charges payées d'avance . . . .   *1 500.—*

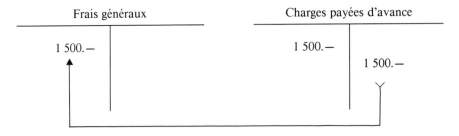

Grâce au compte transitoire actif, les 1 500.— de charge sont imputés aux *«Frais généraux»* du nouvel exercice, bien qu'ils aient été payés dans le courant du précédent.

3. Les comptes anticipés

Certaines charges et certains produits doivent être attribués à l'exercice en cours, alors qu'ils seront réglés ou comptabilisés dans le courant du prochain exercice. Par conséquent, ces charges «courues» et ces produits «à recevoir» feront l'objet d'écritures correctives au moyen de véritables comptes d'attente appelés *«Comptes anticipés»*.

Exemple 1:

a) Une dette hypothécaire de 100 000.—, 6%, a été contractée le 30 septembre (on fait abstraction de l'amortissement de l'hypothèque). L'intérêt hypothécaire se paie donc le 30 septembre de chaque année; écriture:

Charges d'immeuble	Liquidités
6 000.—	6 000.—

b) Afin que *«Charges d'immeuble»* dégage le total exact de la période, on tiendra compte de l'intérêt couru du 1er octobre au 31 décembre 1 500.—; cet intérêt sera incorporé au paiement du 30 septembre de l'année suivante, à l'échéance de la prochaine annuité.

Ecriture corrective à la clôture:

Charges d'immeuble   à   Charges à payer . . . .   1 500.—

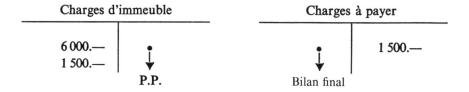

Cette charge incombe à l'exercice en cours et constitue simultanément une dette portée au bilan sur le compte passif anticipé *« Charges à payer »* :

Actif	Extrait du bilan final		Passif
	Charges à payer		1 500.—

c) Au 1er janvier, réouverture du compte :

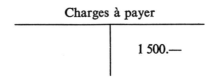

d) Le nouvel exercice est corrigé par l'extourne :

Charges à payer   à   Charges d'immeuble . . . .   1 500.—

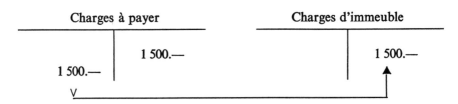

Cette extourne diminue la charge payable au 30 septembre prochain à l'échéance de l'annuité enregistrée par l'écriture :

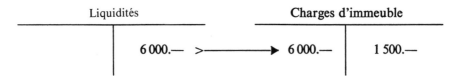

En fait, l'écriture corrective a réparti la charge d'intérêts de 6 000.— sur deux exercices, au prorata du temps :

1 500.— pour l'exercice clôturé (du 01.10 au 31.12)
4 500.— (6 000.— ./. 1 500.—) pour le nouvel exercice (du 01.01 au 30.09).

Exemple 2:

a) Obligations en portefeuille pour 50 000.— à 6%, coupon au 31 mars. A cette date, le coupon annuel est encaissé:

Impôt anticipé	Liquidités	**Produit des titres**
1 050.—	1 950.—	3 000.—

b) A la clôture, les obligations auront rapporté un intérêt du 1ᵉʳ avril au 31 décembre, dont l'encaissement n'intervient que dans l'exercice suivant. Pour être exact, le compte *« Produit des titres »* enregistrera cet intérêt couru[1] par l'écriture corrective:

Produits à recevoir   à   Produit des titres . . . . 2 250.—

Ce produit est imputable à l'exercice en cours, mais encaissable dans le prochain; il constitue un actif anticipé, inscrit dans *« Produits à recevoir »*, et porté au bilan:

Actif	Extrait du bilan final	Passif
Produits à recevoir 2 250.—		

c) Au 1ᵉʳ janvier, réouverture du compte:

Produits à recevoir (coupon couru)	
2 250.—	

---

[1] A ne pas confondre avec l'intérêt couru payé ou encaissé lors d'une transaction sur obligations.

d) Le nouvel exercice est corrigé par l'extourne:

Produit des titres   à   Produits à recevoir . . . . *2 250.—*

Cette écriture diminue les produits encaissés le 31 mars:

Produit des titres		Impôt anticipé		Liquidités	
2 250.—	3 000.—	1 050.—		1 950.—	

La différence de «*Produit des titres*» au 31 mars correspond à l'intérêt du 1er trimestre, soit 750.—. Les 3 000.— ont été répartis au prorata du temps entre deux exercices.

Exemple d'opérations sur immeuble et titres avec écritures correctives.

1. Inventaire au 1er janvier:
   Immeuble: 400 000.— grevé d'une hypothèque de 250 000.— à 6%. L'annuité de 17 500.— se paie le 30 septembre. Banque (actif): 29 975.—. Loyers à recevoir: 2 400.—. Combustible en soute: 5 000.—. Intérêts hypothécaires courus: 3 750.—. Titres: 10 obligations 5% Ville de S., de 1 000.— nominal, évaluées au cours de 99%. Echéance des coupons le 31 mars. Coupon couru: 375.—. Impôt anicipé: 175.—. Compte privé (crédit): 4 075.—. Capital propre: 190 000.—.
2. Extourne des écritures correctives.
3. Encaissement des loyers: 40 000.— et contribution de chauffage: 8 000.—.
4. Paiement des charges d'immeuble: 7 000.—.
5. Encaissé les coupons d'obligations au 31 mars. Tenir compte de l'impôt anticipé.
6. Paiement de l'annuité hypothécaire au 30 septembre.
7. Acheté au comptant du combustible pour 5 000.—

   Inventaire au 31 décembre:
8. Passer en compte les intérêts hypothécaires courus ainsi que le coupon couru.

9. L'Administration fédérale des contributions rembourse l'impôt anticipé de l'exercice précédent.
10. Combustible restant en soute: 1 500.—.
11. Loyers encaissés d'avance: 600.—.

Actif	Bilan initial		Passif
Banque	29 975	Hypothèque 6%	250 000
Impôt anticipé	175	Compte privé	4 075
Titres	9 900	Capital propre	190 000
Immeuble	400 000	Intérêts hypothé-	
Combustible	5 000	caires courus	3 750
Coupon couru	375		
Loyers à recevoir	2 400		
	447 825		447 825

Immeuble		Hypothèque		Banque	
1) 400 000.—		6) 2 500.—	1) 250 000.—	1) 29 975.—	4) 7 000.—
				3) 48 000.—	6) 17 500.—
				5) 325.—	7) 5 000.—
				9) 175.—	

Loyers à recevoir		Combustible		Intérêts hypothécaires courus	
1) 2 400.—	2) 2 400.—	1) 5 000.—	2) 5 000.—	2) 3 750.—	1) 3 750.—
		10) 1 500.—	S 1 500.—	S 3 713.—	8) 3 713.—
2 400.—	2 400.—	6 500.—	6 500.—	7 463.—	7 463.—

Titres		Coupon couru		Impôt anticipé	
1) 9 900.—		1) 375.—	2) 375.—	1) 175.—	9) 175.—
		8) 375.—	S 375.—	5) 175.—	
		750.—	750.—		

Compte privé		Capital		Produit des titres	
	1) 4 075.—		1) 190 000.—	2) 375.—	5) 500.—
					8) 375.—

Loyers encaissés d'avance				Chauffage	
	11) 600.—			2) 5 000.—	3) 8 000.—
S 600.—				7) 5 000.—	10) 1 500.—
					S 500.—
600.—	600.—			10 000.—	10 000.—

Produits d'immeuble		Charges d'immeuble	
2) 2 400.— 11) 600.—	3) 40 000.—	4) 7 000.— 6) 15 000.— 8) 3 713.—	2) 3 750.—

Actif		Extrait du bilan final	Passif
Combustible	1 500.—	Intérêts hypothécaires courus	3 713.—
Contribution chauffage à percevoir	500.—	Loyers encaissés d'avance	600.—
Coupon couru	375.—		

Les écritures correctives modifient le résultat et par voie de conséquence la fortune nette; elles font apparaître *provisoirement* au bilan des postes qui en changent le volume.

4. Organisation

1) Les écritures correctives peuvent être portées au bilan pour leur montant global, dans les comptes de regroupement *«Actifs correctifs»* et *«Passifs correctifs»*. Dans ce cas une indication au pied du bilan ou en annexe donnera le détail des postes correctifs.

2) On peut aussi porter au bilan les comptes *«Actifs anticipés»*, *«Actifs transitoires»*, *«Passifs anticipés»*, *«Passifs transitoires»*. Le détail des corrections sera donné au pied du bilan ou en annexe.

CHAPITRE V

LES OPÉRATIONS D'ÉVALUATION

A. Origine

L'évaluation de certains éléments du bilan, à la clôture, est indispensable. Si le bilan annuel n'est qu'une étape entre deux exercices, il n'en reste pas moins vrai qu'arrivée à cette étape, l'entreprise est contrainte d'évaluer certains éléments de son bilan, sous peine de voir ceux-ci y figurer pour un montant qui ne reflèterait plus la réalité économique. Cette réalité a en effet subi des fluctuations de valeur que l'entreprise, pour des raisons diverses, ne peut maîtriser et, en conséquence, sur lesquelles elle n'a aucun moyen d'action ; variations de valeur aussi qu'elle doit tenter de prévoir et dont elle devra tenir compte dans ses livres. Ces mouvements de valeur seront déterminés par les évaluations issues de *l'inventaire de fin d'exercice*. Ils ont pour origine :

a) Les causes affectant l'environnement économique de l'entreprise, extérieures à celle-ci : fluctuation des prix, évolution de la technologie, par exemple.
b) Les événements affectant les rapports juridiques de l'entreprise avec les tiers ; exemples : faillite d'un débiteur, procès.
c) Les événements économiques ou juridiques affectant les droits d'exploitation acquis par l'entreprise : péremption d'un brevet, retrait d'une licence de fabrication ou de distribution...
d) Enregistrement de faits comptables survenant après la date de clôture des comptes mais affectant le bilan car leur origine est antérieure à la date de clôture : estimation d'un risque de perte sur des éléments de l'actif, dommages constatés surgis avant la date de clôture des comptes.

La mise en œuvre des opérations d'évaluation soulève des difficultés et il n'est pas aisé d'atteindre l'objectivité absolue. Les jugements de valeur et les appréciations ne sont pas forcément identiques d'un secteur économique à l'autre ou, dans un même secteur, d'une entreprise à l'autre. Bien que devant se plier à des articles de loi, des principes et des conventions, ces opérations seront inévitablement teintées de subjectivité, d'où la complexité entourant l'estimation de ces composantes du résultat.

Cette mise en œuvre fait encore ressortir une autre difficulté: celle du *choix des critères* d'évaluation dont les qualités essentielles sont:
- de permettre des calculs de valeurs précis, basés sur des certitudes;
- d'être identiques d'un exercice à l'autre afin de déterminer les valeurs au bilan avec la plus grande objectivité possible.

B. Les fondements de l'évaluation: l'optique économique et financière

En plus des critères juridiques (voir p. 116) sur lesquels reposent les fondements de la procédure d'évaluation, il convient d'en examiner l'optique économique et financière.

Le bilan détermine la situation patrimoniale de l'entreprise à une date donnée; cette situation peut être considérée sous deux angles différents:
- L'origine des capitaux dont l'entreprise dispose.
- Les emplois qu'elle a faits de ces capitaux.

a) Analyse de l'origine des sources de financement

L'évaluation des fonds portés au passif du bilan selon leur origine ne pose pas de problème particulier au niveau des dettes.

C'est de l'appréciation des engagements futurs dont l'ampleur peut modifier l'équilibre financier de l'entreprise qu'il découlera l'inscription au passif de *provisions pour charges futures*. C'est aussi de l'évaluation des dettes exprimées en monnaies étrangères que dépendra la constitution de telles provisions.

b) L'emploi des capitaux

L'analyse économique de l'entreprise met en lumière deux critères précis de distinction des actifs dont dépendra le choix des techniques appropriées d'évaluation.

1) L'entreprise est dotée de moyens de production qui restent en permanence à sa disposition: machines, véhicules, terrains, bâtiments, brevets, etc. Ce sont les éléments du bilan regroupés sous le terme d'immobilisations. L'utilité des dépenses engagées pour les acquérir relève du long terme et ces moyens de production ne sont pas, par définition, destinés à être vendus; ce sont des emplois à rotation lente, dont le remplacement intervient au terme d'une longue période.

Ces immobilisations subiront cependant des fluctuations de valeur pour des causes que nous examinerons en temps opportun. En conséquence, à leur prise d'inventaire, il n'y aura plus coïncidence entre les valeurs d'immobilisations enregistrées dans les comptes et celles reflétant la réalité économique. Les méthodes d'évaluation entraîneront des *écritures d'ajustement et d'amortissement*.

2) La mise en œuvre des moyens de production provoque l'engagement d'autres dépenses correspondant à des emplois de capitaux dont la durée est brève: dépenses d'exploitation, matières premières à transformer, marchandises achetées et revendues en l'état. On accorde éventuellement des délais de paiement à l'acheteur. Les dépenses d'exploitation récupérées par la vente serviront à financer de nouveaux cycles d'exploitation et ainsi de suite.

Le bilan final mentionne aussi, à l'actif, ces capitaux investis dans les cycles d'exploitation en cours de réalisation, à la date à laquelle il est établi: stocks de matières premières, en cours de fabrication, produits finis, marchandises achetées pour la revente, créances sur la clientèle, liquidités sous diverses formes.

Ce sont les capitaux *circulants, réalisables, engagés dans l'exploitation*. Du fait de la relative brièveté des cycles d'exploitation, ces capitaux sont soumis *à des risques de pertes* qu'il s'agira d'évaluer au moment de la prise d'inventaire et de comptabiliser au moyen d'*écritures de constitution et de dissolution de provisions*.

La technique comptable à appliquer aux opérations d'évaluation permet de distinguer:

a) Les écritures de *correction de valeur;* elles débouchent directement sur un gain ou une perte constatée sur un élément identifié.

b) Les écritures de *constitution et de dissolution de provisions* portant sur
- les actifs circulants
- les engagements

c) Les écritures *d'ajustement* qui affectent les éléments identifiés; elles trouvent leur origine dans l'application des méthodes d'évaluation:
- valeur de réalisation
- valeur de remplacement
- coût historique

d) Les écritures *d'amortissement* découlant des méthodes d'évaluation et portant sur
- les immobilisations

A ces opérations il faut ajouter:
- e) La constitution et la dissolution de réserves latentes.
- f) Les opérations d'évaluation soumises aux variations des parités monétaires.

C. Techniques comptables à appliquer aux opérations d'évaluation des éléments de l'actif circulant, des engagements et des charges futures: ajustements - provisions

1. Ecritures de correction de valeur

La prise d'inventaire, en fin d'exercice, peut déboucher sur des opérations de *correction directe* de valeur d'éléments au bilan. Ces corrections s'appliquent généralement aux actifs circulants, moins fréquemment aux immobilisations. Elles revêtent plutôt un *caractère exceptionnel*.

Exemples:
Constatation d'une perte pure et simple sur stock:
Exploitation   à   Stocks

2. Constitution et dissolution des provisions

2.1. Buts

Les provisions servent à couvrir:
- a) des charges et des pertes qui, liées à l'évaluation de certains actifs circulants, à la date du bilan, sont connues quant à leurs motifs mais pas quant à leur importance.
- b) les *engagements* et les *charges* existant déjà à la date du bilan mais dont le montant et l'échéance ne peuvent pas être déterminés avec précision[1].

2.2. Caractéristiques des provisions

- a) La provision est une charge non monétaire, d'exploitation, hors exploitation ou exceptionnelle; elle influence le résultat de l'exercice au moment de sa constitution ou de sa dissolution.
- b) La constitution d'une provision entraîne l'inscription d'une charge; cette charge se concrétisera en dépense ou en perte ultérieurement, bien qu'elle prenne naissance dans l'exercice en cours.

---

[1] D'après le «Manuel suisse de révision comptable», I, p. 117.

c) Les provisions, inscrites au compte de résultat, sont imputées en contrepartie aux comptes de *«Provisions»* appropriés, portés au bilan de clôture :
Exploitation   à   Provision.....

2.3. Classement des provisions au bilan[1]
a) Dans les postes de *régularisation de l'actif :* ce sont les provisions pour dépréciation de biens destinés à la vente, et les provisions pour risques de perte sur les autres éléments de l'actif circulant.

Exemple :

Un de nos clients, envers lequel nous avons une créance, est en difficultés financières. La récupération de cette créance est compromise et la prudence voudra qu'une provision soit constituée. Ecriture à la clôture :

Exploitation   à   Provision pour pertes sur débiteurs

Si, plus tard, cette créance vient à être perdue, on comptabilisera :

Provision pour pertes sur débiteurs   à   Débiteurs

b) Dans les *fonds étrangers :* ce sont les provisions pour charges futures. Elles constituent des *engagements envers les tiers ;* ceux-ci se concrétiseront sous certaines conditions mais on n'en connaît à la clôture ni le montant final ni l'échéance. Ces provisions peuvent aussi ne pas représenter une dette envers les tiers, mais une dépense sans contre-livraison prévue : ce sera le cas lorsqu'elles seront constituées pour des réparations à effectuer dans sa propre entreprise.

Exemple :
Exercice n :
Exploitation (ou Réparations) à Provision pour réparations .... 30 000.—
Exercice n + 1 :
  Salaires   à   Liquidités .... 187 500.—
  (dont 19 500.— pour réparations)
  Réparations   à   Matières auxiliaires et outillage .... 12 100.—
  Provision   à   Réparations .... 30 000.—
La charge de réparation ne s'élève plus qu'à 1 600.— en n + 1.

---
[1] Cf. bilan ordonné, pp. 234 et 235. Traité III : titre 2, section 2.

2.4. Distinction entre les provisions pour charges futures et les exigibles
Les provisions pour charges futures et les exigibles font partie des fonds étrangers. Mais contrairement aux dettes envers les fournisseurs ou les banques, les provisions pour charges futures sont *estimées* et leur réalisation est incertaine. Une provision pour charges futures pourra par la suite se transformer en un engagement fixe.

2.5. Distinction entre les provisions pour charges futures et les charges à payer
Le montant de la charge à payer est connu exactement alors que celui de la provision est *estimé*. De même, la réalisation d'une charge à payer est certaine, celle couverte par une telle provision est *probable*.

2.6. Conséquences sur l'actif du bilan
L'imputation de la provision au compte de résultat réduit le bénéfice disponible distribuable. Elle trouve implicitement sa contrepartie dans les actifs conservés par l'entreprise, mais pas forcément en liquidités, celles-ci pouvant être affectées à d'autres opérations. En effet, pour que la provision trouve sa contrepartie en liquidités à l'actif du bilan, il faut passer deux écritures:

a) Constitution d'une provision pour charges futures:
Exploitation   à   Provision pour charges futures . . . .   10 000.—
b) «Blocage» des fonds correspondant à cette provision, en vue de couvrir la charge future:
Compte bancaire X   à   Autre compte de liquidités . . . . . .   10 000.—

Il est illusoire de penser que la constitution pure et simple de la provision retient automatiquement les liquidités correspondantes secrétées par l'activité. Si le bénéfice net est une constatation ponctuelle à la clôture, il se réalise graduellement, au gré des cycles d'exploitation. Les liquidités nouvelles que ces cycles ont dégagées ont été réutilisées pour satisfaire aux impératifs de l'exploitation: le rythme des mouvements de fonds ne présente aucun synchronisme avec la constatation du bénéfice net et la constitution des provisions.

2.7. L'évaluation des provisions
De façon générale, l'application du principe de prudence débouche sur une évaluation des provisions aussi prudente et consciencieuse que possible. Dans certains cas, l'estimation de la provision se fonde sur l'expérience acquise.

Dans d'autres, l'évaluation des provisions est calculée à l'aide de tables mathématiques (provisions relatives aux caisses de retraite par exemple). Si l'estimation de la provision est parfois aisée, il reste néanmoins de nombreux cas où elle demeure subjective. Afin d'éviter cet écueil dans toute la mesure du possible, on peut retenir trois grands principes devant guider l'évaluation[1]:
  1. Les provisions corrigeant un élément de l'actif doivent être estimées de façon à éviter toute surévaluation des actifs circulants soumis à des risques de pertes ou à des dépréciations.
  2. Le montant des provisions doit être suffisant; il convient d'éviter que le compte d'exploitation ne fasse ressortir des résultats plus favorables que la réalité.
  3. La base d'évaluation des provisions doit autant que possible être objective: faits passés ou présents, événements prévisibles et probables.

2.8. La dissolution des provisions
De quelque nature qu'elle soit et dans la mesure où elle devient partiellement ou totalement sans objet, la provision peut être dissoute par l'écriture:

Provision à Exploitation/Pertes et Profits

Cette dissolution gonfle le résultat: elle diminue la perte ou augmente le bénéfice distribuable par simple écriture comptable, sans apport de liquidités nouvelles.

L'incidence de la dissolution de la provision doit faire l'objet d'une interprétation très prudente car le risque de distribuer un bénéfice non réalisé n'est pas à minimiser. Ce danger est écarté si les fonds correspondant au montant de la dissolution sont «gelés» au moment de la constitution de la provision: ils deviennent alors disponibles.

L'article 669 ch. 2 CO permet cependant de «renoncer à dissoudre des provisions pour risques et charges devenues superflues» (voir aussi p. 196).

2.9. Considérations finales
La constitution et la dissolution des provisions appellent encore les remarques suivantes:

La constitution d'une provision entraîne une augmentation des charges non monétaires. A première vue elle ne devrait être prise en compte que si la capacité bénéficiaire de l'exercice est suffisante pour la supporter. Si tel n'est pas le cas, et dans la mesure où il existe des réserves latentes[2], il faudra tout d'abord dissoudre celles-ci puis constituer les provisions que le résultat pourra alors supporter.

---
[1] Bourquin G., op. cit. p. 467.

C'est d'ailleurs ce qui différencie en principe les amortissements des provisions ; ceux-ci doivent être comptabilisés quel que soit le résultat : même s'ils augmentent la perte, on ne peut les éluder, sous peine de porter au bilan des immobilisations surévaluées.

Dans cet ordre d'idées, la constitution de provisions, même si elles entraînent ou augmentent une perte [1], est admise.

Ce sera le cas, par exemple, si la clôture des comptes fait ressortir une perte et qu'une créance douteuse doive être « provisionnée » afin que le poste *« Clients »* au bilan corresponde à la réalité. Le but d'une telle imputation est de corriger la valeur du poste *« Clients »,* sans plus. Dans un tel cas, l'utilisation du terme de « provision » conduit à une regrettable ambiguïté, puisque sa contrepartie à l'actif n'existe pas.

D. L'évaluation des éléments de l'actif circulant. Constitution et dissolution de provisions destinées à les régulariser

1. Liquidités

L'inventaire des liquidités ne soulève en principe aucune difficulté. Comme il s'établit matériellement après la date de clôture, on tiendra compte des pièces comptables justifiant les opérations à passer en compte à la date de clôture. Les soldes des comptes de chèques postaux ne doivent présenter aucune différence avec les avis de situation de l'office des chèques; il en sera de même des comptes courants bancaires comparés aux extraits fournis par les banques.

On assimile aussi aux liquidités les coupons d'obligations et de dividendes échus du portefeuille-titres mais non encore encaissés.

Si l'on constate une perte ou un boni de caisse, la différence passera à Pertes et Profits au cas où les recherches pour retrouver l'erreur auraient été vaines. Le boni de caisse peut faire l'objet d'une constitution de provision.

2. Créances

Elles sont de deux catégories:
1. Les créances ordinaires sur les débiteurs.
2. Les créances de change matérialisées par les effets de commerce dont l'entreprise est bénéficiaire.

---

[1] Cf. Principes comptables. Recommandation n° 1 ; Ordre des experts-comptables et des comptables agréés, Paris 1968.

2.1. Evaluation des créances ordinaires

Quelle que soit leur échéance, elles figurent en comptabilité pour le montant des droits acquis en contrepartie des contreprestations passées avec les tiers.

2.2. Evaluation des créances de change (voir aussi p. 211)

Il s'agit, par l'intermédiaire d'effets en portefeuille, de l'expression de droits acquis en contrepartie de transactions passées avec des tiers.

Les effets en portefeuille pouvant être escomptés auprès d'une banque, la question est de savoir si ces documents doivent être portés au bilan à leur valeur nominale ou à leur valeur actuelle (effective).

Cela dépend du volume des effets et de leur délai de recouvrement. A moins d'un an, et s'ils ne représentent pas des montants importants, la différence entre la valeur nominale et la valeur effective n'est pas très significative; il n'en sera pas tenu compte. Par contre, si cette différence est importante, on passera l'écriture de régularisation:

Intérêts débiteurs   à   *Réescompte sur effets en portefeuille*
(ou Intérêts et frais sur effets de change)   (compte de régularisation)

2.3. Constitution de la provision pour pertes sur débiteurs douteux et effets en portefeuille (Provision dite «ducroire»)

Elle est destinée à absorber les pertes prévisibles et probables sur les créances. La nécessité de tenir compte de ces créances douteuses ressort de l'article 960, alinéa 2 CO.

On peut à ce propos relever une erreur classique dans le bilan de certaines entreprises:

Actif		Bilan	Passif
débiteurs	....	pas de contrepartie	
débiteurs douteux	....		

Il y a là manifestement surévaluation de l'actif.

Le montant de la provision pour pertes sur débiteurs douteux correspondra aux créances irrécouvrables, dont l'estimation s'effectue à l'aide de nombreux paramètres: retards constatés dans les paiements, état des poursuites en cours, etc.

Deux méthodes peuvent être utilisées:
- la méthode *directe*: elle consiste à examiner la solvabilité de chaque débiteur séparément et le risque de non-paiement de sa dette;

– la méthode *indirecte;* elle consiste à mesurer la perte probable en appliquant un pourcentage établi sur la moyenne des pertes subies durant les exercices antérieurs. (Cette méthode est employée surtout dans les grandes entreprises.)

Exemple:

Une entreprise spécialisée dans la fabrication d'instruments de précision compte parmi sa clientèle des sociétés dont l'activité s'exerce dans un secteur en marasme. A la fin de l'exercice, elle examine séparément chacune de ses créances et constate les défaillances suivantes:
- un client est en retard de paiement d'un mois et risque de devenir insolvable;
- une autre société cliente a été mise en faillite.

Hypothèse: le risque de perte sur les débiteurs s'élève à 15 000.—.
Ecriture de régularisation (constitution de provision):

Exploitation   à   Provision pour pertes sur débiteurs douteux   15 000.—

2.4. Enregistrement des pertes sur débiteurs

La comptabilisation des pertes sur débiteurs et leur traitement devraient être différenciés en fonction de l'ancienneté de la créance.

2.4.1. Si la perte sur créances provient de l'exercice en cours, on peut la virer:
- directement au compte de résultat
- ou en utilisant la provision ad hoc antérieurement constituée.

C'est une décision à prendre.

2.4.2. S'il s'agit d'une créance plus ancienne, on l'amortira par la provision ad hoc.

Ces pertes effectives dues à des faillites ou des poursuites infructueuses peuvent aussi être groupées sur un compte «*Pertes sur créances antérieures à l'exercice*» qui, à la clôture, passe à «*Provision*».

Exemple:

Le total des pertes sur ventes antérieures à l'exercice s'est élevé à 3 000.—:

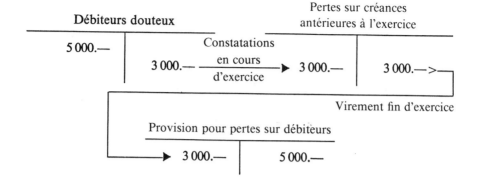

2.5. Ajustement de la provision pour pertes sur débiteurs

La somme des débiteurs douteux étant variable d'un exercice à l'autre, il sera nécessaire, à l'inventaire, de corriger le montant de la provision afin de respecter la proportion établie par l'usage ou les circonstances:

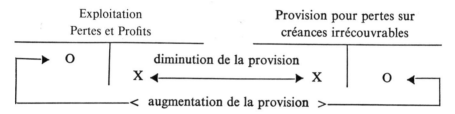

3. Les titres cotés en bourse

3.1. Le cours d'évaluation

Les règles d'évaluation s'appuient à la fois:
- sur le principe d'imparité
- sur les dispositions des articles 667 et 960 CO.

Prenons l'article 667 al. 1: «*Les titres cotés en bourse peuvent être évalués au plus au cours moyen qu'ils ont enregistré le dernier mois précédant la date du bilan.*»

C'est le cours moyen du mois précédant la date de clôture qui donne le montant *maximum* auquel les titres peuvent être portés au bilan. Cela n'exclut pas la possibilité de leur attribuer une valeur inférieure. Au plan comptable, la valeur des titres est en fait représentée par trois cours:

1) le prix de revient frais d'achat compris ou non, ou cours d'achat;
2) le cours du jour;
3) le cours moyen du mois qui précède la date de clôture.

La prudence veut que le cours le plus bas soit choisi car si l'on comptabilise les titres inventoriés selon l'article 667 CO et qu'il se dégage une différence positive (bénéfice) entre ce cours et la valeur inscrite en comptabilité, on obtiendra un *bénéfice fictif* qui ne peut être comptabilisé.

Cependant, si l'on persiste à vouloir appliquer la méthode du cours moyen et que celle-ci dégage un bénéfice, celui-ci devra être «gelé» sur un compte de provision spécial intitulé: *« Provision pour fluctuation de cours»*, non distribuable; il pourra servir, par exemple, à amortir des pertes futures. En cas de perte ultérieure sur fluctuation des cours, celle-ci sera imputée à Pertes et Profits ou au compte de *« Provision»* créé à cet effet.

3.2. Traitement des différences de cours
3.2.1. L'exercice n'a pas enregistré d'opérations de bourse

Le problème est facile à résoudre si l'on n'opère pas en bourse pendant l'exercice. Les différences potentielles constatées sur chacune des valeurs boursières sont imputées au compte de gestion *« Différence de cours sur titres»* [1]. Le solde final est traité selon le principe d'imparité:

- en cas de perte, celle-ci est absorbée par Pertes et Profits ou la Provision ad hoc:

    Pertes et Profits   à   Différence de cours sur titres
    (ou Provision)

- en cas de bénéfice:
    a) virement à Pertes et Profis:
    Différence de cours sur titres   à   Pertes et Profits, puis
    b) extourne de ce bénéfice fictif sur le compte de Provision, afin de ne pas le distribuer:

    *Pertes et Profits   à   Provision pour fluctuations
                                de cours sur titres* [2]

    ou:
    c) pas d'écriture de correction de valeur.

---

[1] Dans un tel cas la compensation des pertes et des gains boursiers potentiels est admise car il s'agit d'opérations liées.

[2] Les écritures sont ainsi passées pour préserver l'état complet du compte de Pertes et Profits.

3.2.2. L'exercice a enregistré des opérations de bourse

Si les titres font l'objet d'opérations de bourse en cours d'exercice, les opérations seront traitées différemment.

Admettons :

Achat de 100 actions X à 1 250.— =	....	125 000.—
Achat de 100 actions Y à 650.— =	....	65 000.—
Vente de 50 actions X à 1 600.— =	....	80 000.—
Vente de 40 actions Y à 700.— =	....	28 000.—

Inventaire :

50 actions X	Prix d'achat	....	1 250.—
	Cours du jour	....	1 260.—
	Cours moyen	....	1 265.—
60 actions Y	Prix d'achat	....	650.—
	Cours du jour	....	645.—
	Cours moyen	....	655.—

a) En appliquant le cours le plus bas, ce sera le prix d'achat pour les actions X et le cours du jour pour les actions Y. Ecritures au Grand-livre pour toutes ces opérations :

```
           Titres                          Diff. de cours sur titres
  ─────────────────────────             ─────────────────────────
   125 000.— │  80 000.—                              │ 19 200.—
    65 000.— │  28 000.—                              │
             │  62 500.— X              PP            │
             │  38 700.— Y               │            │
  ─────────────────────────              ▼
   190 000.— │ 209 200.—
  S 19 200.— │
  ─────────────────────────
   209 200.— │ 209 200.—
```

La perte potentielle réalisée sur les actions Y (60 × 5.— = 300.—) en fin d'exercice est épongée par le bénéfice réalisé sur les ventes en cours d'exercice. Si l'on avait disposé d'un compte de Provision pour pertes sur cours en bourse, on aurait pu éponger ces 300.— par ce compte, ce qui aurait fait apparaître un bénéfice sur vente de titres supérieur de 300.—

b) Mais, si à la clôture, les titres sont évalués au cours moyen, la même technique d'écriture fait apparaître un bénéfice fictif:

	Titres		Diff. de cours sur titres
125 000.—	80 000.—		20 550.—
65 000.—	28 000.—		
	63 250.— X	PP	
	39 300.— Y		
190 000.—	210 550.—		
S 20 550.—			
210 550.—	210 550.—		

Ce résultat de 20 550.— est composé en réalité de deux sources de bénéfices:
- un bénéfice réel de (50 × 350.—) + (40 × 50.—) =   19 500.—
- un bénéfice fictif non distribuable de   1 050.—

Il faut alors ventiler l'opération:

Différence de cours sur titres   à   Pertes et Profits ....   20 550.—

Pertes et Profits   à   Provision pour fluctuations de cours ....   1 050.—

c) Supposons maintenant que durant l'exercice suivant on se débarrasse des actions Y au cours de 652,50. Ecriture:

Liquidités   à   Titres (60 × 652,50) ....   39 150.—

La provision sur ces titres était de 60 × 5.— = ...   300.—

La perte est de 150.— et nous passons l'écriture:

Provision pour fluctuations de cours   à   Titres ....   150.—

A ce stade, la situation au Grand-livre est la suivante :

Sur le compte « Provision », il reste un bénéfice final, sur ces titres, de 150.— ; c'est en fait le bénéfice *réel* entre le prix de revient (650.—) et le prix de vente (652,50) soit 60 × 2,50 = 150.—. L'alternative est alors la suivante : ou ces 150.— restent à la provision ou ils passent à « Différence de cours sur titres » pour influencer en dernier ressort le résultat.

En conclusion, il serait possible de masquer des bénéfices sur opérations de bourse au moment où :

1) le cours d'une vente se situe entre le cours moyen du mois qui précède l'inventaire et dont on s'est servi pour inventorier les titres, et le cours d'achat ;

2) le cours de vente laisse un bénéfice réel supérieur au bénéfice fictif mis en provision. En effet :

si ces titres sont liquidés

Liquidités à Titres . . . . 39 600.—

la situation au Grand-livre sera :

	Titres		Provision pour fluctuations de cours	Diff. de cours sur titres
X	63 250.—	39 600.—	1050.—	300.—
Y	39 300.—			
Diff. de cours	300.—			

---

[1] Qui se décompose en : 750.— bénéfice sur actions X à l'inventaire ; 300.— bénéfice sur actions Y à l'inventaire.

Si l'on s'en tient à ce jeu d'écritures, le bénéfice réalisé apparaît pour 300.—
alors qu'il est en réalité de 600.— (écart réel entre le cours d'achat et le cours
de vente). La vérité sera rétablie en dissolvant la provision constituée sur ces
titres par l'écriture :

Provision pour   *à*   *Différence de cours* ....   *300.—*
pour fluctuations de cours

Solution pratique : Afin de préserver la clarté des écritures, on peut ouvrir deux comptes :
«Différences réelles de cours sur titres» et «Différences potentielles de cours sur titres».
Leur traitement en fin d'exercice en est facilité (voir aussi pp. 216 à 218).

3.3. Autres causes de constitution de provisions

Si la bourse devient très pessimiste pour des raisons conjoncturelles durables,
une estimation portera sur la qualité des titres et la provision sera éventuellement renforcée par l'écriture :

Pertes et Profits   *à*   *Provision pour fluctuations de cours*

Une provision pour pertes sur titres sera aussi constituée si, à la clôture, les
circonstances la rendent nécessaire.

Exemple :

Une entreprise possède des titres cotés à une bourse étrangère, dans un pays
politiquement instable. Aussi, lorsque se manifeste dans ce pays un changement décisif dans l'orientation de la politique économique pouvant entraîner
une vague de nationalisations, l'entreprise crée une provision correspondant
à la perte risquée la plus probable. Ecriture :

Pertes et Profits   *à*   *Provision sur titres cotés*

De telles estimations ne devraient en aucun cas affecter *«Différence de cours
sur titres».* Ce compte enregistre des mouvements de valeurs indiscutables
basés sur les résultats d'opérations et des différences constatées par l'application des cours d'évaluation.

4. Les titres non cotés

L'évaluation en fin d'exercice des titres non cotés revêt un caractère plus
complexe. Rappelons l'alinéa 2 de l'article 667 CO : «*Les titres non cotés en
bourse peuvent être évalués au plus à leur prix d'acquisition, déduction faite
des corrections de valeur nécessaires.*»
Plusieurs éléments influencent cette évaluation ; citons :
- les revenus courants sur ces titres
- la situation de l'entreprise

- dividendes distribués
- valeur intrinsèque des titres, compte tenu des réserves ouvertes et latentes.

Les titres non cotés seront portés au bilan au maximum à leur prix d'acquisition *si la situation de la société émettrice est bonne.* Si le prix d'évaluation est inférieur au prix d'acquisition, la dépréciation sera constatée par l'écriture:

Pertes et Profits   à   Titres non cotés

Cette solution manque cependant de souplesse. En effet, dans le cas des sociétés financières, les titres non cotés figurent au bilan en proportion non négligeable. En comptabilisant la correction directe, il sera difficile, ultérieurement, de passer l'écriture inverse de revalorisation (limitée toutefois au prix d'acquisition). La création d'une provision permettra à l'entreprise de procéder à des corrections de valeur dans les limites autorisées.

5. *L'inventaire des biens destinés à la vente*
5.1. Exposé du problème et théorie comptable

1. En droit, l'article 958 CO impose l'obligation de dresser un inventaire physique des marchandises en quantité et en valeur.

2. Le phénomène du stockage a pour origine l'inégalité et le décalage entre les flux *physiques* d'entrée et les flux physiques de sortie. En partant de l'hypothèse de la stabilité des prix, deux cas se présentent:

   a) Achats > Sorties au PRA (M)
   d'où:
   Stock initial (S_i) < Stock final (S_f)
   Exemple: S_i 3 000.—
               Achats   20 000.—
                        23 000.—
               M   18 000.—
               S_f 5 000.—

   b) Achats < Sorties au PRA (M)
   d'où
   $S_i > S_f$

Exemple : S_i 3 000.—
Achats 20 000.—
         23 000.—
M   22 000.—
S_f 1 000.—

3. On découvre immédiatement le lien de causalité entre l'évaluation des sorties au PRA et la valeur du stock final :
– Dans le système de *l'inventaire permanent,* l'évaluation des sorties au PRA détermine par différence la valeur du stock final :
$$(S_i + A) - M = S_f$$

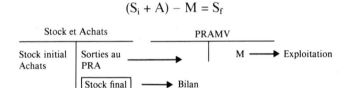

Le Mouvement est viré à Exploitation ; écriture :
Exploitation à PRAMV
En théorie : valeur comptable du stock = valeur du stock inventorié

– Dans le système de *l'inventaire intermittent,* la valeur du stock final inventorié physiquement détermine, par différence, le montant du mouvement :
$$(S_i + A) - S_f = M$$

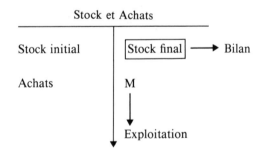

Il faut en effet procéder à l'inventaire physique du stock pour trouver M puisque le Grand-livre ne dégage pas la valeur comptable du stock. Le Mouvement est viré à Exploitation : écriture :
Exploitation à Stock et Achats

152

5.2. Les distorsions de valeurs

Mais l'influence de l'évaluation des biens destinés à la vente sur le résultat présente un caractère plus complexe et non moins important que celle des autres éléments du bilan. Il convient d'en souligner les raisons:

5.2.1. L'inégalité des flux de valeur entrée/sortie

Le bénéfice brut sur marchandises s'exprime en terme de différence (de valeur) entre le PRA_u et le PV_u multipliée par les quantités vendues. Or, les flux physiques d'entrée n'étant pas forcément égaux à ceux de sortie, il en résulte des distorsions de valeur au niveau de M en cas de fluctuation des prix.

5.2.2. Les composants du PRA

Au prix d'achat net s'ajoutent certains coûts dont les critères de calcul peuvent varier (frais d'acheminement, coût de gestion des stocks).

5.2.3. Les méthodes d'évaluation des sorties au PRA dans le système de l'inventaire permanent

Pour un même produit, les prix unitaires d'entrée peuvent être différents des prix unitaires de sortie: les méthodes utilisées pour l'imputation du prix de sortie unitaire à M sont diverses et conduisent toutes à des résultats différents. Examinons les trois méthodes principales.

  a) La méthode FIFO (first in, first out) ou premier entré – premier sorti;
  b) La méthode LIFO (last in, first out) ou dernier entré – premier sorti;
  c) La méthode du prix de revient moyen d'achat pondéré par les quantités entrées (PMP).

Chacune d'entre elles vise à rechercher une coïncidence de valeur entre les flux d'entrée et de sortie au prix de revient. On imputera le PRA de sortie déterminé selon la méthode choisie au compte «PRAMV» dont le solde en fin de période passe à Exploitation. Malheureusement, en cas d'inflation ou de mouvements spéculatifs dans les prix d'achat, les résultats de chacune d'elles ne sont pas identiques.

Admettons la chronologie des achats suivants:

  1. 5 000 pièces à 5.50 = 27 500.—
  2. 6 000 pièces à 5.75 = 34 500.—
  3. 2 000 pièces à 6.50 = 13 000.—

Ventes: 10 000 pièces.

En fin de période, l'écriture:

Marchandises-Revient à Stock et Achats

donnerait, si l'on s'en tient à la formule: $(S_i + A) - M = S_f$:

FIFO		LIFO		PMP
5 000 p. à 5,50	= 27 500	2 000 p. à 6,50	= 13 000	$M \dfrac{75\,000 \times 10\,000}{13\,000} = 57\,700$
5 000 p. à 5,75	= 28 750	6 000 p. à 5,75	= 34 500	
	M = 56 250	2 000 p. à 5,50	= 11 000	
			M = 58 500	
S_f = 18 750		S_f = 16 500		S_f = 17 300

(Ces résultats peuvent être encore modifiés selon la fréquence des relevés.)

En situation inflationniste, la méthode FIFO conduit à un bénéfice brut plus grand et à une valeur d'inventaire final plus élevée, par conséquent à un bénéfice net *final* plus grand; il en résulte une augmentation de la charge fiscale à laquelle il faudra trouver une solution de financement alors que l'entreprise n'a pas modifié son volume d'activité. Ajoutons encore – le phénomène est bien connu – que ces bénéfices fictifs ne correspondent à aucune encaisse et pourraient être distribués, ce qui amenuiserait le fonds de roulement de l'entreprise, voire sa substance. Il s'agit en effet de gains résultant d'augmentations de prix qui ont précédé la hausse des coûts; ces gains sont engloutis dans le renouvellement des stocks à nouveaux prix à mesure que s'épuisent les stocks à l'ancien prix. Ce genre de bénéfice n'ajoute rien aux liquidités de l'entreprise puisqu'il n'est pas réel. La situation devient critique au moment où les fonds serviront à payer des impôts déterminés selon les coûts historiques, des dividendes et des salaires accrus, parce que chacun voudra une part de bénéfice ainsi réévalué[1]. De plus, cette illusion de bénéfice risque de faire prendre aux dirigeants des décisions erronées.

La méthode du coût moyen pondéré, compromis entre FIFO et LIFO, semble à première vue être une solution arithmétiquement satisfaisante, puisqu'elle tend à limiter les effets contradictoires des deux autres méthodes. Cependant, elle ne saisit pas une réalité économique: le coût moyen pondéré ne sera jamais le reflet de la vraie valeur du coût d'achat, qu'il s'exprime en valeur historique ou de toute autre manière pendant la période de calcul et encore moins au moment de la clôture des comptes.

Ne serait-ce qu'en cours d'exercice, la valeur moyenne pondérée ne peut être calculée puisqu'on ne connaît pas les conditions financières dans lesquelles s'effectueront les achats ultérieurs. Pour être juste, il ne pourrait s'agir que

---

[1] De Smet Guy: *La gestion des valeurs d'exploitation.* Revue française de comptabilité, nov. 1976.

d'une moyenne pondérée mobile calculée à chaque entrée. Elle garderait cependant un caractère artificiel, surtout si les prix d'achats enregistrent de sensibles fluctuations.

Par la méthode LIFO on diminue la valeur du stock final et le bénéfice net d'exploitation; il s'ensuit un allégement fiscal. Si cette méthode permet de rapprocher les coûts les plus récents avec les produits de la période, on s'éloigne toutefois de deux éléments essentiels:

    a) de la réalité du marché: le montant des stocks peut représenter des coûts relativement anciens qui ne reflètent plus les conditions actuelles d'approvisionnement[1];

    b) des conséquences qu'entraîne cette méthode par la constitution de réserves latentes; si ces réserves viennent à disparaître ultérieurement à la suite d'un dégonflement important et subit du stock de produits acquis à des prix très inférieurs à ceux du jour, il apparaîtra là encore un bénéfice comptable sans coïncidence avec la réalité puisque les recettes, inchangées dans leur rapport volume/prix de vente, serviront à acquérir des produits à des coûts d'achat plus élevés. Au cas où le niveau des stocks enregistre d'importantes fluctuations d'une période à l'autre, le résultat d'exploitation est menacé de graves distorsions.

Ce sont les raisons essentielles pour lesquelles M est isolé des autres charges d'exploitation. Cela permet de détecter les répercussions des causes de ses variations sur le résultat, parce que

le lien de causalité

$$S_i + A = M + S_f \qquad (1)$$

d'où

$$(S_i + A) - M = S_f \qquad (2)$$

ou

$$(S_i + A) - S_f = M \qquad (3)$$

influence le résultat:

$$CAN - M = BB \text{ (bénéfice brut)}$$
$$BB - \text{Frais généraux} = BN$$

5.3. Les conséquences de l'application des procédés d'inventaire

5.3.1. Inventaire permanent

En appliquant l'équation (2), nous pouvons affirmer que la valeur de S_f est «neutre» et que c'est par le biais des procédés d'évaluation des sorties au PRA qu'on agit sur BB, la variation de celui-ci étant inversement proportionnelle à celle de M.

---

[1] Haag D., L'information comptable face à la hausse des prix, Neuchâtel 1977, p. 36.

Mais le CO prescrit à l'article 666:

«*1. Les matières premières, les produits en cours de fabrication et les produits finis ainsi que les marchandises peuvent être évalués au plus à leur prix d'acquisition ou à leur coût de revient.*
«*2. Toutefois, si ces coûts sont supérieurs au prix généralement pratiqué sur le marché à la date du bilan, ce prix est déterminant.*»

Or, quelle que soit la méthode choisie pour le calcul des sorties au PRA, la valeur purement arithmétique de S_f, telle qu'elle ressort de la comptabilité coïncide rarement avec le montant dégagé par l'inventaire physique, puisque l'instabilité des prix est la règle, leur stabilité l'exception.
L'ajustement se traduira toujours par une diminution de la valeur arithmétique du stock comptable, l'article 666 CO interdisant sa réévaluation, quelles que soient les circonstances économiques dans lesquelles se déroule l'inventaire; il faudra passer une écriture d'ajustement:

Marchandises-revient à Stocks/Achats

ou directement:

Exploitation à Stocks/Achats

Remarque

Par extension, ce raisonnement s'applique aux entreprises de production (transformation); les techniques d'évaluation des sorties à divers niveaux (matières premières, semi-fabriquées, produits finis) permettront d'agir sur le résultat:
– par l'application des méthodes de calcul des sorties de stock aux divers stades de la fabrication;
– par le biais des principes d'évaluation du stock final de tous ces éléments et des en-cours de fabrication;
– grâce aux méthodes d'incorporation des autres charges de fabrication au prix de revient des produits ou de leur imputation directe au compte d'exploitation: les résultats s'en trouveront modifiés si la valeur des flux physiques d'entrée ne correspond plus à la valeur des flux physiques de sortie.

5.3.2. Inventaire intermittent

En se référant à l'équation (3), la variation du résultat est directement proportionnelle à la variation de S_f puisque la variation du BB est inversément proportionnelle à la variation de M. Donc:

$$\Delta S_f = \Delta BB$$

L'application de l'article 666 CO n'entraîne aucune écriture particulière. La valeur de S_f dégagée par l'inventaire physique peut être adaptée à la valeur la plus basse à laquelle il fait allusion.

M s'en trouve ajusté d'autant. Si, malgré tout, un ajustement exceptionnel s'avère nécessaire, on passera l'écriture

Exploitation   à   Stock et Achats

5.4. Les mécanismes comptables en cas de subdivision du compte « Stock et Achats »

Si le compte « Stock et Achats » est subdivisé, les écritures présentent les variantes suivantes :

a) Inventaire permanent

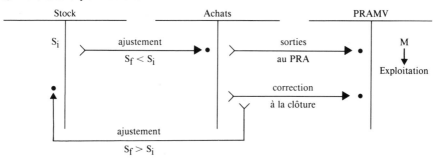

b) Inventaire intermittent

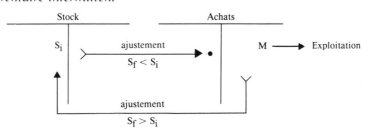

L'ajustement se comptabilise après avoir procédé à l'inventaire physique.

5.5 La correction des effets de l'inflation [1]

L'inflation a pour conséquence d'entraîner une insuffisance dans l'imputation du prix de revient des marchandises en stock aux charges d'exploitation : le coût historique de celles-ci ne couvre plus leur valeur de remplacement. Quelles mesures prendre ?

   a) On opère déjà une première correction en adoptant la méthode LIFO à la valorisation des sorties au prix de revient ; on se rapproche ainsi de la valeur de remplacement.

---

[1] Cf. aussi Traité III p. 138 ss.

b) Les entreprises soumises à l'article 960 CO porteront leurs stocks au bilan pour un chiffre qui ne dépasse pas «celui qu'ils représentent pour l'entreprise». Elles pourraient par conséquent l'inscrire à la valeur de remplacement. L'écart entre le coût historique et le coût de remplacement passerait sur un *«Compte d'ajustement de fonds propres»* ; écritures :

    Stocks   *à*   *Pertes et Profits*
    Pertes et Profits   *à*   *Compte d'ajustement*
                                      de fonds propres

L'écart entre coût historique et valeur de remplacement peut être ainsi comblé et l'on évite de dégager un bénéfice purement monétaire.

c) Les entreprises soumises à l'article 666 CO verront leurs stocks portés au bilan à la valeur la plus basse.

La mesure corrective consistera à imputer au compte d'exploitation une *« Provision pour charges futures »* destinée à corriger le bénéfice net et à autofinancer le remplacement des stocks; écriture :

    Pertes et Profits   *à*   *Provision pour charges futures*

On peut regretter, dans un tel cas, l'utilisation du concept *«Provision pour charges futures»*, réservé en principe aux provisions couvrant des engagements ou des charges dont on connaît la nature mais pas le montant exact. Ces provisions-là sont assimilables à des exigibles à court terme.

Quant aux «Provisions» constituées pour le financement du remplacement des stocks, elles ont le caractère de réserves et font alors partie des fonds propres à moins qu'en période d'inflation le fisc les autorise; elles viennent alors en augmentation des charges et peuvent être constituées même si elles provoquent une perte.

5.6. Les provisions pour dépréciation

Ces provisions constatent la dépréciation des marchandises en stock. La moins-value ne peut être estimée avec précision : le prix auquel pourront se liquider ces marchandises n'est pas connu d'avance. C'est pourquoi la *correction* enregistrée sous la forme d'une réduction de la valeur d'inventaire de ces biens sera épongée ultérieurement par une telle provision.

Exemple: une entreprise fabrique un équipement informatique.

Un examen des sociétés concurrentes révèle que l'une d'entre elles a mis au point un produit plus sophistiqué.

La date de lancement de ce nouveau produit se situe vraisemblablement en février prochain, si bien que les possibilités de vente du stock final sont sévèrement compromises. On décide de constituer une provision pour dépréciation du stock correspondant à la perte la plus probable résultant de :

- l'abaissement du prix de vente d'une part,
- la perte sur stock invendable, d'autre part

Hypothèse: la perte la plus probable est estimée à Fr. 300 000.— (sur un stock de Fr. 750 000.—). Ecriture:

Exploitation   à   Provision pour dépréciation du stock . . .   300 000.—

Au cours du prochain exercice, la perte constatée sera épongée par la provision

Provision pour dépréciation du stock   à   Stock et Achats

5.7. Les provisions sur travaux en cours et produits en cours

a) *Les travaux en cours* sont ceux qui, à la date de clôture, ne sont pas terminés. Ces travaux sont généralement dévolus à un client bien déterminé (bâtiment par exemple). Ils comprennent les coûts de matière, les charges directes et indirectes imputables à la partie de travail déjà exécutée mais dont la livraison est reportée à l'exercice suivant. En vertu du principe de concordance entre charges et produits d'exploitation, ces charges ne sont pas imputables à l'exploitation et transiteront par le bilan (à l'actif) pour s'additionner aux charges de l'année suivante. La contre-valeur de ces travaux portée au bilan ne pourra pas dépasser celle qu'elle représente pour l'entreprise (cf. art. 666 et 960, al. 2 CO). La plus ou moins grande valeur des travaux en cours attribuée au bilan influencera le résultat dans un sens ou dans l'autre puisqu'elle se soustraira aux charges courantes. Par prudence, des provisions peuvent être constituées sur ces travaux. En effet, leur valorisation peut conduire à des interprétations subjectives, certains éléments n'étant pas toujours quantifiables avec précision.

b) *Produits en cours:* il s'agit des produits en cours de fabrication, de transformation. Ils n'ont pas encore atteint leur stade de fabrication définitif (produit terminé) ou un stade de fabrication intermédiaire (semi-ouvré, mi-fabriqué) qui les rend aptes à subir une phase ultérieure de transformation. Dans ce cas aussi, on se réfère au principe de concordance entre les charges et les produits de l'exercice. A la date de clôture, ces produits en cours seront incorporés à un produit terminé dans le courant du prochain exercice. Par conséquent, on les soustraira des charges de fabrication incorporables au produit terminé pour les faire transiter par le bilan (à l'actif) et les incorporer aux charges de fabrication de l'exercice suivant; le montant en transit sera égal à leur coût correspondant à la partie des charges incorporées au stade d'avancement de leur fabrication. Ce calcul se fait à l'aide des données fournies par la comptabilité analytique d'exploitation. Il s'appuie aussi sur les articles 666 et 960 CO. En cas de difficultés d'estimation, des provisions visant à couvrir des charges relatives à ces éléments peuvent aussi être constituées.

E. L'évaluation des dettes, des engagements et des charges futures

1. Les dettes à court terme

Ces dettes comprennent les fournisseurs et les créanciers représentant les obligations financières de l'entreprise créées à l'occasion du cycle d'exploitation des exercices passés. Elles ont été contractées par l'entreprise pour des biens et des services déjà consommés dans le processus d'exploitation. Ces obligations correspondent au paiement d'un montant à une date future. On distingue trois catégories de dettes à court terme:

1. Les dettes ordinaires envers les fournisseurs et autres créanciers en monnaie suisse.
2. Les engagements de change en monnaie nationale.
3. Les prestations restant dues: marchandises à livrer ou prestations de service encaissées d'avance.

2. Les dettes à moyen et long termes

2.1. Les hypothèques, prêts bancaires à terme, exprimés en monnaie nationale, figurent au passif du bilan à leur valeur nominale.

2.2. L'inventaire d'un emprunt-obligations est déterminé sur la base des décomptes fournis par les offices de souscription. L'emprunt est porté au passif du bilan pour le total des sommes qu'exige son remboursement. La perte à l'émission peut être portée à l'actif du bilan proportionnellement à la dette. On mentionnera en annexe au bilan le détail des emprunts, les taux d'intérêts et les échéances.

3. Les provisions pour charges futures

3.1. Les provisions pour impôts [1]

Il s'agit d'impôts sur le bénéfice, à la charge de l'entreprise, n'ayant pas encore fait l'objet d'une taxation, mais dont on estime à la clôture, le montant à payer au cours du prochain exercice; écriture:

Exploitation   à   Provision pour impôts à payer

3.2. Autres provisions pour engagements et charges futures

L'estimation de ces provisions est basée sur des événements connus quant à leur objet survenus avant la clôture de l'exercice et dont la réalisation est probable ultérieurement. On doit en dresser l'inventaire, les estimer et imputer les provisions à l'exercice.

---

[1] Cf. Traité II, titre 1, 5e partie.

Prenons quelques exemples:

3.2.1. Provisions pour dégâts matériels
Elles sont comptabilisées par des entreprises dans le secteur chimique essentiellement. Ces entreprises peuvent causer des dégâts matériels auprès des tiers (gaz toxiques, pollution de l'eau, déchets radioactifs). Ces risques de charges futures font l'objet d'une provision lorsqu'ils ne sont pas couverts par une assurance; écriture:

Exploitation à Provision pour dégâts matériels

3.2.2. Provisions pour travaux de réparations et d'entretien
Certaines grandes réparations et travaux d'entretien ne sont pas effectués de façon régulière, mais étalés sur quelques années. Dans ce cas, il convient de répartir ces charges sur plusieurs exercices.

Exemple:
A la suite d'une période de suractivité, une entreprise pense devoir entreprendre certains travaux de réparation à ses machines dès l'exercice prochain. Elle crée à cette effet une provision de Fr. 40 000.—; écriture:

Exploitation à Provision pour réparation aux machines 40 000.—

3.2.3. Provisions pour remplacement de biens disparus à la suite d'événements survenus dans l'exercice en cours.

3.2.4. Provisions pour procès constituées quand un litige n'est pas réglé et que la charge se répartit sur plusieurs exercices.

3.2.5. Provisions pour bonifications, gratifications

Exemple:
Une entreprise désire introduire auprès de son personnel un système d'intéressement à la productivité basé sur la comparaison, d'exercice en exercice, du prix de revient des produits fabriqués. Si le prix de revient s'abaisse grâce à des mesures de rationalisation, le personnel en bénéficiera sous forme d'intéressement. A la date de clôture, l'intéressement n'est pas encore calculé car les éléments de diagnostic ne sont pas tous réunis. L'entreprise constitue une provision pour bonification (ou pour intéressement) correspondant au montant le plus probable à verser au personnel; écriture:

Exploitation à Provision pour bonification

3.2.6. Provisions pour sinistres en cours

La procédure d'examen et d'évaluation de certains sinistres n'est pas terminée à la clôture. Les compagnies d'assurances créent alors des provisions pour couvrir ces sinistres.

Exemple:

Une société d'assurances reçoit durant l'exercice un certain nombre de demandes d'indemnisations. Certains sinistres sont réglés, d'autres font encore l'objet de calculs, vérifications et enquêtes...
A la date de clôture, la compagnie d'assurances constitue une provision pour les sinistres non encore chiffrés avec exactitude.

3.2.7. Provisions pour engagements désignant par exemple les engagements des compagnies d'assurances envers leurs assurés. Comme la somme n'en est pas exactement connue et ne peut être estimée qu'imparfaitement, ces engagements sont couverts par des provisions.

F. L'évaluation des éléments de l'actif immobilisé

I. INTRODUCTION

Les immobilisations se divisent en trois catégories:
- les immobilisations corporelles, telles que terrains, bâtiments, machines;
- les immobilisations incorporelles ou immatérielles. On range principalement sous cette rubrique les brevets, licences de fabrication, concessions, goodwill;
- les immobilisations financières, telles que participation au capital d'une autre entreprise.

II. LES MÉTHODES D'ÉVALUATION DES IMMOBILISATIONS CORPORELLES

1. Notions

Le calcul de la valeur pour laquelle ces immobilisations sont portées au bilan final pose un certain nombre de problèmes.
Bien qu'éphémères – puisque les conditions d'exploitation en modifient très rapidement certains éléments (capitaux circulants, exigibles à court terme par exemple) – les informations fournies par le bilan sur la valeur des immobilisations ont un caractère plus durable. Les immobilisations, corporelles

particulièrement, ont une durée de vie bien supérieure au cycle d'exploitation; consommées graduellement dans le processus d'activité, elles subiront au cours du temps des fluctuations de valeur qu'il faudra transcrire en comptabilité. En d'autres termes, la valeur d'acquisition ne sera plus significative, car:
- d'une part, la situation de l'entreprise et son environnement économique évoluent constamment pour de multiples raisons;
- d'autre part, la valeur de ces immobilisations évolue à la suite de phénomènes propres à leurs caractéristiques intrinsèques.

Face à ces phénomènes, plusieurs méthodes d'évaluation ont vu le jour. Elles ont pour objectif d'adapter la valeur des immobilisations à la situation économique réelle[1]. Ces méthodes s'appuient:
- sur le concept de *« valeur de sortie »*:   - méthode de la valeur de réalisation
  - méthode de la valeur de remplacement
- sur le concept de *« valeur d'entrée »*:   - méthode du coût historique

2. Méthode de la valeur de réalisation ou valeur vénale à la date de clôture[2]

Selon ses adeptes, un actif est l'élément économique appartenant à l'entreprise qui se convertit en d'autres biens (ou services) par le biais de l'échange (processus achat-vente) ou par incorporation au processus de production, ce processus assurant la continuité de l'exploitation. Ces éléments seront évalués selon un étalon: la valeur de réalisation *ou valeur du même bien sur le marché*. On peut définir la valeur de réalisation comme étant le prix moyen probable retiré de la vente librement consentie d'un bien. C'est la valeur vénale essentiellement tributaire de l'offre et de la demande en situation normale sur le marché.

L'application de cette méthode rencontre des difficultés pratiques:
  a) l'une – et non la moindre – réside dans la différence entre la valeur du bien pris isolément ou considéré comme élément intégré dans un tout: l'entreprise en continuité économiquement justifiée (on going concern).

---

[1] Cf. A. Bender et P.-A. Dumont: L'analyse et le choix des investissements, Genève, 1975. Haag D., L'information comptable face à la hausse des prix, Neuchâtel, 1977, 2ᵉ partie. Rey F., Développements récents de la comptabilité, Paris 1979, titre 1.

[2] Cf. Chambers: Accounting evaluation and economic behaviour, Houston, 1974. Sterling: Theory and measurement of enterprise income. University of Kansas Press, 1970. In Rey F., op. cit.

b) Il n'existe pas toujours un marché servant de base à cette évaluation.

c) Si le marché existe, la valeur de réalisation dépendra de l'application d'un barème; or, ce barème sera influencé par des éléments plus ou moins subjectifs dont l'appréciation n'apparaîtra qu'au moment de la transaction elle-même. Tant que la transaction n'a pas lieu, il est difficile de définir une valeur de réalisation sur un marché supposé dont il est quasiment impossible d'en cerner tous les contours. En adoptant une telle méthode, la comptabilité prendrait systématiquement en compte des gains ou des pertes non réalisés.

3. *Méthode de la valeur (ou coût) de remplacement*

3.1. Cette approche met l'accent sur la nécessité, pour l'entreprise, de maintenir son capital de production. On pense, ici, au maintien des valeurs d'exploitation (stocks) et des immobilisations corporelles. L'évaluation de ces rubriques au bilan se fait en termes monétaires par application du coût de remplacement: c'est la valeur qu'auraient ces biens s'ils étaient acquis à la date d'établissement du bilan. Les avantages de cette méthode sont évidents:

a) Le coût de remplacement donne une information objective:
  - pour le calcul des prix de revient;
  - dans la fixation du prix de vente;
  - dans le choix des investissements.

b) La comparaison des bilans dans l'espace devient fiable. Si toutes les entreprises de la même branche d'activité adoptaient cette méthode d'évaluation, les immobilisations seraient partout «actualisées». La comparaison entre bilans deviendrait significative et conférerait aux méthodes d'analyse une dimension nouvelle.

Mais l'évaluation au coût de remplacement se heurte aussi à des difficultés:

Si, pour les produits écoulés, le coût de remplacement est relativement facile à saisir parce qu'il existe un marché servant de point de repère, il n'en est pas de même des immobilisations corporelles. On se trouve ici en face d'un prix présumé, influencé par des éléments subjectifs pour la bonne raison qu'au moment de l'évaluation (date de clôture) rien ne peut paraître plus artificiel que d'attribuer une valeur de remplacement à un bien qui n'est pas remplacé ou qui le sera dans un futur plus ou moins proche et dans des conditions économiques et technologiques difficilement prévisibles.

Quant à l'application comptable de cette méthode, la différence positive (coût de remplacement – coût historique) constatée sur chaque immobilisation sera comptabilisée en fin d'exercice dans un compte de situation nette.

Il s'agit en fait d'ajuster le capital investi à la valeur de remplacement. Pour chaque élément, on passe l'écriture:

Immobilisations X à Pertes et Profits

Pertes et Profits à Compte d'ajustement des fonds propres

En conséquence, le gain de détention constaté par cette écriture est exclu du résultat et n'est pas distribué.

Sans cette «stérilisation», un bénéfice fictif, d'origine monétaire, aurait été dégagé, donnant du résultat une image plus favorable que celle de la réalité.

Cet ajustement permettra un calcul plus exact des amortissements sur valeurs ajustées des immobilisations corporelles et assurera le financement de leur remplacement par fonds propres[1].

Sur le plan économique, une telle réévaluation se justifie. Mais ce «compte d'ajustement des fonds propres» (c'est en réalité une réserve de réévaluation des fonds propres) ne doit pas servir à une quelconque distribution.

3.2. La loi suisse autorise la constitution de telles réserves sous certaines conditions, pour les actifs immobiliers dans une S.A. (cf. art. 665 CO); mais rien, en l'état actuel de la législation, ne permet de la bloquer.

Quant aux entreprises soumises exclusivement à l'article 960, alinéa 2 CO, définissant la règle générale d'évaluation, elles sont en droit de réévaluer leurs immobilisations *corporelles,* à concurrence de leur *valeur subjective.* Le bilan désigne le chiffre que ces éléments «représentent pour l'entreprise». Les amortissements seront calculés sur ce prix réévalué.

4. Méthode du coût historique

Le coût historique d'un bien, autrement dit sa valeur d'entrée, représente la notion la plus objective de la valeur de ce bien, du fait qu'elle résulte d'une transaction. La valeur historique de ce bien est sa valeur d'origine comptabilisée.

L'application de cette méthode repose sur l'idée que la valeur du capital ne s'effrite pas dans la mesure où l'égalité est sauvegardée entre le prix d'entrée des actifs nets du bilan d'entrée et celui des actifs nets du bilan de sortie. En

---

[1] L'école hollandaise ainsi que des auteurs tels que Limperg, Edwards et Bell sont partisans de cette technique.

termes financiers, le capital propre est maintenu grâce au mécanisme des amortissements.

Les avantages de cette méthode sont multiples:

a) Les flux d'entrée et de sortie provoquant un changement dans les ressources de l'entité comptable sont aisément identifiables et saisissables.

b) Elle refuse de prendre en compte les gains et les pertes de détention non réalisés; ceux-ci ne sont comptabilisés qu'au moment où le doute n'est plus permis. Jusque-là, c'est le statu quo.

c) Le coût historique reste une base objective de réflexion pour les décisionnaires, les associés et toute personne intéressée à la situation de l'entreprise (banque, créanciers).

III. L'AMORTISSEMENT COMPTABLE [1]

1. Définition et généralités

L'amortissement comptable est la constatation comptable de la diminution de valeur d'une immobilisation lors de la procédure d'évaluation basée sur la méthode du coût historique.

En principe, la comptabilité constate cette perte de valeur par l'écriture:

---

[1] **Remarque:** Ne pas confondre l'amortissement comptable avec l'amortissement financier. L'amortissement financier n'est autre que le remboursement (échelonné ou intégral) d'une dette. Il n'est pas, au sens comptable du terme, une charge pour l'entreprise. Il s'agit simplement d'une diminution d'actif compensée par une diminution de passif; par exemple, le remboursement d'un prêt bancaire.

L'amortissement comptable est un phénomène complexe qu'il convient d'examiner sous différents angles:
- ses causes
- le contexte juridique
- le point de vue financier
- l'aspect économique
- le point de vue comptable
- la technique de calcul
- les techniques d'enregistrement

2. Les causes essentielles de l'amortissement

Un actif immobilisé perd de sa valeur pour des causes diverses.

a) *Causes naturelles:* l'usure due à l'utilisation d'un objet ou la dégradation pure et simple de celui-ci;

b) *Raisons juridiques:* l'exploitation d'un brevet ou d'une licence de fabrication n'est valable que pour un temps limité;

c) *Considérations d'ordre économique:* les inventions, le progrès technique, auront une influence décisive en dépréciant les installations anciennes et en les dévalorisant (concurrence). L'évolution des marchés et des goûts (vieillissement psychologique) peut arrêter l'écoulement de certains produits.

Conséquences immédiates: puisque les immobilisations dont l'utilisation est limitée dans le temps subissent une dépréciation, il faudra, à la procédure d'évaluation de chaque clôture, mesurer cette dépréciation et la prendre en compte par une écriture constatant cette réduction irréversible de valeur. Ainsi corrigées, les immobilisations seront portées au bilan final pour une valeur résiduelle dont l'appréciation est soumise «à la règle fondamentale de la sincérité du bilan dans sa forme négative»[1].

3. Le contexte juridique

Du point de vue juridique, l'entreprise a le devoir, à la clôture de chaque exercice annuel, de constater la diminution de valeur d'une immobilisation par une écriture d'amortissement; c'est une application particulière de la règle générale d'évaluation utilisée en comptabilité. Citons à cet égard:

---

[1] Bourquin G., op. cit., p. 456.

a) pour les entreprises non soumises au régime de la S.A. :

Article 960, alinéa 2 CO :
« *La valeur de tous les éléments de l'actif ne peut y figurer pour un chiffre dépassant celui qu'ils représentent pour l'entreprise à la date du bilan.* »
alinéa 3 :
« *Demeurent réservées les dispositions contraires qui s'appliquent aux sociétés anonymes, aux sociétés en commandite par actions, aux sociétés à responsabilité limitée et aux sociétés coopératives d'assurance et de crédit.* »

b) pour les entreprises soumises au régime de la S.A. :

Article 665 CO :
« *L'actif immobilisé peut être évalué au plus à son prix d'acquisition ou à son coût de revient, déduction faite des amortissements nécessaires.* »

En conséquence, on ne peut porter au bilan un actif surévalué par un calcul d'amortissement insuffisant ou inexistant. Il en résulterait l'apparition d'un bénéfice fictif (puisque la charge est insuffisamment ou pas du tout comptabilisée) qui, distribué, mettrait en péril la situation de l'entreprise par une perte de substance. De plus, la sincérité du bilan envers les tiers ne serait plus respectée : il est interdit de montrer de l'entreprise une image plus favorable que celle de la réalité.

Autre conséquence importante : l'amortissement sera pris en compte même si le résultat est une perte et qu'il augmente celle-ci, ou qu'il transforme un bénéfice en perte. Un défaut ou une insuffisance d'amortissement rendrait le bilan frauduleux.

4. Le point de vue financier

La conception financière de l'amortissement met en lumière le fait que cette opération a pour but de permettre à l'entreprise le renouvellement de ses installations financé au moyen de ses fonds propres.

L'inscription de l'amortissement au débit du compte de résultat constitue une charge calculée qui entraîne une rétention de fonds en réduisant d'autant le bénéfice net distribuable. Une démonstration permettra de comprendre le phénomène:

les immobilisations se montent à 100 000.—.

1re hypothèse: bénéfice net 20 000.—;
l'entreprise *ne comptabilise aucun amortissement:*

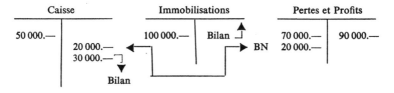

Le bénéfice net est prélevé. Position des comptes au bilan final:

Actif	Bilan final	Passif
Caisse 30 000.—		
Immobilis. 100 000.—		

2e hypothèse: bénéfice net 20 000.—; l'entreprise décide de pratiquer sur les immobilisations un amortissement de 10% et, en conséquence, passe l'écriture en fin d'exercice:

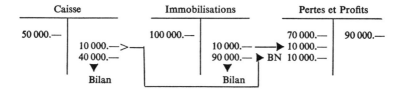

Extrait du bilan final, après prélèvement du bénéfice net:

Actif	Bilan final	Passif
Caisse 40 000.—		
Immobilis. 90 000.—		

La charge d'amortissement a réduit d'autant le bénéfice net disponible et a permis à l'entreprise d'en conserver la contrepartie (le disponible en caisse est de 40 000.— au lieu de 30 000.—).

Conclusion de cette approche financière: l'amortissement est l'expression monétaire de la diminution de valeur subie par les immobilisations du fait de leur détention et de leur utilisation.

Une bonne gestion financière veut que ces sommes graduellement accumulées au cours des exercices successifs ne restent pas inactives: elles seront utilisées, par exemple, sous forme d'achats de marchandises ou de matières premières, de placements en titres, à la condition formelle qu'elles redeviennent disponibles le jour de l'acquisition de nouvelles immobilisations.

Compte non tenu des conséquences possibles de l'inflation sur le prix d'acquisition futur des immobilisations, l'amortissement se définit comme une source de financement interne (ou autofinancement):
- L'entreprise conserve intact son potentiel économique et évite une perte de substance. La valeur initiale du capital est maintenue, à condition que le résultat de l'exercice, après prise en compte des amortissements, soit nul ou positif.
- L'entreprise évite par là une erreur de calcul qui lui ferait prendre pour du revenu ce qui n'est qu'une modification de son patrimoine.

5. *L'aspect économique*

Au plan économique, l'amortissement est la répartition de la dépense unique d'acquisition des immobilisations sur un nombre d'exercices comptables présumé correspondre à la durée d'utilisation de celles-ci. Il serait inéquitable d'imputer à un seul exercice la charge résultant de la dépense d'acquisition d'un bien durable. La mesure du résultat par exercice serait faussée et les comparaisons dans le temps rendues impossibles.

Ce raisonnement part cependant de l'hypothèse implicite d'une économie stationnaire, impliquant un état rigide des conditions techniques ou technologiques, la fixité des prix et la constance de la productivité, la capacité des gestionnaires de déterminer la durée d'utilisation des moyens de production. Tout cela est irréaliste.

En considérant l'amortissement sous les angles financier et économique, on veut lui faire jouer un double rôle:
- c'est une notion *ex post*: l'amortissement permet de mesurer historiquement (fin d'exercice) la perte de valeur des immobilisations afin de déterminer le résultat aussi exactement que possible;
- c'est une notion *ex ante* utilisée dans les cas de décisions d'investissement puisqu'il constitue un moyen d'autofinancement. Mais étant donné l'irréalisme des hypothèses qu'il implique, il devient difficile de s'en servir pour la prévision à long terme. On lui préfère la notion de cash flow [1].

---

[1] Cf. Traité III, pp. 241 ss.

Par ailleurs, il plane une incertitude, donc un risque, sur le phénomène de l'amortissement: si l'achat des immobilisations est une certitude, la récupération de cette dépense, étalée sur plusieurs exercices, est aléatoire: elle dépendra du chiffre d'affaires, c'est-à-dire de l'évolution des conditions du marché.

Dans une entreprise de distribution ou certaines entreprises de services, le risque est limité: les installations n'ont qu'un lien indirect avec le produit vendu. Un grand magasin, par exemple, peut conserver ses installations et moduler la gamme des produits offerts, voire les produits eux-mêmes. Le cours de l'amortissement ne sera pas interrompu. Il n'en est pas de même dans l'industrie: il existe un lien direct entre le produit et certains équipements. A la perte de valeur pour usure s'ajoutent:
 - le vieillissement technologique
 - dans certains cas, l'obsolescence commerciale du produit fabriqué, rendant obsolète l'équipement lui-même.

6. *Le point de vue comptable*

L'amortissement fait partie des charges d'exploitation. Comptabilisé comme tel, il contribue au coût total d'exploitation de l'exercice que le chiffre d'affaires devra couvrir pour la période correspondante. En raisonnant d'une manière prévisionnelle, on dira que l'amortissement fait partie du prix de revient des produits à vendre pour couvrir ce coût total.

La vente récupérera, sous forme d'argent liquide, cette partie d'actif disparue du fait de la dépréciation des immobilisations engagées dans la production ou la distribution. Si l'amortissement n'était pas compris dans le prix de revient, la vente ne couvrirait pas cette perte de substance; elle aurait comme conséquence grave que l'entreprise ne pourrait, au moment voulu, autofinancer (du moins en partie) ses nouvelles acquisitions.

Au plan comptable, le calcul des amortissements aura des incidences considérables:

a) S'ils sont *trop élevés:*
   - prix de revient comptable trop élevé; difficultés de procéder à des comparaisons dans l'espace;
   - bénéfices disponibles réduits, ce qui lèse les ayants droit;
   - constitution de réserves latentes sur immobilisations (voir ce chapitre). La situation réelle est plus favorable qu'elle n'apparaît au bilan.

b) S'ils sont *trop faibles:*
   - prix de revient comptable sous-évalué;
   - bénéfices trop importants masquant une perte qu'une exactitude des calculs aurait fait ressortir;

- possibilité de distribution de dividendes fictifs : la part de liquidités destinée à l'autofinancement disparaît de l'entreprise ;
- le bilan donne une image plus favorable que la réalité.

7. La technique de calcul

Le calcul de l'amortissement dépendra d'éléments sur lesquels il doit pouvoir s'appuyer :

7.1. La valeur des immobilisations :

  a) Ce peut être :
- le prix de revient d'achat de l'immobilisation ou valeur d'origine ;
- le prix de revient de fabrication pour le cas où l'entreprise l'aurait elle-même fabriquée (machine-outil, invention brevetée).

ou

  b) la *valeur de remplacement* présumée.

La valeur d'origine, tout en restant un critère de première importance, ne peut plus, à elle seule, servir de base de calcul de l'amortissement en cas de hausse de prix : l'autofinancement par amortissement n'est plus garanti. D'une manière ou d'une autre, il faut *ajuster la valeur d'origine* et appliquer le taux d'amortissement à cette nouvelle valeur.

L'ajustement peut être opéré :

7.1.1. En considérant la nature particulière de chaque équipement et en lui attribuant une nouvelle valeur par application d'un indice de hausse des prix ; la « valeur subjective » se rapproche ainsi de la valeur de remplacement.

Cette valeur repose uniquement sur des éléments indéfinis et difficilement quantifiables, tels que l'opportunité de remplacer l'immobilisation en question dans un délai plus ou moins long, les possibilités de rendement futur de ce bien par rapport à la situation de l'entreprise sur le marché. A ces éléments d'appréciation, il faut ajouter d'autres facteurs :
- usure
- vétusté
- progrès technique
- valeur de remplacement basée sur le prix à payer aujourd'hui pour obtenir ce bien.

Par cette méthode on porte au bilan, pour les immobilisations corporelles, une valeur résiduelle plus ou moins ajustée en fonction des divers facteurs évoqués plus haut.

Exemple (simplifié):

Une machine a été acquise pour	100 000.—
Amortissement linéaire fixé à 10% l'an, soit après 5 années	50 000.—
Valeur résiduelle	50 000.—
Cette valeur doit être réajustée de (3% d'inflation par an)	15 000.—
	65 000.—

Ecriture d'ajustement:

    Immobilisations à *Exploitation*

    Exploitation à *Compte d'ajustement des fonds propres* .... 15 000.—

L'amortissement passera à

$$\frac{65\,000.-}{5} = 13\,000.-$$

7.1.2. En appliquant des taux additionnels pour rattraper les amortissements insuffisants; ces taux sont calculés sur la valeur de remplacement probable de l'immobilisation. Dans notre exemple, on passerait à la fin de la 6e année les écritures suivantes:

    10%: *Exploitation* à *Immobilisation* .... 10 000.—

    + 3%: *Exploitation* à *Réserve pour renouvellement des immobilisations* ...... 3 000.—

Une note en annexe du bilan fournirait les explications nécessaires. Si dès le départ on passait l'écriture:

    Exploitation à *Immobilisation* .... 13 000.—

en anticipant l'inflation, l'immobilisation risquerait d'être entièrement amortie prématurément. A partir de ce moment, il en résulterait un gonflement des bénéfices puisque la charge d'amortissement aurait disparu.

7.2. Les méthodes d'étalement dans le temps de la charge d'amortissement

Il s'agit d'estimer le processus de la dépréciation, dont les composantes sont diverses et parfois difficilement quantifiables:

    a) la durée de vie présumée du bien;

b) une usure physique progressive que l'entretien ralentira; la durée d'utilisation ne s'impose alors plus comme une donnée impérative dans le calcul, car l'entreprise peut choisir entre la réparation et la mise au rebut entraînant le renouvellement;

c) dans certains cas, l'entreprise *choisit* la durée d'utilisation; ce choix dépendra de plusieurs facteurs:
- la nature de l'immobilisation: bâtiment, machine...;
- l'intensité de l'utilisation: un véhicule utilitaire peut parcourir plus ou moins de kilomètres durant l'exercice comptable;
- le progrès technique: très souvent, l'électronique, la robotisation et des inventions plus ou moins révolutionnaires rendent de plus en plus aléatoire la durée de vie de certains équipements.

En résumé, l'entreprise peut agir sur la durée d'utilisation et par voie de conséquence sur le calcul de l'ampleur et du rythme de la dépréciation. Elle pratique alors une *politique d'amortissement* dont les résonances sont non seulement économiques mais aussi fiscales.

7.2.1. L'amortissement constant ou linéaire

L'amortissement est calculé sur la valeur d'acquisition, en appliquant un pourcentage fixe du prix d'achat (ou de revient) ou encore de la valeur réévaluée. Le pourcentage dépend du nombre d'exercices (années) correspondant à la durée présumée de l'immobilisation. Cette méthode part de l'hypothèse que l'immobilisation se déprécie régulièrement.

Fig. 1 Amortissement constant

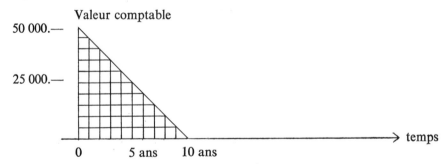

Au terme des dix ans, la valeur de l'immobilisation est ramenée à 0.
Exemple d'une immobilisation réévaluée.
Amortissement *constant* ou linéaire; valeur d'acquisition de 100 000.— amortissable en dix ans avec un ajustement de + 15.000.— au début de la sixième année. (Les 15 000.— sont répartis à raison de 3 000.— pour les cinq dernières années.)

N.B.: à partir de la 6ᵉ année, l'amortissement se calcule sur une valeur de remplacement de 115 000.—

Année	Amortissements cumulés	Valeur résiduelle
1	10 000.—	90 000.—
2	20 000.—	80 000.—
3	30 000.—	70 000.—
4	40 000.—	60 000.—
5	50 000.—	50 000.—
6	63 000.—	52 000.—
7	76 000.—	39 000.—
8	89 000.—	26 000.—
9	102 000.—	13 000.—
10	115 000.—	0

Fig. 2 Amortissement constant ajusté

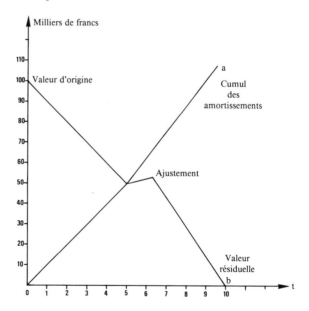

7.2.2. L'amortissement dégressif (annuité décroissante)

Il peut se calculer de trois manières différentes:

    a) Par application d'un pourcentage décroissant sur la valeur d'origine de l'immobilisation.

b) Par application d'un pourcentage fixe sur la valeur comptable (ou résiduelle). On parle alors d'amortissement géométrique.

Exemple:

Année	Taux	Amortissement	Amortissements cumulés	Valeur résiduelle
1	40%	40 000.—	40 000.—	60 000.—
2	»	24 000.—	64 000.—	36 000.—
3	»	14 400.—	78 400.—	21 600.—
4	»	8 640.—	87 040.—	12 960.—
5	»	5 184.—	92 224.—	7 776.—
6	»	3 110.—	95 334.—	4 666.—
7	»	1 866.—	97 200.—	2 800.—
8	»	1 120.—	98 320.—	1 680.—
9	»	672.—	98 992.—	1 008.—
10	»	1 008.—	100 000.—	0

Fig. 3 Amortissement dégressif

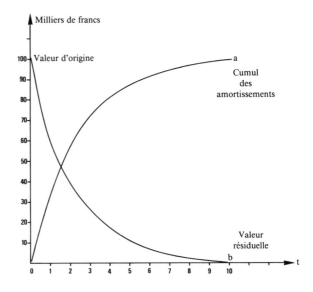

Important au début, il devient de plus en plus faible. Comme il subsiste un reliquat, on l'englobe dans la dernière annuité.

c) Par application du « procédé Softy » ou « somme des chiffres des années ».

L'annuité d'amortissement est obtenue comme suit :
La base amortissable (valeur d'acquisition par exemple) est multipliée par une fraction dont le numérateur représente le nombre d'années de durée d'utilisation restant à courir et le dénominateur le total des chiffres de la série numérique composant la suite des années de la durée d'amortissement prévue. Cette méthode pratiquée aux Etats-Unis n'est pas fiscalement admise en Suisse.

Exemple :

Valeur d'acquisition 100 000.—. Durée de vie présumée dix ans.
Dénominateur: 1 + 2 + 3 + 4 + 5 + 6 + 7 + 8 + 9 + 10 = 55

Année	Taux	Amortissement	Amortissements cumulés	Valeur résiduelle
1	10/55	18 182.—	18 182.—	81 818.—
2	9/55	16 354.—	34 536.—	65 464.—
3	8/55	14 545.—	49 081.—	50 919.—
4	7/55	12 727.—	61 808.—	38 192.—
5	6/55	10 909.—	72 717.—	27 283.—
6	5/55	9 091.—	81 808.—	18 192.—
7	4/55	7 273.—	89 081.—	10 919.—
8	3/55	5 455.—	94 536.—	5 464.—
9	2/55	3 636.—	98 172.—	1 828.—
10	1/55	1 828.—*	100 000.—	0

* Arrondi.

L'amortissement dégressif a pour avantage de limiter le risque d'investissement en reconstituant dans les premières années la majeure partie des fonds destinés au remplacement de l'immobilisation. Ce sera le cas pour les véhicules à moteur et pour des biens de production fabriquant des produits à courte durée de vie et dont la dépréciation matérielle s'avère plus rapide pendant les premières années en raison :

- du degré d'utilisation
- des changements dus aux nouvelles techniques
- des changements dus aux besoins nouveaux.

Ces facteurs peuvent rendre les immobilisations prématurément obsolètes.

Autre avantage: cette méthode stimule l'incitation à investir: après avoir réalisé de substantielles économies d'impôts, la tendance sera au réinvestissement dès que les faibles annuités d'amortissement laisseront apparaître un bénéfice imposable plus important. Ce sera aussi une protection contre l'inflation puisqu'elle accélère la prise en charge de l'investissement.

7.2.3. *L'amortissement croissant ou progressif (annuité croissante)*

Dans ce cas, la dépréciation par usure est considérée comme peu importante dans les premières années et en augmentation dans les dernières. On applique un taux progressif sur la valeur d'acquisition. L'amortissement est ainsi retardé. L'entreprise aura plus de peine à s'adapter financièrement au progrès technique: s'il fallait remplacer l'immobilisation avant la fin de la période prévue, l'autofinancement par amortissement pourrait s'avérer très insuffisant. Cette méthode conduit à charger exagérément les derniers exercices, d'autant plus qu'à l'amortissement élevé peuvent s'ajouter des frais d'entretien plus importants.

Exemple:

Valeur d'acquisition de 100 000.— amortissable en dix ans.

Année	Taux	Amortissement	Cumul des amortissements	Valeur résiduelle
1	1%	1 000.—	1 000.—	99 000.—
2	3%	3 000.—	4 000.—	96 000.—
3	5%	5 000.—	9 000.—	91 000.—
4	7%	7 000.—	16 000.—	84 000.—
5	9%	9 000.—	25 000.—	75 000.—
6	11%	11 000.—	36 000.—	64 000.—
7	13%	13 000.—	49 000.—	51 000.—
8	15%	15 000.—	64 000.—	36 000.—
9	17%	17 000.—	81 000.—	19 000.—
10	19%	19 000.—	100 000.—	0

(L'amortissement est calculé sur la valeur d'acquisition.)

Fig. 4 Amortissement croissant

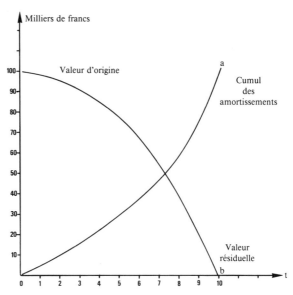

7.2.4. L'amortissement variable

Il s'applique particulièrement aux machines. Dans ce cas les annuités correspondent à la dépréciation réelle subie par l'immobilisation. Divers critères peuvent intervenir dans le calcul; par exemple:
- nombre d'objets fabriqués
- nombre d'heures d'emploi de la machine
- tonnes/km pour un moyen de transport
- obsolescence.

Cette méthode de calcul est évidemment idéale mais l'estimation de l'amortissement est parfois difficile à établir.

En conclusion, pour un temps donné, dans les méthodes 1, 2 et 3
$$a + b = VO$$
$$VO - a = \text{valeur résiduelle ou valeur comptable.}$$
En cas de stabilité des prix:
$$b = O; a = VO = VR \text{ (valeur de remplacement)}$$
En cas d'instabilité des prix:
$$b = O; a = VO$$
$$a \neq VR \text{ s'il n'y a pas d'ajustement}$$
ou si l'ajustement est insuffisant.

7.3. L'amortissement, instrument de politique du résultat

L'amortissement devient un instrument de la politique d'entreprise en matière de bénéfice.

Par exemple, la technique qui combine l'amortissement dégressif à l'amortissement linéaire permettra de jouer le rôle de stabilisateur des bénéfices ou de réducteur de pertes.

En effet, dans un cadre fiscal donné, l'entreprise a toute latitude pour déterminer l'amortissement retenu, la limite supérieure étant constituée par l'amortissement dégressif, la limite inférieure par l'amortissement linéaire.

Fig. 5   Exemple:

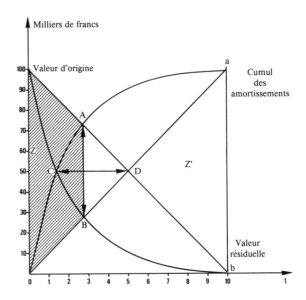

Commentaires:

1) La marge de manœuvre pour influer sur le résultat est la plus importante dans les premières années, c'est-à-dire jusqu'à ce que l'immobilisation soit amortie de 50% (point C) par la méthode de l'amortissement dégressif.

    Elle est plus étroite entre C et D, c'est-à-dire pendant le temps qu'il faudra à l'amortissement linéaire pour «rattraper» ces 50%.

2) Dans la zone Z:
    - en cas de bénéfice, on a intérêt à pratiquer l'amortissement dégressif;
    - en cas de perte, l'amortissement constant.

3) A partir du point D, la marge de manœuvre s'élargit mais la situation s'inverse :
- en cas de bénéfice, on a intérêt à pratiquer l'amortissement constant (charge plus lourde);
- en cas de perte, l'amortissement dégressif (charge diminuée).

4) La droite AB donne :
- l'écart maximum entre les valeurs résiduelles dégagées par les deux méthodes : 70 000.— − 21 600.— = 41 400.—; c'est la limite de Z;
- le plus grand écart entre les amortissements cumulés par chacune des méthodes :
$$78\,400.— - 30\,000.— = 48\,400.—$$

Si l'on envisage un changement dans la méthode d'amortissement, par exemple à partir de la quatrième année :

Hypothèse I :

de l'amortissement dégressif on passe à l'amortissement linéaire; années d'amortissement : 10 − 3 = 7

$$\text{taux} \quad \frac{100}{7} = 14,28\%$$

Hypothèse II :

de l'amortissement linéaire on passe à l'amortissement dégressif :
- n = nombre d'années d'amortissement = 7
- v = valeur résiduelle finale = 1
- V = valeur d'acquisition (dans notre exemple, la valeur résiduelle à la fin de la 3ᵉ année) = 70 000.—

formule : $t = 100 \left(1 - \sqrt[n]{\dfrac{v}{V}}\right)$

$$t = 100 \left(1 - \sqrt[7]{\dfrac{1}{70.000}}\right) = 79,78\% \approx 80\%$$

L'entreprise peut être fortement tentée de modifier son résultat d'exploitation par le biais des amortissements à l'intérieur de la zone de manœuvre dont elle dispose en raison des avantages fiscaux évidents et abstraction faite de considérations purement économiques.

Mais cette pratique transgresse le principe de continuité dans le choix d'une méthode d'amortissement. Un tel changement doit être justifié par les circonstances (modifications intervenues dans les conditions d'exploitation, relations avec les tiers, abandon d'erreurs passées) s'il provoque des conséquences importantes sur le résultat. Les raisons doivent en être données en annexe au bilan et le changement doit être quantifié.

Conclusion:

La valeur résiduelle des immobilisations corporelles au bilan reste par conséquent très subjective, même si les amortissements ont été calculés sur des bases réajustées.

Elle peut se révéler *a posteriori* fort éloignée de la réalité car les erreurs de calcul sont fréquentes dans ce domaine; on se heurte en effet à de grosses difficultés de prévision.

8. Les techniques d'enregistrement

8.1. Amortissement direct

La contrepartie de la charge est imputée au crédit du compte de l'immobilisation.

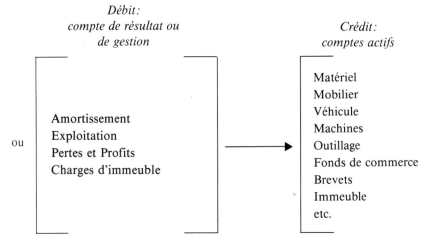

Exemple: Amortissement des machines 5% sur 200 000.— = 10 000.—

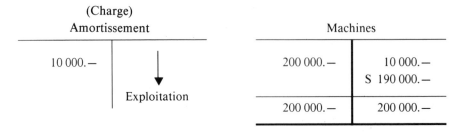

Présentation au bilan:

Actif	Bilan au 31.12.19..	Passif
Machines 190 000.—		

8.2. Amortissement indirect

L'amortissement est comptabilisé au crédit d'un compte de régularisation d'actif, appelé fonds d'amortissement ou amortissement[1] tout court. Le montant n'est pas imputé au compte actif.

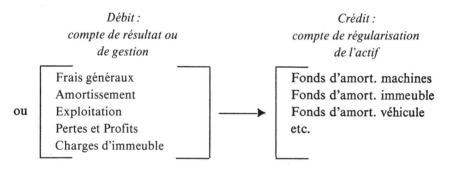

Exemple: Machines 200 000.—   Amortissement 5%
Ecriture:

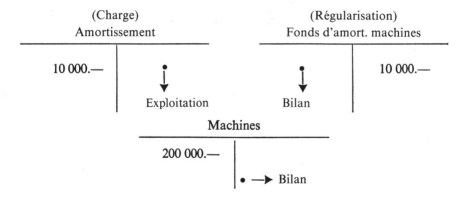

---

[1] Cette dernière appellation n'est pas très heureuse. On pourrait confondre ce compte avec le compte de charge «Amortissement». Seule la position des écritures permet d'en déceler la nature.

Présentation au bilan:

Variante I (méthode brute)

Actif	Bilan au 31.12.19..		Passif
Machines	200 000.—	Fonds amort. machines	10 000.—

Variante II (méthode nette)

Actif			Bilan au 31.12.19..	Passif
Machines		200 000.—		
./. Fds amort.	10 000.—	190 000.—		

Remarque: Si l'immobilisation est encore utilisée bien que totalement amortie, elle sera portée au bilan pour la somme de Fr. 1.—, en vertu du principe de l'état complet de l'inventaire et du bilan.

IV. L'ÉVALUATION DES IMMOBILISATIONS INCORPORELLES ET LEUR AMORTISSEMENT

On distingue: – les valeurs incorporelles *créées* par l'entreprise
– les valeurs incorporelles *acquises* à titre onéreux par l'entreprise.

1. Valeurs incorporelles créées par l'entreprise: marques et brevets

1.1. Généralités

L'élargissement des marchés commerciaux à l'échelon international donne une dimension économique particulière aux marques de fabrique et aux brevets ainsi qu'aux principes sur lesquels on s'appuiera pour les évaluer et les comptabiliser.

Une concurrence accrue exige une protection toujours plus efficace des marques et des brevets sur le plan international. Pour tirer parti d'une invention et la protéger, il faut entreprendre des démarches administratives et s'en remettre à des procédures souvent longues et coûteuses dans chaque pays et dans des langues différentes. Ces procédures peuvent constituer un obstacle au libre jeu de la concurrence et à la libre circulation des biens.

On peut parfois retarder l'exploitation d'un brevet parce que le produit nouvellement breveté se substitue à un produit ancien dont les frais de recherche ou d'exploitation ne sont pas encore amortis.

1.2. Evaluation et comptabilité

L'inscription au bilan des valeurs incorporelles créées par l'entreprise est autorisée en droit suisse (art. 665 CO). Cette inscription repose sur la capacité de ces valeurs à être inventoriées. Cette capacité débouche par conséquent sur la détermination d'une valeur effective subordonnée à une exploitation continue et dépendante de la rentabilité prouvée de ces biens immatériels. S'il n'y a pas exploitation, cette valeur effective sera plus difficile à déterminer puisqu'elle ne reposera que sur des éléments prévisionnels: possibilité d'exploitation du brevet, état futur du marché, rentabilité future... .

Ce cas mis à part, il faudra attribuer à ces éléments incorporels une valeur objective basée sur le calcul de leur prix de revient. Mais quel prix de revient? La loi ne le dit pas, d'où la nécessité de définir une méthode de valorisation.

1.3. Méthodes d'évaluation

La première tâche consiste à distinguer les coûts imputables à la création de telles valeurs incorporelles de ceux qui ne le sont pas:

a) Si les coûts de recherche ne débouchent pas sur un dépôt de marque ou d'un brevet, ils sont virés à Exploitation

b) Si les coûts de recherche débouchent sur le dépôt d'une marque ou d'un brevet, on les divise en quatre catégories essentielles:
  — frais d'enregistrement
  — coûts de matières   } imputables sans ambiguïté
  — salaires directs et autres charges directes
  — charges indirectes: objet d'un calcul de répartition et d'imputation.

La ventilation des charges indirectes n'est pas chose facile et peut conduire à des abus: on peut agir sur le résultat en attribuant au coût total un montant plus ou moins important de charges indirectes.

Dans cette optique, trois tendances se sont dégagées pour l'évaluation au bilan des marques et brevets.

ba) La première propose, afin d'éviter une estimation arbitraire, que la somme ne soit pas supérieure aux dépenses effectuées pour leur enregistrement[1]. C'est une position restrictive:

Fig. 1:

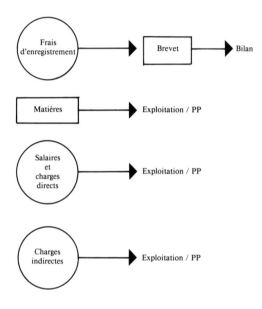

bb) Quant à la seconde, elle estime, afin de respecter la sincérité du bilan et la règle de prudence, que ce prix de revient comprendra «au plus les dépenses consacrées directement à leur création», autrement dit leur coût direct. Les charges indirectes (frais généraux de production, amortissements), ne devraient pas être inclus dans le prix de revient de ces valeurs incorporelles[2].

---

[1] Folliet Ed.: Le bilan dans les sociétés anonymes, du point de vue juridique et comptable, Lausanne 1969, pp. 44-59.
[2] Bourquin G., op. cit., pp. 358 et 359, 454-456.

Fig. 2: Coût direct

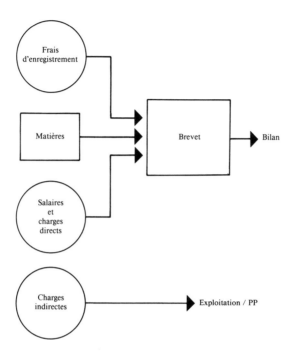

bc) D'autres auteurs estiment que ces dépenses représentent un investissement; en conséquence, le coût complet de cet investissement doit être porté au bilan. Dans ce cas, on «gèle» au bilan, pendant un certain nombre d'années, les charges indirectes imputées ayant contribué à la création de ces valeurs incorporelles, charges que la prudence impose pourtant d'amortir immédiatement.

Fig. 3: Coût complet

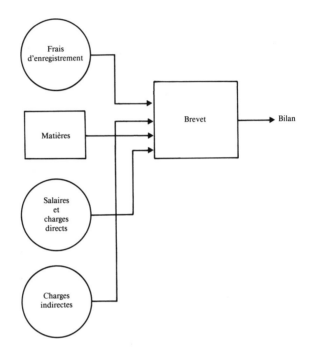

L'adoption d'une solution ou d'une autre modifiera le résultat en conséquence.

1.4. Conclusion

Quelle que soit la méthode choisie, ces valeurs incorporelles seront amorties. L'ampleur de la charge d'amortissement dépendra non seulement de la détermination du taux, de la méthode d'amortissement, mais aussi de la base de calcul résultant de la valorisation de ces biens. On y ajoutera aussi les incertitudes économiques (concurrence, produits de substitution...) et technologiques dont l'exploitation du brevet ou de la marque est entourée. La prudence dictera un rythme d'amortissements plus rapide que la durée du brevet (fixée à vingt ans par l'Office européen des brevets, par exemple).

2. Valeurs incorporelles acquises à titre onéreux par l'entreprise

2.1. Marques, brevets, licences de fabrication

Ces valeurs auront été enregistrées à leur prix d'acquisition.
Le rythme de leur amortissement dépendra de considérations économiques et des risques d'exploitation. Par prudence, ce rythme sera suffisamment rapide et sans référence obligée à la durée d'utilisation prévue.

2.2. Le goodwill

2.2.1. Définition

Désigné aussi par «Fonds de commerce», il comprend l'ensemble des biens corporels (stocks, mobilier ...) et incorporels (clientèle, achalandage, droit au bail, nom commercial, licences, etc.) que l'entreprise groupe et met en œuvre pour réaliser ses objectifs. L'essentiel du contenu du goodwill est la clientèle.

2.2.2. Evaluation

Le goodwill constitue *un tout* bien qu'il soit composé d'éléments fluctuants et distincts. Sa valorisation ne peut intervenir qu'à l'occasion d'une opération de rachat d'entreprise, et sa détermination n'est pas aisée. Elle sera influencée par des considérations de rendements passés, de rendements futurs, de conjoncture aussi.
La valeur du goodwill acquis à titre onéreux est portée au bilan. Etant donné les nombreux aléas dont cet élément est entouré – aléas dus aux difficultés de prévisions et aux risques de perte de valeur – le rythme des amortissements sera aussi rapide que possible.

V. L'ÉVALUATION DES IMMOBILISATIONS FINANCIÈRES: LES TITRES DE PARTICIPATION

Evaluation et comptabilité

1. *Titres non cotés*

Comptabilisés au prix d'acquisition, les titres non cotés sont évalués à ce prix, à la date de clôture. Ils ne peuvent être évalués à un prix supérieur (art. 667, al. 2 CO).
Reste à savoir comment traiter l'éventualité d'une perte de valeur constatée à la clôture. Certaines considérations guideront la procédure d'évaluation.
   a) La perte n'est réelle que si l'entreprise se débarrasse de ces titres à un prix inférieur à celui payé à l'achat. Ce n'est pas le cas à la clôture.
   b) Etant donné le caractère durable de la possession de ces titres, la perte «comptable» peut être éphémère.

Par prudence, la perte sera constatée non par un abattement pur et simple de valeur (qui pourrait entraîner ultérieurement un réajustement à la hausse) mais *par une provision*. Si la situation de l'entreprise émettrice redevient normale, la provision sera dissoute.
En cas de perte de valeur, une telle évaluation est certainement subjective puisqu'il s'agit d'une immobilisation incorporelle spécifique à l'entreprise. De nombreux paramètres interviendront dans ce calcul; par exemple:
   – les faits historiques ayant poussé à l'acquisition de ces titres,
   – les éléments conjoncturels futurs (perspectives de rentabilité, etc.),
   – la situation de fortune nette de l'entreprise émettrice.

Le calcul d'une telle provision ne sera pas simple du fait des difficultés de quantification de certains de ces éléments; elle pèsera plus ou moins sur le résultat selon l'appréciation portée sur eux.

2. *Titres cotés*

Si les titres de participation sont cotés en bourse, le problème est simple: on applique le cours le plus bas ou bien l'article 667 al. 1 CO. Les pertes éventuelles passent au résultat ou sont amorties par la provision ad hoc.

G. La constitution et la dissolution des réserves latentes (ou occultes)

I. Définitions

Les réserves latentes sont cette part de bénéfice n'apparaissant pas au compte de résultat du fait de l'enregistrement d'opérations comptables aboutissant à la sous-évaluation d'actifs ou à la surévaluation de provisions et d'exigibles. En contrepartie, elles représentent au bilan la part de capital propre non décelable par un tiers.

1. Réserves latentes volontaires

Il découle de cette notion que les réserves latentes sont dans la plupart des cas *volontaires*. Leur constitution peut être motivée soit:
- par une politique de prudence excessive en matière d'amortissements, de constitution de provisions et de correction de résultats;
- par désir pur et simple de faire disparaître du bénéfice disponible (politique d'autofinancement).

L'entreprise modifie délibérément, consciemment, dans certaines limites, des valeurs actives ou passives pour faire disparaître du bénéfice.

La constitution de réserves latentes volontaires est favorable à l'entreprise. Si le facteur risques prend une grande importance, ces réserves latentes permettront de faire face à des pertes subites, imprévisibles, sans compromettre son existence.

De subtiles classifications aboutissent à des nuances intéressantes dans l'approche des réserves latentes volontaires.

a) Il peut s'agir de réserves *dissimulées*[1]: l'entreprise porte à son bilan une valeur de stock de 1 500 000.— alors que la marchandise vaut réellement 1 900 000.—. La réserve latente de 400 000.— n'est repérable par personne; son existence et son montant sont inconnus.

b) On constate à la lecture du bilan l'existence d'une réserve latente; le montant seul est inconnu: une société fait figurer à son actif Immeubles 1.—. Il s'agit d'une réserve *cachée;* l'entreprise ne dissimule pas la réserve puisque tout lecteur saura que ces immeubles ont une valeur supérieure à 1.—; impossible toutefois d'en connaître le montant.

Les réserves latentes volontaires sont le résultat d'une décision délibérée de modification de valeur ou d'un état de fait *sans qu'il y ait volonté de secret*.

---
[1] Folliet Ed., op. cit., pp. 336 ss.

2. Réserves latentes involontaires

Il y aura en revanche constitution de réserves latentes *involontaires*[1] si des circonstances économiques particulières, indépendantes de l'activité, font prendre à certaines immobilisations – ou à l'entreprise elle-même – une valeur que celles-ci n'auraient jamais acquise en temps normal. C'est le phénomène de la plus-value non comptabilisée. Ces réserves se forment d'elles-mêmes, automatiquement ; elles proviennent d'un accroissement de valeur dû à une revalorisation sur le marché ou à une dépréciation de l'étalon monétaire exprimant les éléments du patrimoine.

II. LA CONSTITUTION DES RÉSERVES LATENTES VOLONTAIRES

1. Sous-évaluation d'actifs immobilisés corporels
(biens-fonds, bâtiments, installations, matériel, outillage, mobilier).

1.1. Comptabilisation d'amortissements exagérés
L'amortissement opéré est supérieur à la moins-value effectivement subie et constitue un prélèvement sur le bénéfice net.

Exemple:
Soit un bien de 10 000.– d'une durée de vie de cinq ans, amortissement constant.

	n	n + 1	n + 2	n + 3	n + 4
Amortissements nécessaires	2 000.–	2 000.–	2 000.–	2 000.–	2 000.-
Amortissements comptabilisés	2 500.–	2 500.–	2 500.–	2 500.–	–
Modification du bénéfice	– 500.–	– 500.–	– 500.–	– 500.–	+ 2 000.–

Il y a création d'une réserve latente pendant les quatre premières années. Quelle que soit la méthode d'amortissement utilisée, la réserve latente est constituée dès que l'amortissement dépasse une limite jugée «normale», d'ailleurs difficile à définir. Cet amortissement exagéré entraîne au bilan la sous-évaluation des immobilisations sur lesquelles il porte.

1.2. Réparations importantes et aliénation partielle des immobilisations
Une réserve latente peut être constituée si les dépenses occasionnées par les réparations, les transformations ou les améliorations importantes ne sont pas

---

[1] Appelées aussi réserves latentes automatiques.

débitées à un compte actif, mais portées au compte d'exploitation ou dans un compte de frais généraux. En effet, ces dépenses auraient pu avoir une influence sur la valeur du bien et la durée de son utilisation.

Exemple:

Une installation de 100 000.— est utilisable pendant dix ans. On l'amortit à raison de 10 000.— par an; six ans après son acquisition, on procède à une réparation importante coûtant 50 000.—. Cette réparation permettra de prolonger la durée d'utilisation de trois ans de plus que prévu, soit treize ans. Il faudrait, si l'on continuait à appliquer un amortissement de 10 000.—, inscrire au débit du compte d'actif un montant de 30 000.— et passer la différence de 20 000.— dans les charges d'exploitation (à noter que le taux d'amortissement, dès la septième année, passe de 10% à 14,2%).

En comptabilisant la totalité du coût de réparation dans les frais généraux, une réserve latente de 30 000.— est constituée.

Ecriture correcte n'entraînant pas la constitution d'une réserve latente:

Les suivants: à Créanciers (ou liquidités) . . . . 50 000.—
Installation . . . . 30 000.—
Frais d'entretien . . . . 20 000.—

Ecriture entraînant la constitution d'une réserve latente:

Frais d'entretien à Créanciers (ou liquidités) . . . . 50 000.—

2. Sous-évaluation d'immobilisations incorporelles ou immatérielles
(goodwill[1], brevets, licences, marques de fabrique)

Ces biens sont généralement amortis rapidement et figurent ensuite au bilan pour mémoire (1.—) car leur valeur est aléatoire et incertaine.

Mais ces immobilisations incorporelles peuvent être négociées à des prix supérieurs à leur prix de revient, à l'occasion de la remise de l'entreprise ou de sa fusion.

Le cas contraire – à savoir que ces valeurs se révèlent irréalisables – se présente aussi. C'est pourquoi, par mesure de prudence, on tiendra compte de toutes les moins-values dont elles peuvent être affectées. Il ne sera possible de déterminer le montant des réserves latentes constituées sur ces éléments qu'au moment de leur réalisation.

---

[1] Dans la mesure où il a été acquis.

3. Sous-évaluation des stocks

Il faut distinguer quatre catégories de stocks au bilan:

a) *Le stock d'éléments achetés:* marchandises destinées à la vente, matières premières, matières auxiliaires destinées à la fabrication et à la commercialisation.

b) *Le stock de produits fabriqués* dont la valeur est déterminée par l'addition de plusieurs éléments:
   - le coût d'acquisition des matières premières et matières auxiliaires consommées
   - les charges de fabrication dont le montant incorporé au prix de revient des produits peut varier selon la méthode de calcul adoptée.

c) *Le stock de produits semi-fabriqués*

d) *Le stock de produits en cours de fabrication*

3.1. Les éléments achetés

Ce poste est l'un de ceux qui se prêtent le mieux à la constitution de réserves latentes. Le procédé consiste à sous-évaluer le stock en fin d'exercice au-delà d'une provision pour risque effectif de dépréciation, en prenant comme base de calcul le prix le plus bas obtenu par comparaison entre le prix d'achat (ou de revient d'achat) et le cours du jour ou le prix courant du marché.

La sous-évaluation du stock en fin d'exercice n'entraîne aucune écriture particulière. Il suffit d'inscrire dans les comptes la valeur réduite du stock final: le lecteur du bilan ou du compte d'exploitation ne dispose d'aucun moyen d'investigation pour juger de l'évaluation de ces éléments.

3.1.1. Marchandises achetées, destinées à la vente

a) Réserve latente créée par des circonstances économiques: une entreprise fabrique et vend un produit X. A la fin de l'exercice, elle évalue son stock final (peu importe la méthode de l'évaluation des sorties pour cet exemple) à 100 000.—. Au même moment, à la suite d'un caprice de la mode, la demande de ce produit est en hausse, si bien que cette entreprise projette de doubler son prix de vente. La valeur intrinsèque du stock a sans doute augmenté et le fait passer de l'écriture:

Bilan   à   Stock et Achats: 100 000.—

constitue une réserve latente difficilement quantifiable.

b) Réserve latente constituée par décotation positive appliquée à la valeur totale du stock. La valeur totale du stock est diminuée dans une proportion déterminéee ; la valeur réduite du stock est portée à l'actif, ce qui gonfle artificiellement le mouvement. Admettons que le stock final soit inventorié à 130 000.—

En passant l'écriture :

Bilan à Stock et Achats : 100 000.—

on constitue une réserve latente de 30 000.—.

c) L'évaluation de sorties au PRA selon la méthode LIFO ou NIFO [1] en période d'inflation.

Elle consiste à évaluer les sorties des unités les plus anciennes (dont la valeur est généralement inférieure aux unités les plus récentes) à la valeur d'achat la plus récente. Conséquence sur le bénéfice net : on impute à M le prix de revient le plus élevé ; M est artificiellement gonflé ; le bénéfice net en est réduit d'autant.

3.1.2. Matières premières et auxiliaires

En appliquant par analogie cette méthode aux mouvements de matières premières et auxiliaires, on gonfle le prix de revient de fabrication des produits vendus, réduisant ainsi le bénéfice.

Les stocks finaux de produits achetés, de matières premières et auxiliaires seront portés au bilan à leur valeur la plus basse.

3.2. Les autres éléments du stock

Le même raisonnement s'applique aux autres éléments du stock aux différents stades de la fabrication : produits semi-fabriqués et en cours de fabrication.

4. Sous-évaluation d'autres éléments de l'actif circulant

La technique consiste à ne pas comptabiliser de plus-values constatées sur certains éléments de l'actif circulant.

Exemples :

1. Les variations de cours en bourse peuvent contribuer à la constitution d'une réserve latente sur le portefeuille-titres :
   Valeur des titres au bilan final . . . . 60 000.—
   alors qu'ils valent réellement . . . . 75 000.—

   plus-value non comptabilisée
   constituant une réserve latente . . . . 15 000.—

---

[1] NIFO = Next in, first out. Le prix de revient des entrées futures est appliqué à la valeur de sortie. Il faut souligner que la méthode NIFO — applicable en comptabilité analytique d'exploitation et non en comptabilité générale — transgresse le principe du coût historique.

2. Les variations des cours des changes font hausser la valeur du poste Débiteurs en monnaies étrangères :
100 000 $ de débiteurs inventoriés au cours de 1,45 .... 145 000.—
alors que le cours du $ à la date de clôture
était de 1,55, soit .... 155 000.—
réserve latente .... 10 000.—

Toutefois, ce genre de réserve latente doit être interprété avec prudence : les cours en bourse et les cours des changes sont susceptibles de fluctuer rapidement et faire ainsi disparaître tout ou partie des réserves latentes ainsi constituées. Aussi longtemps que les titres n'ont pas été vendus, que les débiteurs ne se sont pas encore acquittés et les dettes remboursées, il n'est pas possible de certifier de façon absolue que l'entreprise bénéficiera de ces variations de valeurs.

5. Surévaluation de certains éléments du passif et des comptes de régularisation

5.1. Comptabilisation d'une provision pour charges futures supérieure à la charge réelle

Des réparations prévisibles sont estimées pour le prochain
exercice à .... 30 000.—
Inscription de la provision pour charges futures au bilan .. 50 000.—
Réserve latente .... 20 000.—

5.2. Comptabilisation d'une provision pour risque dépassant le risque effectif de perte sur d'autres éléments de l'actif circulant

En examinant la qualité de certains débiteurs, des pertes probables pourraient survenir au cours du prochain exercice.
Estimation .... 20 000.—
Comptabilisation de la provision pour pertes sur débiteurs 30 000.—
Réserve latente .... 10 000.—

5.3. Non-dissolution d'une provision que les circonstances rendent inutile

	Bilan initial	Bilan final
Provision effective sur débiteurs	50 000.—	—.—
Provision portée au bilan	50 000.—	50 000.—
Réserve latente	—.—	50 000.—

5.4. Moins-value non comptabilisée sur des engagements à l'étranger

Des fournisseurs italiens pour Lit 100 000 000.– sont portés
au bilan au cours de 0,20 soit 200 000.–
alors que le cours de clôture à appliquer est de 0,16 .... 160 000.–
Réserve latente 40 000.–

6. Variation positive de la réserve latente

Il y aura aussi création de réserve latente par suite d'une *variation positive* entre la réserve latente du début d'exercice et celle constituée à la clôture. Cette variation n'apparaît pas au bilan.

Exemple:

Valeur réelle du stock au 1.1.N...................... 200 000.–
Valeur du stock au bilan 1.1.N 130 000.–

Réserve latente au 1.1.N............................ 70 000.–

Valeur réelle du stock au 31.12.N.................... 230 000.–
Valeur du stock au bilan 31.12.N 150 000.–

Réserve latente au 31.12.N.......................... 80 000.–

Variation positive de la réserve latente au 31.12.N:
80 000.– – 70 000.– = 10 000.–

III. CONSÉQUENCES DE LA CONSTITUTION DE RÉSERVES LATENTES VOLONTAIRES

La création de réserves latentes *volontaires* débouche:

1. Sur la *dissimulation de bénéfices* et, par voie de conséquence, sur la dissimulation de la partie de la fortune nette correspondant à cette dissimulation (dans la mesure où cette portion de bénéfice net n'aurait pas été distribuée). La différence positive de valeur n'apparaît pas au bilan.

2. Sur l'accroissement de l'autofinancement net, chaque fois qu'une écriture comptable aura pour conséquence d'amoindrir le bénéfice disponible et retiendra dans l'entreprise les liquidités correspondant à ces réserves latentes constituées (amortissements et provisions exagérés, *gonflement artificiel* du Mouvement). Le degré de liquidité se trouve temporairement amélioré.

3. Sur le plan financier, la constitution de réserves latentes par *omission* d'inscription d'une plus-value existant sur un élément de l'actif (titres par exemple) *n'améliore en aucun cas le degré de liquidités de l'entreprise*.

4. La constitution de réserves latentes volontaires *n'est possible que si la capacité bénéficiaire de l'exercice est suffisante pour la supporter.* En aucun cas la constitution de réserves latentes ne peut déboucher sur une perte.

IV. LA DISSOLUTION DES RÉSERVES LATENTES VOLONTAIRES

Si la constitution de réserves latentes volontaires entraîne la réduction ou la disparition du bénéfice, la dissolution des réserves latentes aura comme conséquences:

a) De faire apparaître du bénéfice qui:

- s'ajoutera au bénéfice existant, ou
- diminuera la perte, ou
- transformera la perte en bénéfice[1].

b) De transférer du bénéfice d'un exercice à l'autre si la dissolution volontaire de la réserve latente survient à la fin de l'exercice suivant celui de sa constitution.

Quelques exemples:

1. La dissolution fait apparaître un bénéfice

1.1. Dissolution arbitraire de la réserve latente par la réévaluation d'un actif immobilisé (réévaluation comptable)

(bénéfice comptable = pas de nouvelles liquidités)

a) Un bien est estimé à 2 000.— alors qu'il figure au bilan pour 1.—; écriture de dissolution:

Immobilisations à Exploitation . . . . 1 999.—

Par dissolution arbitraire le bénéfice est gonflé de 1 999.—.

b) L'amortissement est corrigé.
On avait décidé d'amortir une installation de 100 000.— en cinq ans au lieu de dix; à la fin de la quatrième année, la valeur comptable
de ce bien est de . . . . 20 000.—
au lieu de . . . . 60 000.—
Il existe une réserve latente de . . . . 40 000.—

écriture de dissolution:

Installations à Exploitation . . . . 40 000.—

---
[1] Voir aussi Bourquin G., op. cit., chap. XIII.

1.2. Réévaluation du stock (réévaluation comptable) – dissolution arbitraire de la réserve latente volontaire sur stock

(bénéfice comptable = pas de nouvelles liquidités)

Quand l'entreprise décide, arbitrairement, *de dissoudre une réserve latente volontaire sur les stocks, le changement de résultat* apparaît *sans écriture comptable particulière.*

Exercice N

Stock initial (sans réserve latente)	50 000.–
Achats de l'exercice	200 000.–
	250 000.–
Stock final : 55 000.– ; porté au bilan pour	50 000.–
(réserve latente de 5 000.–)	
PRAMV	200 000.–
CAN	500 000.–
BB	300 000.–
Admettons des frais généraux pour	300 000.–
Résultat nul	–.–

Exercice N + 1

Même exemple avec dissolution de la réserve latente :

Stock initial	50 000.–
Achats de l'exercice	200 000.–
	250 000.–
Stock final	55 000.–
identique en quantité au stock initial (évaluation LIFO)	
PRAMV	195 000.–
CAN	500 000.–
BB	305 000.–
Frais généraux ...	300 000.–
BN	5 000.–

Il est impossible, à la simple lecture du compte de résultat de savoir si ces 5 000.– de bénéfice sont *fictifs* ou non et s'ils proviennent de la dissolution arbitraire d'une réserve latente volontaire sur les stocks.

1.3. Sous-évaluation d'un élément du passif

(bénéfice comptable = pas de nouvelles liquidités)

Dissolution d'une provision pour *charges futures* devenue sans objet et sur laquelle existait une réserve latente.

La provision était supérieure à la *charge* réelle :

Le bilan mentionne une provision pour charges futures de	70 000.—
les charges effectives sont de	50 000.—
Réserve latente	20 000.—

Ultérieurement les charges ont été enregistrées :
(1) *Charges à Liquidités (ou Créanciers)* .... 50 000.—

Dissolution de la provision :
(2) *Provision aux suivants :* .... 70 000.—
  Charges .... 50 000.—
  Exploitation .... 20 000.—

Charges		Liquidités/Créanciers	
(1) 50 000.—	50 000.— (2)		50 000.— (1)

Provision		Exploitation	
(2) 70 000.—	70 000.—		20 000.— (2)

L'écriture fait apparaître un bénéfice de 20 000.— correspondant à la réserve latente dissoute.

2. La dissolution ne fait pas apparaître de bénéfice

2.1. L'actif sur lequel une réserve latente avait été constituée se déprécie rapidement ou subitement : il y a disparition progressive ou subite de la réserve latente

Antérieurement à la vulgarisation des machines à calculer de poche, un commerçant peu avisé avait constitué un stock de règles à calculer. Il le portait dans sa comptabilité pour les 2/3 de son prix d'achat. Dès l'instant où la calculatrice de poche inonda le marché, il n'était plus question de parler de réserve latente, ces règles devenues obsolètes ayant perdu toute valeur. Ce commerçant est obligé de constater par une écriture la perte de valeur de son stock :

Exploitation   à   Stocks
(ou provision ad hoc)
dépréciation extraordinaire

2.2. La charge réelle est subitement plus élevée que la charge escomptée: la réserve latente est alors absorbée et disparaît sans autre
Une provision de 70 000.— avait été constituée pour des charges futures estimées réellement à 60 000.— d'où une réserve latente de 10 000.—. Ultérieurement elles se sont montées à 75 000.— :

1.	Charges à Liquidités (ou Créanciers)	. . . . 75 000.—
2.	Provision à Charges	. . . . 70 000.—
3.	Exploitation à Charges (virement)	. . . . 5 000.—

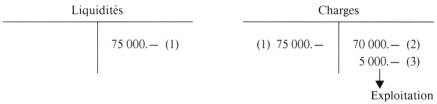

2.3. La perte pour laquelle la provision avait été constituée est égale ou supérieure à la provision

Risque de pertes sur débiteurs estimé à	30 000.—
Provision au bilan	40 000.—
Réserve latente	10 000.—

Les pertes réelles subies sur les débiteurs se sont élevées en cours d'exercice à 45 000.—. La réserve latente a disparu. Les 5 000.— ont passé à Exploitation.

2.4. La variation négative entre une réserve latente de début et de fin d'exercice constitue aussi un cas de dissolution.
Cette variation n'apparaît pas au bilan.

V. RÉALISATION D'UN ACTIF
(= apport de liquidités)

Si l'actif est vendu ou aliéné, la réserve latente disparaît. Deux cas peuvent se présenter:

1. Le prix de vente est égal ou inférieur à la valeur comptable: la réserve latente disparaît avec la perte subie.
2. Le prix de vente est supérieur à la valeur comptable. Il se dégage alors une plus-value. C'est du bénéfice distribuable.

Exemples:

a) Valeur comptable d'une immobilisation: 30 000.—.

1. Prix de vente: 20 000.—.
   Les suivants: à Immobilisation .... 30 000.—
   Liquidités .... 20 000.—
   Pertes et Profits .... 10 000.—

   Prix de vente: 30 000.—.
   Liquidités à Immobilisation .. 30 000.— 30 000.—
   ⟶ la réserve latente a disparu

2. Prix de vente: 45 000.—.
   Liquidités aux suivants .... 45 000.—
       Immobilisation .... 30 000.—
       Exploitation .... 15 000.—
   ⟶ le bénéfice net ne correspond pas à l'apport de liquidités.

b) Une machine figure pour 1.— au bilan.
   Elle est liquidée pour 15 000.—.
   Liquidités aux suivants .... 15 000.—
       Machine .... 1.—
       Exploitation .... 14 999.—
   ⟶ le bénéfice net correspond (./. 1.—) à l'apport de liquidités.

VI. Conséquences de la dissolution des réserves latentes sur l'interprétation du bilan et du compte de résultat

Mis à part l'apport de liquidités résultant de la réalisation d'un actif, il convient d'insister sur le caractère arbitraire des écritures aboutissant à une réévaluation comptable d'éléments de l'actif ou à la suppression volontaire totale ou partielle d'une surévaluation des provisions. Les bénéfices fictifs qui en découlent masquent la réalité: il n'y a aucune plus-value économique ou financière dégagée par l'activité de l'entreprise.

Qu'elles débouchent ou non sur une amélioration de la fortune nette, elles ne trouvent pas leur contrepartie dans un *apport d'argent frais*. Certains éléments du bilan peuvent alors apparaître sous une image plus favorable que la réalité, alors que l'activité de l'entreprise n'y est pour rien.

Autre danger: ces dissolutions peuvent pallier une insuffisance (ou une absence) de bénéfice et aboutir à un résultat distribué non sécrété par l'activité de l'entreprise dans le cadre de l'exercice; une telle distribution aurait des conséquences fâcheuses sur les liquidités.

VII. LES RÉSERVES LATENTES EN DROIT COMMERCIAL

Au plan juridique, il faut retenir les éléments suivants: en Suisse, la constitution de réserves latentes volontaires est autorisée mais de telle manière que cette constitution soit assortie de garanties et de limites.

1. Pour les entreprises autres que les sociétés régies par le droit des S.A.

L'article 960, alinéa 2 CO prescrit à propos du bilan:

« La valeur de tous les éléments de l'actif ne peut y figurer pour un chiffre dépassant celui qu'ils représentent pour l'entreprise à la date du bilan. »

Il fixe un plafond, une limite maximum d'évaluation. Un actif peut donc être évalué en dessous de ce plafond; cela peut aboutir à la création d'une réserve latente, puisque l'article 960 CO ne fixe pas de minima. Cette constitution n'est soumise à aucune condition, mais ces réserves ne peuvent provenir que:
- de sous-évaluation d'actifs immobilisés et mobilisés
- de surévaluation de provisions constituées sur des biens destinés à la vente
- de surévaluation de provisions pour risques de pertes sur d'autres éléments du capital circulant (valeurs mobilisées).

Il n'est pas fait mention, à l'alinéa 2 de l'article 960 CO de surévaluation de provisions pour charges futures. Elle n'est pas autorisée en principe. En conséquence – et en théorie – les entreprises en raison individuelle, les sociétés de personnes (CO 960), les sociétés coopératives (sauf celles de crédit soumises à la LFB) et d'assurances – soumises à la loi fédérale sur les assurances (CO 858) – toutes associations et fondations astreintes à l'inscription au R.C. ne peuvent constituer de réserves latentes par surévaluation de provisions pour charges futures.

2. Pour la S.A. et les sociétés régies par le droit des S.A.

Il faut se référer à l'article 669 al. 2, 3 et 4 CO:

«2. Le conseil d'administration peut à des fins de remplacement procéder à des amortissements, à des corrections de valeur et à la constitution de provisions pour risques et charges supplémentaires; il peut également renoncer à dissoudre des provisions pour risques et charges devenues superflues.

«3. Des réserves latentes supplémentaires sont admissibles dans la mesure où elles sont justifiées pour assurer d'une manière durable la prospérité de l'entreprise ou la répartition d'un dividende aussi constant que possible compte tenu des intérêts des actionnaires.

«4. La constitution et la dissolution de réserves de remplacement et de réserves latentes supplémentaires doivent être communiquées dans le détail à l'organe de révision.»

En d'autres termes, pour ce type de sociétés, il est possible de constituer des réserves latentes par surévaluation des provisions pour charges futures et pour risques, en plus de celles portant sur d'autres éléments du bilan, ainsi qu'en renonçant à leur dissolution si elles deviennent inutiles.

VIII. LES RÉSERVES LATENTES À L'ÉTRANGER

A l'étranger, les réserves latentes volontaires ne sont pas admises. Tel est le cas, par exemple, des Etats-Unis: les «Generally Accepted Accounting Principles» (GAAP) n'autorisent pas la constitution de réserves latentes volontaires.

On retrouve la même interdiction en Grande-Bretagne, dans les pays du Commonwealth et dans les autres pays de la CEE.

IX. LA CONSTITUTION DES RÉSERVES LATENTES INVOLONTAIRES

La formation de réserves latentes involontaires sur les immobilisations peut provenir de deux causes différentes sans lien apparent.

1. Plus-value d'ordre économique

La plus-value d'ordre économique peut avoir pour origine les fluctuations d'un marché donné; ce marché se transforme *d'une manière durable*. Il en résulte une valeur nominale ou effective plus élevée qu'à l'origine.

On pourrait citer, à titre d'exemples, le phénomène de la rente du sol ou la formation du goodwill.

2. Plus-value d'ordre monétaire

La plus-value d'ordre monétaire résulte de l'inflation. En conséquence, la valeur d'origine des biens inscrits au bilan exprimée en unités monétaires historiques est inférieure à celle exprimée en unités monétaires du jour.

Dans les deux cas, le facteur de durabilité mesurable joue un rôle essentiel.

X. LA DISSOLUTION DES RÉSERVES LATENTES INVOLONTAIRES (article 670 CO)

1. Immobilisations corporelles et financières

1.1. La réévaluation des immobilisations corporelles, telles que biens-fonds et immeubles est admise si la plus-value est importante et durable, dans le but d'équilibrer un bilan déficitaire. On peut imaginer par exemple qu'un terrain, propriété de l'entreprise puisse prendre de la valeur par suite:

— de l'extension d'une zone urbaine
— du développement des voies de communication à proximité (aménagement du territoire)
— d'un resserrement du marché immobilier.

L'estimation de biens immobiliers se chiffre à la valeur vénale : elle sera prudente et pourra faire l'objet d'une expertise. On ne peut parler ici de valeur intrinsèque : celle-ci est impossible à connaître puisqu'il n'y a pas de transaction.

1.2. Quant aux participations, l'estimation portera sur la *valeur intrinsèque.*

Comment comptabiliser cette plus-value ?

En droit suisse, il faut distinguer :

a) *Pour les entreprises autres que les sociétés régies par le droit des S.A.* La contrepartie est portée dans un compte de fonds propres autre que le capital, comme, par exemple, le compte d'ajustement des fonds propres ; elle ne peut en aucun cas influencer le résultat :

Terrain à Pertes et Profits
Pertes et Profits à Compte d'ajustement des fonds propres

b) *Pour la S.A. et entreprises régies par le droit des S.A.*

Reprenons l'article 670 CO:

«*1. Si la moitié du capital-actions et des réserves légales n'est plus couverte par suite d'une perte résultant du bilan, les immeubles ou les participations dont la valeur réelle dépasse le prix d'acquisition ou le coût de revient peuvent être réévalués au plus jusqu'à concurrence de cette valeur afin d'équilibrer le bilan déficitaire. Le montant de la réévaluation doit figurer séparément au bilan comme réserve de réévaluation.*

«2. La réévaluation ne peut intervenir que si l'organe de révision atteste par écrit à l'intention de l'assemblée générale que les conditions légales sont remplies.»[1]

2. Biens incorporels comprenant :
- le fonds de commerce (goodwill)
- les brevets, licences de fabrication, marques de fabriques, modèles, etc.

Il faut distinguer les biens acquis à titre onéreux de ceux créés par l'entreprise.

2.1. Biens incorporels acquis par l'entreprise

Ces biens incorporels ont pu être acquis à titre onéreux. Dans ce cas, ils seront amortis rapidement, selon l'usage commercial (cf. 665 CO).

En effet, trop de risques entourent ces valeurs. Les éventuelles réserves latentes qui pourraient se constituer sur ces biens revêtiraient plutôt un caractère éphémère ou ponctuel ne correspondant pas au critère de durabilité mentionné plus haut et justifiant une écriture de réévaluation. L'estimation de réserves latentes involontaires sur ces biens serait d'ailleurs difficile à établir objectivement de telle sorte que leur dissolution présenterait un danger pour l'entreprise et pour les tiers[2].

Le cas d'une constitution de réserve latente sur ces biens incorporels acquis à titre onéreux est cependant envisageable. Sa dissolution apparaîtra :

a) *Sur le goodwill*, en cas de vente de l'entreprise. Le goodwill est cédé avant amortissement complet pour un montant supérieur à sa valeur résiduelle. Le cédant en retire le bénéfice; le cessionnaire inscrira dans sa comptabilité le montant versé pour le goodwill et l'amortira en conséquence.

En cas de déclin des affaires, le goodwill aura disparu et la réserve latente aussi, s'il y en existait une.

b) *Sur les autres immobilisations incorporelles*
- La réserve latente est automatiquement dissoute et débouche sur un bénéfice avec apport de liquidités en cas de vente en cours d'exploitation d'un brevet ou d'une marque, si la transaction s'effectue à un prix supérieur à la valeur au bilan.

---

[1] Voir à ce sujet le chapitre relatif à l'annexe au bilan.

– La réserve latente est volontairement dissoute et devient réserve ouverte (sans apport de liquidités) si l'entreprise passe une écriture d'ajustement sur ces postes. Mais les circonstances économiques et les faits objectifs doivent permettre de prouver avec force l'existence d'une plus-value dont l'estimation n'est pas arbitraire. Ce n'est d'ailleurs que théorique puisque la loi l'interdit (cf. art. 665, al. 2 CO).

2.2. Biens incorporels créés par l'entreprise

Il faut distinguer:

a) *Le goodwill*

Même si l'entreprise estime que son activité a créé un fonds de commerce, elle n'est pas autorisée à l'introduire dans sa comptabilité. D'ailleurs, la détermination de la plus-value provenant de la création de ce goodwill reste problématique. Elle dépend du cours des affaires et son prix de réalisation ne peut exister qu'à l'occasion d'une opération de remise.

b) *Brevets, licences, marques, etc.*

Ces biens, s'ils sont créés par l'entreprise, peuvent figurer au bilan et faire l'objet d'amortissements commandés par les circonstances. Une réserve latente involontaire peut-elle exister sur ces valeurs? C'est possible, dans des circonstances très particulières. De toute façon, la dissolution de ces réserves latentes, comme dans le cas précédent, n'apparaîtra qu'à la cession à titre onéreux, sous forme de bénéfice.

SECTION 4. LES OPÉRATIONS FINALES DE CLÔTURE

CHAPITRE I

LE REGROUPEMENT DES CHARGES ET DES PRODUITS
SUR LE COMPTE DE RÉSULTAT

A. Introduction : schémas généraux

On sait que le résultat final est déterminé par différence entre les charges et les produits.

1. Si l'entreprise ne s'adonne qu'à une seule activité, les comptes de gestion passent à *Exploitation* ou *Pertes et Profits :* le compte dégage le résultat net final de l'exercice.

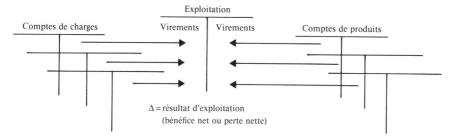

Ce compte regroupe :

les charges d'exploitation ⎰ courantes
⎱ calculées
⎱ supplétives
⎱ exceptionnelles

les produits d'exploitation ⎰ courants
⎱ exceptionnels

2. Si l'entreprise s'adonne, à côté de son exploitation courante à des activités hors exploitation, les résultats seront distingués. Les charges et les produits

hors exploitation sont regroupés sur un compte de résultat différent du premier, pour des raisons analytiques évidentes: on ne peut mélanger les différentes sources de résultats. Les structures comptables seront modifiées:

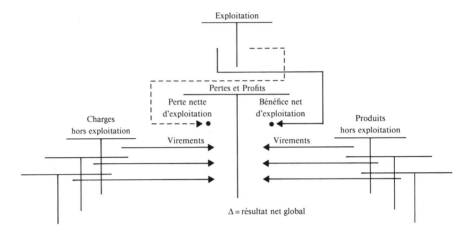

Le compte de Pertes et Profits regroupe:
- le résultat net d'exploitation
- les charges courantes hors exploitation
- les charges exceptionnelles hors exploitation
- les produits courants hors exploitation
- les produits exceptionnels hors exploitation.

Pertes et Profits dégage le résultat net global, final, de l'exercice.

B. Clôture des comptes de gestion: écritures générales et particulières

1. Ecritures générales

D'une manière générale, les comptes de gestion sont regroupés sur le compte de résultat par l'écriture virant le solde pour balance.

1.1. Pour les charges:

    Exploitation (ou PP)   à   *Compte de charges*

1.2. Pour les produits:

    Compte de produits   à   *Exploitation (ou PP)*

Il en sera ainsi des comptes *Salaires, Charges sociales, Loyer, Frais d'administration, Frais de vente, Téléphone, Electricité, Publicité, Frais de voyages, de représentation, Ventes, Honoraires, Charges d'immeubles, Produits d'immeuble, etc.*

2. Ecritures particulières

Certains comptes présentent à la clôture des particularités qu'il convient d'étudier.

2.1. Enregistrement de la perte d'escompte dégagée par l'inventaire des créances de change.

Si les opérations sur effets en portefeuille sont enregistrées à la valeur nominale, l'inventaire des effets à la valeur effective dégagera la différence d'escompte qui passera :
- en charge au débit du compte *« Intérêts débiteurs »* ou *« Intérêts et frais sur effets en portefeuille »*;
- en régularisation d'actif au crédit du compte *« Réescompte sur effets en portefeuille »*.

Ecriture :

Intérêts débiteurs   à   Réescompte sur effets en portefeuille

« Intérêts débiteurs » est viré au compte de résultat :

Exploitation (ou PP)   à   Intérêts débiteurs

« Réescompte sur effets en portefeuille » passe au bilan final, au passif, afin de régulariser (corriger) la valeur nominale portée à l'actif :

Réescompte sur effets en portefeuille   à   Bilan

2.2 Le traitement des comptes relatifs aux opérations sur marchandises. L'information comptable.[1]

L'organisation des comptes enregistrant les opérations sur marchandises peut se présenter sous différentes formes qui, liées aux méthodes de l'inventaire permanent ou intermittent, fournissent à la clôture des renseignements différents.

Partons des données globales suivantes :
1. Stock initial 2 000.–
2. Achats de l'exercice (à crédit) 35 000.–

---

[1] Les opérations suivantes partent de l'hypothèse d'un chiffre d'affaires hors taxe. Si la TVA n'a pas été extournée, il est indispensable d'en passer l'écriture.

3. Ventes de l'exercice (à crédit) au PV 40 000.—; au PRA 17 000.—
4. Déductions commerciales accordées 200.—
5. Déductions commerciales obtenues 300.—
6. Frais de vente payés 6 000.—
7. Stock final 19 900.— (passe au bilan).

2.2.1. Inventaire permanent avec variation de stock

Stock		Achats		Ventes	
1) 2 000.—	7) 19 900.—	2) 35 000.—	3) 17 000.—	4) 200.—	3) 40 000.—
8) 17 900.—		9) 200.—	5) 300.—	11) 39 800.—	
			8) 17 900.—		
19 900.—	19 900.—	35 200.—	35 200.—	40 000.—	40 000.—

Liquidités		PRAMV		Frais de vente (V)	
•••	6) 6 000.—	3) 17 000.—	9) 200.—	6) 6 000.—	12) 6 000.—
			10) 16 800.—		
		17 000.—	17 000.—		

Clients		Fournisseurs		Exploitation	
3) 40 000.—	4) 200.—	5) 300.—	2) 35 000.—	10) 16 800.—	11) 39 800.—
				12) 6 000.—	

8. Variation de stock virée à Achats : 17 900.—
9. Ecriture d'ajustement 200.—
10. Virement du PRAMV (ou Mouvement) : 16 800.—
11. Virement du chiffre d'affaires net (CAN)
12. Virement des frais de vente (v)

Les informations analytiques fournies par le compte d'exploitation sont les suivantes :

a) CAN = 39 800.—
   M = 16 800.—
   v = 6 000.—

b) Par calculs extra-comptables

   1) *Le bénéfice brut (BB) ou « marge brute »*

   C'est la différence entre le chiffre d'affaires net et le mouvement :

   CAN − M = 39 800.— − 16 800.— = 23 000.—

   en % du CAN : $\dfrac{23\,000.- \times 100}{39\,800.-} = 57{,}78\%$

2) *Le prix de revient commercial ou « coût variable »*
C'est le total des charges dites proportionnelles au chiffre d'affaires (ou au volume des ventes) :

M + v = 16 800.— + 6 000.— = <u>22 800.—</u>

3) *Le bénéfice commercial (BC) ou « marge sur coût variable »*
ou BB − v = 23 000.— − 6 000.— = <u>17 000.—</u>

CAN − (M + v) = 39 800.— − 22 800.— = <u>17 000.—</u>

en % du CAN : $\dfrac{17\,000.- \times 100}{39\,800.-} = 42{,}71\%$

2.2.2. Inventaire permanent sans variation de stock[1]

Stock et Achats		PRAMV		Ventes	
2 000.—	17 000.—	17 000.—		200.—	40 000.—
35 000.—	300.—		200.—	39 800.—	
200.—	19 900.—		16 800.—		
37 200.—	37 200.—	17 000.—	17 000.—	40 000.—	40 000.—

Frais de ventes		Exploitation	
6 000.—		16 800.—	39 800.—
	6 000.—	6 000.—	

2.2.3. Inventaire intermittent avec variation du stock

Stock		Achats		Ventes	
2 000.—	19 900.—	35 000.—	300.—	200.—	40 000.—
17 900.—			17 900.—	39 800.—	
			16 800.— ▶ PRAMV		
19 900.—	19 900.—	35 000.—	35 000.—	40 000.—	40 000.—

Frais de vente		Exploitation	
6 000.—		16 800.—	39 800.—
	6 000.—	6 000.—	

Les informations fournies par le compte d'exploitation sont identiques au cas précédent.

---

[1] Les variantes ne reprennent que les comptes essentiels.

2.2.4. Inventaire intermittent sans variation de stock

Stock et Achats		Ventes		Frais de vente	
2 000.—	300.—	200.—	40 000.—	6 000.—	
35 000.—	19 900.—	39 800.—			6 000.—
	16 800.—				
37 000.—	37 000.—	40 000.—	40 000.—	6 000.—	6 000.—

Exploitation	
16 800.—	39 800.—
6 000.—	

Les informations fournies par le compte d'exploitation sont identiques au cas précédent.

2.2.5. Inventaire intermittent : la variation de stock et le total net des achats passent au compte d'exploitation

Stock		Achats		Ventes	
2 000.—	19 900.—	35 000.—	300.—	200.—	40 000.—
17 900.—			34 700.—	39 800.—	
19 900.—	19 900.—	35 000.—	35 000.—	40 000.—	40 000.—

Frais de vente		Exploitation	
6 000.—		34 700.—	39 800.—
	6 000.—	6 000.—	17 900.—

Le compte d'exploitation ne dégage plus le PRAMV ; pour le connaître, il faut le calculer : 34 700.— − 17 900.— = __16 800.—__.

2.2.6. La comptabilité est organisée pour dégager le bénéfice brut :
(avec ou sans variation de stock)

a) Inventaire permanent (avec variation de stock)

Stock		Achats		PRAMV	
2 000.—	19 900.—	35 000.—	17 000.—	17 000.—	
17 900.—		200.—	300.—		200.—
			17 900.—		16 800.—
19 900.—	19 900.—	35 200.—	35 200.—	17 000.—	17 000.—

Ventes		Frais de ventes		Résultat marchandises	
200.—	40 000.—	6 000.—		16 800.—	39 800.—
39 800.—			6 000.—	BB 23 000.—	
40 000.—	40 000.—	6 000.—	6 000.—	39 800.—	39 800.—

Exploitation	
6 000.—	23 000.—

b) Inventaire intermittent

ba) La variation de stock est virée à Achats

Stock		Achats		Ventes	
2 000.—	19 900.—	35 000.—	300.—	200.—	40 000.—
17 900.—			17 900.—	39 800.—	
			16 800.— PRAMV		
19 900.—	19 900.—	35 000.—	35 000.—	40 000.—	40 000.—

Frais de ventes		Résultat marchandises		Exploitation	
6 000.—	6 000.—	16 800.—	39 800.—	6 000.—	23 000.—
		BB 23 000.—			
6 000.—	6 000.—	39 800.—	39 800.—		

bb) Achats et Stock sont virés à « Résultat marchandises »

Stock		Achats		Ventes	
2 000.—	19 900.—	35 000.—	300.—	200.—	40 000.—
17 900.—	↓		34 700.—	39 800.—	
	Bilan				
19 900.—	19 900.—	35 000.—	35 000.—	40 000.—	40 000.—

Résultat marchandises		Frais de vente		Exploitation	
34 700.—	17 900.—	6 000.—			23 000.—
	39 800.—		6 000.—	6 000.—	
23 000.—					
57 700.—	57 700.—	6 000.—	6 000.—		

2.2.7. Traitement du compte de stock

Pour rendre l'information encore plus complète, on vire le stock initial et le stock final au compte « Résultat marchandises » (ou « Exploitation » dans la variante 2.2.5.).

Stock		Achats		Ventes	
2 000.—	1) 2 000.—	35 000.—	300.—	200.—	40 000.—
5) 19 900.—	4) 19 900.—		2) 34 700.—	3) 39 800.—	
21 900.—	21 900.—	35 000.—	35 000.—	40 000.—	40 000.—
	Bilan				

Résultat marchandises		Frais de ventes		Exploitation	
1) 2 000.— 2) 34 700.— BB 23 000.—	3) 39 800.— 5) 19 900.—	6 000.—	6 000.—	6 000.—	23 000.—
59 700.—	59 700.—	6 000.—	6 000.—		

1. Virement du stock initial 2 000.—
2. Virement des achats 34 700.—
3. Virement du CAN 39 800.—
4. Inventaire final 19 900.—
5. Virement du stock final 19 900.—
6. Virement du bénéfice brut

2.3. Les résultats d'opérations sur les titres cotés en bourse

On sait (voir section 3, chapitre III) que les opérations sur titres cotés en bourse sont gérées par divers comptes. A la clôture, « Produit des titres » et « Frais de gestion du portefeuille titres » sont virés à Pertes et Profits. Quant au compte « Différence de cours sur titres » :

— *les pertes réalisées ou potentielles dégagées* peuvent passer à Pertes et Profits ou être amorties par une provision ad hoc constituée antérieurement ;
— *les bénéfices réalisés* peuvent passer à Pertes et Profits ;
— *les bénéfices potentiels* ne sont pas comptabilisés ou passent au compte de Pertes et Profits (pour en préserver l'état complet) mais sont alors extournés en provision.

C'est l'application du principe d'imparité.

Exemple I

1. Inventaire final des titres 49 000.— (passe au bilan)
2. Perte potentielle 1 000.—
3. Virement produit des titres 3 000.—
4. Virement frais de gestion du portefeuille titres 200.—
5. Virement différence de cours : deux traitements possibles :
   a) La perte potentielle de 1 000.— est partiellement absorbée par le bénéfice réel de 600.— ; on vire 400.— à PP ou à la provision :

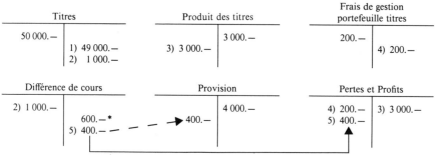

Titres		Produit des titres		Frais de gestion portefeuille titres	
50 000.—	1) 49 000.—	3) 3 000.—	3 000.—	200.—	4) 200.—
	2) 1 000.—				

Différence de cours		Provision		Pertes et Profits	
2) 1 000.—	600.—*		4 000.—	4) 200.—	3) 3 000.—
	5) 400.— → 400.—			5) 400.—	

* Bénéfice réalisé pendant l'exercice.

b) Le bénéfice réel de 600.— passe à PP et la perte potentielle à la provision :

Différence de cours		Provision		Pertes et Profits
600.—	600.—		4 000.—	600.—
	600.—	1 000.—		

Exemple II

1. Inventaire final des titres 51 000.— (passe au bilan)
2. Bénéfice potentiel 1 000.—
3. Virement produit des titres 3 000.—
4. Virement frais de gestion du portefeuille titres 200.—
5. Virement différence de cours : deux traitements possibles :

   a) La perte réelle de 350.— est absorbée par le bénéfice potentiel de 1 000.— ; on vire 650.— à PP puis on constitue une provision de même montant :

   Différence de cours   à   Pertes et Profits   . . . .   650.— (5)
   Pertes et Profits   à   Provision   . . . .   650.— (6)

Titres		Produit des titres		Frais de gestion portefeuille titres	
50 000.—	1) 51 000.—	3) 3 000.—	3 000.—	200.—	4) 200.—
2) 1 000.—					

Différence de cours		Provision		Pertes et Profits	
*350.—	2) 1 000.—		6) 650.—	4) 200.—	3) 3 000.—
5) 650.—				5) 650.—	
				6) 650.—	

* Perte réalisée pendant l'exercice

b) La perte réelle passe à PP (ou en diminution de la provision constituée antérieurement), le bénéfice potentiel passe à PP puis est extourné pour constituer (ou consolider) la provision :

Différence de cours		Provision		Pertes et Profits	
	1 000.—		1 000.—	350.—	
350.—					1 000.—
	350.—			1 000.—	
1 000.—					

CHAPITRE II

LA BALANCE FINALE DE VÉRIFICATION APRÈS INVENTAIRE

La balance finale de vérification est le document établi une fois passées les écritures de regroupement des charges et des produits sur le compte de résultat. A ce stade :

1) Tous les comptes de gestion sont balancés.

2) Les comptes actifs et passifs correctifs et de régularisation dégagent un solde qui sera porté au bilan.

3) La différence entre le total des soldes des actifs et le total des soldes des passifs doit être égale à la différence entre le débit et le crédit du compte de résultat : c'est le résultat net, bénéfice ou perte.

Exemple

portant sur un exercice complet, avec charges sociales, provisions, permanence de l'inventaire, titres, immeuble, écritures correctives.

Actif	Bilan initial		Passif
Caisse	22 400.—	Créanciers	150 800.—
Poste	20 100.—	AVS	1 500.—
Banque	71 400.—	Effets à payer	87 300.—
Débiteurs	151 200.—	Hypothèque 4 %	180 000.—
Débiteurs douteux	30 000.—	Capital	518 400.—
Effets en portefeuille	77 200.—	Provision sur débiteurs douteux	20 000.—
Impôt anticipé	1 400.—		
Titres	75 000.—	Fonds d'amortissement de l'immeuble	28 200.—
Marchandises-stock	209 800.—		
Mobilier	24 400.—	Passifs correctifs	5 000.—
Immeuble	300 000.—		
Actifs correctifs	8 300.—		
	991 200.—		991 200.—

Remarques :
  a) Le portefeuille de titres comprend :
     35 000.— actions Y,
     40 000.— obligations 6 %, Ville de Z, au pair, jouissance 30 avril.
  b) L'annuité hypothécaire de 10 000.— se règle le 30 septembre de chaque année.
  c) Les opérations sur marchandises sont traitées par le procédé de l'inventaire permanent.

a) Réouverture des comptes

b) Extournes des comptes correctifs :
  1. Extourne des actifs correctifs comprenant :
     Frais généraux payés d'avance, 4 800.—
     Loyers à recevoir de nos locataires, 1 900.—
     Coupons courus sur titres, 1 600.—
  2. Extourne des passifs correctifs comprenant :
     Intérêt hypothécaire couru, 1 800.—
     Loyers perçus d'avance, 3 200.—

c) Opérations groupées de l'exercice :
  3. Ventes de marchandises au comptant :
     au prix de vente, 91 000.—
     au prix de revient d'achat, 70 000.—.
  4. Achats de marchandises à crédit, 850 000.—.
  5. Ventes de marchandises à crédit :
     au prix de vente, 929 500.—
     au prix de revient d'achat, 715 000.—.
  6. Effets souscrits à l'ordre de nos créanciers, 73 400.—.
  7. Tiré pour 85 600.— d'effets sur nos débiteurs.
  8. Reçu des débiteurs :   315 600.— par chèques remis à la banque
                            280 300.— par virements postaux
                            312 600.— en espèces.
  9. Payé aux créanciers : 217 000.— par chèques bancaires
                            258 000.— par virements postaux
                            305 000.— en espèces.
  10. Rabais sur marchandises obtenus des fournisseurs, 14 000.—.
  11. Retours de marchandises des clients pour 19 500.— (au prix de revient d'achat 15 000.—).

12. Frais de douane et de transport sur marchandises importées payés en espèces, 32 000.—.
13. Remis à la banque des effets pour 105 000.—- Elle nous crédite de 99 000.— valeur en compte.
14. Frais généraux divers payés par la banque, 44 810.—.
15. Salaires payés par la caisse 80 000.— brut, moins retenue AVS 5% [1]. Comptabiliser la part de l'employeur 5% en ajoutant 250.— de participation aux frais d'administration.
16. Prélèvements privés à la caisse pour 32 000.— et à la poste pour 27 000.—.
17. Effets échus payés par la banque, 115 300.—.
18. Effets échus encaissés, 27 300.—.
19. Loyers de l'immeuble reçus au compte postal, 32 630.—.
20. Comptabiliser le loyer du commerce dans notre propre immeuble, 12 500.—.
21. Construit un garage attenant à l'immeuble 19 000.— payés par chèque sur la banque. Sur cette somme, 3 000.— sont considérés comme frais mis à la charge de cet exercice.
22. Charges diverses de l'immeuble payées par poste, 14 700.—.
23. Paiement de l'annuité hypothécaire par virement postal.
24. Vente de toutes les actions par l'intermédiaire de la banque, 42 000.—.
25. Encaissement des coupons d'obligations annuels. Tenir compte de l'impôt anticipé.
26. Payés par la caisse les impôts cantonaux et communaux de l'exploitant, 8 900.— sous déduction de l'impôt anticipé récupérable.
27. Règlement du solde du compte AVS par virement postal.

---

[1] Taux simplifié.

d) Etablissement de la balance provisoire de vérification:
Balance provisoire de vérification
après enregistrement des opérations 1 à 27
(voir comptes du Grand-livre pp. 227 et 228)

COMPTES	Sommes		Soldes	
	Débit	Crédit	Débit	Crédit
Caisse	454 860.—	452 500.—	2 360.—	
CCP	333 030.—	319 450.—	13 580.—	
Banque	528 000.—	396 110.—	131 890.—	
Débiteurs	1 080 700.—	1 013 600.—	67 100.—	
Débiteurs douteux	30 000.—		30 000.—	
Effets en portefeuille	162 800.—	132 300.—	30 500.—	
Titres	75 000.—	42 000.—	33 000.—	
Impôt anticipé	2 240.—	1 400.—	840.—	
Stock et Achats	1 106 800.—	799 000.—	307 800.—	
Mobilier	24 400.—		24 400.—	
Immeuble	316 000.—		316 000.—	
Actifs correctifs	8 300.—	8 300.—		
Capital		518 400.—		518 400.—
Créanciers	867 400.—	1 000 800.—		133 400.—
AVS	9 750.—	9 750.—		
Effets à payer	115 300.—	160 700.—		45 400.—
Provision sur débiteurs douteux		20 000.—		20 000.—
Hypothèque 4%	2 800.—	180 000.—		177 200.—
Fonds d'amortissement de l'immeuble		28 200.—		28 200.—
Passifs correctifs	5 000.—	5 000.—		
Compte privé	67 900.—		67 900.—	
Marchandises-Revient	785 000.—	15 000.—	770 000.—	
Marchandises-Ventes	19 500.—	1 020 500.—		1 001 000.—
Frais divers	62 110.—		62 110.—	
Salaires	80 000.—		80 000.—	
Charges sociales	4 250.—		4 250.—	
Charges d'immeuble	24 900.—	1 800.—	23 100.—	
Produits d'immeuble	1 900.—	48 330.—		46 430.—
Produit des titres	1 600.—	2 400.—		800.—
Intérêts	6 000.—		6 000.—	
	6 175 540.—	6 175 540.—	1 970 830.—	1 970 830.—

e) Opérations de clôture

Nous en donnons le Journal pour faciliter le pointage au Grand-livre.

1. Inventaire

28. Inventaire des marchandises 310 000.—
    Stock et Achats à Marchandises-Revient .... 2 200.—
29. Evaluation des obligations, Ville de Z à 101%
    Titres à Différence de cours sur titres .... 7 400.—
30. Amortissements: du mobilier 10%, procédé direct
    Exploitation à Mobilier .... 2 440.—
    de l'immeuble 1%[1], procédé indirect
    Charges d'immeuble à Fonds d'amortissement immeuble... 3 160.—
31. Transférer au compte de débiteurs douteux 6 000.— de créances dont le recouvrement est devenu incertain et rectifier la provision à 80% des débiteurs douteux
    Débiteurs douteux à Débiteurs .... 6 000.—
    Exploitation à Provision sur débiteurs douteux .... 8 800.—

2. Ecritures correctives

32. Intérêt hypothécaire couru 1 770.—
    Charges d'immeuble à Passifs correctifs .... 1 770.—
33. Loyers à recevoir 2 800.—
    Actifs correctifs à Produits d'immeuble .... 2 800.—
34. Coupons courus sur obligations 1 600.—
    Actifs correctifs à Produit des titres .... 1 600.—
35. Factures de frais divers restant à payer 9 000.—
    Frais généraux (groupés) à Passifs correctifs .... 9 000.—

3. Charges supplétives

36. Intérêts du capital propre 5% et traitement annuel de l'exploitant 30 000.—
    Intérêts[2] à Compte privé .... 25 920.—
    Exploitation[2] à Compte privé .... 30 000.—

---

[1] Nous simplifions. En pratique, bien que la valeur du terrain et du bâtiment ne forment qu'un tout, sur un seul compte, seul le bâtiment est amorti.

[2] ou comptes séparés; cf. pp. 123 et 124.

4. Regroupement des charges et produits sur les comptes de résultats

4.1. Virements au compte d'Exploitation :

Exploitation à Marchandises-Revient	*767 800.—*
Exploitation à Frais généraux	*71 110.—*
Exploitation à Salaires	*80 000.—*
Exploitation à Charges sociales	*4 250.—*
Marchandises-Ventes à Exploitation	*1 001 000.—*

4.2. Virements au compte de Pertes et Profits :

Exploitation à Pertes et Profits	*36 600.—*
(bénéfice net d'exploitation)	
Pertes et Profits à Intérêts *	*31 920.—*
Pertes et Profits à Charges d'immeuble	*28 030.—*
Produit des titres à Pertes et Profits	*2 400.—*
Différence de cours sur titres à Pertes et Profits	*7 400.—*
Pertes et Profits à Provision pour fluctuations de cours sur titres	*400.—*
(extourne du bénéfice potentiel sur l'évaluation des obligations à l'inventaire)	
Produits d'immeuble à Pertes et Profits	*49 230.—*

---

* **Remarque :** A la clôture, le compte « Intérêts » passe à « Pertes et Profits » et non pas à « Exploitation ». Cette manière de faire se justifie parce que ce compte, dans cet exemple, enregistre les intérêts relatifs à toutes les opérations de l'entreprise, sans distinction d'origine, et que le capital propre se répartit entre l'exploitation commerciale, l'immeuble et les titres. Les intérêts sur fonds propres peuvent être imputés à un compte distinct.

5. Etablissement de la balance finale de vérification après inventaire

Balance finale de vérification après inventaire

COMPTES	Sommes		Soldes	
	Débit	Crédit	Débit	Crédit
Caisse	454 860.–	452 500.–	2 360.–	
CCP	333 030.–	319 450.–	13 580.–	
Banque	528 000.–	396 110.–	131 890.–	
Débiteurs	1 080 700.–	1 019 600.–	61 100.–	
Débiteurs douteux	36 000.–		36 000.–	
Effets en portefeuille	162 800.–	132 300.–	30 500.–	
Titres	82 400.–	42 000.–	40 400.–	
Impôt anticipé	2 240.–	1 400.–	840.–	
Stock et Achats	1 109 000.–	799 000.–	310 000.–	
Mobilier	24 400.–	2 440.–	21 960.–	
Immeuble	316 000.–		316 000.–	
Actifs correctifs	12 700.–	8 300.–	4 400.–	
Capital		518 400.–		518 400.–
Créanciers	867 400.–	1 000 800.–		133 400.–
AVS	9 750.–	9 750.–		
Effets à payer	115 300.–	160 700.–		45 400.–
Provision sur débiteurs douteux		28 800.–		28 800.–
Hypothèque 4%	2 800.–	180 000.–		177 200.–
Fonds d'amortissement de l'immeuble		31 360.–		31 360.–
Passifs correctifs	5 000.–	15 770.–		10 770.–
Compte privé	67 900.–	55 920.–	11 980.–	
Marchandises-Revient	785 000.–	785 000.–		
Marchandises-Ventes	1 020 500.–	1 020 500.–		
Frais généraux	71 110.–	71 110.–		
Salaires	80 000.–	80 000.–		
Charges sociales	4 250.–	4 250.–		
Charges d'immeuble	29 830.–	29 830.–		
Produits d'immeuble	51 130.–	51 130.–		
Produit des titres	4 000.–	4 000.–		
Différence de cours sur titres	7 400.–	7 400.–		
Intérêts	31 920.–	31 920.–		
Provision fluctuations de cours		400.–		400.–
Exploitation	1 001 000.–	1 001 000.–		
Pertes et Profits	60 350.–	95 630.–		35 280.–
	8 356 770.–	8 356 770.–	981 010.–	981 010.–

CHAPITRE III

LA CLÔTURE DES COMPTES DU BILAN ET DU COMPTE DE RÉSULTAT

1. Notions

Afin de balancer les comptes actifs, passifs, correctifs et de régularisation, on passe les écritures suivantes au Journal général et au Grand-livre:

Bilan   à   Divers comptes actifs
Divers comptes passifs   à   Bilan

Pour balancer le compte de résultat on comptabilise:

Compte de résultat   à   Bilan

bénéfice net global

(Ecriture inverse en cas de perte.)

2. Ecritures (se rapportant à l'exemple):

a) Clôture des comptes actifs

Bilan final	à	*Divers actifs:* 981 010.–	
		Caisse	*2 360.–*
		CCP	*13 580.–*
		Banque	*131 890.–*
		Débiteurs	*61 100.–*
		Débiteurs douteux	*36 000.–*
		Effets en portefeuille	*30 500.–*
		Titres	*40 400.–*
		Impôt anticipé	*840.–*
		Stock et Achats	*310 000.–*
		Mobilier	*21 960.–*
		Immeuble	*316 000.–*
		Actifs correctifs	*4 400.–*
		Compte privé	*11 980.–*

b) Clôture des comptes passifs :

Divers passifs : à *Bilan final*		*945 730.–*
Capital	*518 400.–*	
Créanciers	*133 400.–*	
Effets à payer	*45 400.–*	
Provision sur débiteurs douteux	*28 800.–*	
Hypothèque 4%	*177 200.–*	
Fonds d'amortissement d'immeuble	*31 360.–*	
Passifs correctifs	*10 770.–*	
Provision pour fluctuations de cours	*400.–*	

c) Clôture du compte de résultat :

Pertes et Profits   à   *Bilan final* *35 280.–*   *35 280.–*

Grand-livre de toutes les opérations :

Caisse		CCP		Banque		Débiteurs	
22 400	9) 305 000	20 100	9) 258 000	71 400	9) 217 000	151 200	7) 85 600
3) 91 000	12) 32 000	8) 280 300	16) 27 000	8) 315 600	14) 44 810	5) 929 500	8) 908 500
8) 312 600	15) 76 000	19) 32 630	22) 14 700	18) 99 000	17) 115 300		11) 19 500
18) 27 300	16) 32 000		23) 10 000	24) 42 000	21) 19 000		31) 6 000
25) 1 560	26) 7 500		27) 9 750				
	S 2 360		S 13 580		S 131 890		S 61 100
454 860	454 860	333 030	333 030	528 000	528 000	1 080 700	1 080 700

Débiteurs douteux		Effets en portefeuille		Titres		Impôt anticipé	
30 000	30 000	77 200	13) 105 000	75 000	24) 42 000	1 400	26) 1 400
31) 6 000		7) 85 600	18) 27 300	29) 7 400		25) 840	
	S 36 000		S 30 500		S 40 400		S 840
36 000	36 000	162 800	162 800	82 400	82 400	2 240	2 240

Stock et Achats		Mobilier		Immeuble		Actifs correctifs	
209 800	3) 70 000	24 400	30) 2 440	300 000		8 300	1) 8 300
4) 850 000	5) 715 000				21) 16 000	33) 2 800	
11) 15 000	10) 14 000					34) 1 600	
12) 32 000							
28) 2 200	S 310 000		S 21 960		S 316 000		S 4 400
1 109 000	1 109 000	24 400	24 400	316 000	316 000	12 700	12 700

Capital		Créanciers		AVS	
	518 400	6) 73 400	150 800	27) 9 750	1 500
		9) 780 000			15) 4 000
		10) 14 000			
S 518 400		S 133 400	4) 850 000		15) 4 250
518 400	518 400	1 000 800	1 000 800	9 750	9 750

Effets à payer		Provision sur débiteurs douteux		Hypothèque 4 %		Fonds d'amort. de l'immeuble	
17) 115 300	87 300		20 000	23) 2 800	180 000		28 200
	6) 73 400	31) 8 800					30) 3 160
S 45 400		S 28 800		S 177 200		S 31 360	
160 700	160 700	28 800	28 800	180 000	180 000	31 360	31 360

Passifs correctifs		Compte privé		Marchandises-Revient		Marchandises-Ventes	
2) 5 000	5 000	16) 59 000	36) 30 000	3) 70 000	11) 15 000	11) 19 500	3) 91 000
	32) 1 770	26) 8 900	36) 25 920	5) 715 000	22) 2 200		5) 929 500
S 10 770	35) 9 000		S 11 980		S 767 800	S 1 001 000	
15 770	15 770	67 900	67 900	785 000	785 000	1 020 500	1 020 500

Frais généraux groupés		Salaires		Charges sociales		Charges d'immeuble	
1) 4 800		15) 80 000		15) 4 250		21) 3 000	2) 1 800
14) 44 810						22) 14 700	
20) 12 500						23) 7 200	
35) 9 000						30) 3 160	
	71 110 S		80 000 S		4 250 S	32) 1 770	S 28 030
71 110	71 110	80 000	80 000	4 250	4 250	29 830	29 830

Produits d'immeuble		Produit des titres		Exploitation		Pertes et Profits	
1) 1 900	2) 3 200	1) 1 600	25) 2 400	30) 2 440	1 001 000	31 920	36 600
	19) 32 630			31) 8 800		28 030	2 400
	20) 12 500		34) 1 600	36) 30 000		400	7 400
	33) 2 800			767 800		BN 35 280	49 230
				71 110			
				80 000			
				4 250			
S 49 230		S 2 400		BNE 36 600			
51 130	51 130	4 000	4 000	1 001 000	1 001 000	95 630	95 630

Différence de cours sur titres		Intérêts		Provision pour fluctuations de cours	
	29) 7 400	13) 6 000			400
S 7 400		36) 25 920	31 920 S	S 400	
7 400	7 400	31 920	31 920	400	400

Actif	Bilan final		Passif	
Caisse	2 360.–	Créanciers	133 400.–
CCP	13 580.–	Effets à payer	45 400.–
Banque	131 890.–	Hypothèque 4%	177 200.–
Débiteurs	61 100.–	Capital	518 400.–
Débiteurs douteux	36 000.–	Pertes et Profits	35 280.–
Effets en portefeuille	30 500.–	Provision sur débiteurs douteux	28 800.–
Titres	40 400.–		
Impôt anticipé	840.–	Provision fluctuations de cours sur titres	400.–
Stock et Achats	310 000.–		
Mobilier	21 960.–	Fonds d'amortissement immeuble	31 360.–
Immeuble	316 000.–		
Actifs correctifs	4 400.–	Passifs correctifs	10 770.–
Compte privé	11 980.–		
	981 010.–		981 010.–

3. Remarques

3.1. La clôture du « Compte privé »

L'exploitant indépendant décide librement de la manière dont le résultat sera traité. Cependant, afin de respecter la clarté des comptes annuels, il est souhaitable :
– De virer au bilan final le solde du compte privé.
  Dans la mesure où les charges supplétives ont été comptabilisées, le solde indique si ces charges couvrent ou non les prélèvements opérés durant l'exercice.
– De virer le résultat de l'exercice au bilan.
  Les opérations sont en concordance avec les faits : l'exploitant décide de l'affectation du résultat après la clôture des comptes.

3.2. La clôture du compte « Chauffage »
  a) Ce compte ne doit pas présenter de différence débouchant sur une charge ou un produit. En fin de saison les locataires reçoivent en retour le trop-perçu ou au contraire paient le supplément dû sur les charges non couvertes. Il est en effet impossible d'obtenir une parfaite coïncidence entre les charges réelles et les charges budgétées.
  b) Si la date de clôture des comptes ne coïncide pas avec celle de la saison de chauffage, on sortira du compte *« Chauffage »* la contre-valeur du

combustible en soute ; celle-ci sera portée à l'actif du bilan final. Le solde provisoire du compte *« Chauffage »* passe aussi au bilan final. S'il est actif, cela veut dire qu'à la date de clôture des comptes les contributions versées par les locataires n'ont pas couvert les charges effectives de chauffage ; s'il est passif, cela signifie que les contributions versées ont été, jusqu'à ce jour, supérieures aux charges effectives. A la réouverture des comptes, *« Combustible en soute »* et le solde *« Contributions versées (ou à percevoir) des locataires »* réintègrent le compte *« Chauffage »*.

Exemples

1. Les locataires sont provisoirement débiteurs

Stock de combustible début de saison	3 000.—
Achats	15 000.—
Contributions versées par les locataires	12 000.—
Combustible en soute à la clôture du 31.12	5 000.—

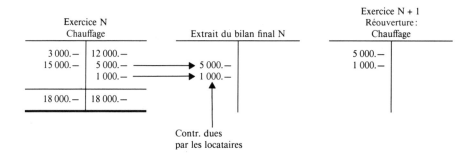

2. Les locataires sont provisoirement créanciers

Stock de combustible début de saison	3 000.—
Achats	15 000.—
Contributions versées par les locataires	13 500.—
Combustible en soute à la clôture du 31.12	5 000.—

SECTION 5. L'ÉTABLISSEMENT ET LA PRÉSENTATION DES COMPTES ANNUELS

CHAPITRE I

DÉFINITION ET ASPECTS JURIDIQUES

Les comptes annuels constituent un ensemble formé du bilan, du compte d'exploitation de l'exercice et de l'annexe (Cf. art. 662 ch. 2). On se référera aussi à l'article 958 CO, bien que celui-ci ne fasse pas mention de l'annexe. Les comptes annuels contiennent les chiffres de l'exercice précédent (article 662a, ch. 1).
Les règles formelles d'établissement des comptes annuels s'appliquent par conséquent à leur présentation (voir pp. 116 ss)[1].
Une distinction s'opère toutefois entre l'établissement et la présentation des comptes annuels:
- dans l'entreprise individuelle
- dans les sociétés de personnes physiques et de personnes morales.

Il va de soi que l'entreprise individuelle n'est pas astreinte à certaines particularités dans l'établissement et la présentation des comptes annuels, particularités propres aux personnes physiques et morales[2].

CHAPITRE II

LE BILAN

A. Notions et rappel

Le bilan présenté à chaque fin d'exercice est un bilan dynamique[3] basé sur l'hypothèse que l'entreprise continue son exploitation (going concern). Son but, par le biais de la procédure de clôture et de recherche du résultat, est de dégager la variation de la fortune nette d'un exercice à l'autre.
Il diffère du bilan *statique* qui procède d'une évaluation à la valeur de liquidation.

---

[1] Lexique UEC, 1974, p. 318. Quatrième directive de la CEE, art. 2 et 3. Traité III, 3e partie. Fachkommission für Empfehlungen zur Rechnungslegung (FER), RPC N° 1: Les éléments des comptes annuels; RPC N° 3: Principes régissant l'établissement régulier des comptes, Zürich 1985.

[2] Cf. art. 662 ch. 2 CO; également art. 958 et 959 CO. Traité II.

[3] Schmallenbach E.S., Dynamische Bilaz, 1962.

B. Contenu et exactitude arithmétique

Le bilan étant le document établi après les écritures finales de clôture, les montants portés dans ce document devront correspondre aux soldes des comptes actifs et passifs dégagés par la balance finale de vérification. En reprenant la notion d'interdépendance existant entre le bilan et le compte de résultat, on peut dire que ce dernier se mesure par deux voies différentes:

1) Dans l'optique du *changement de situation* par la formule:
$$\text{Actifs} - \text{Passifs} = \text{Résultat}$$
Le résultat est négatif si le passif est supérieur à l'actif.

2) Dans l'optique de la *gestion* par la formule:
$$\text{Produits} - \text{Charges} = \text{Résultat}$$
Le résultat est négatif si les charges sont supérieures aux produits.

L'égalité entre les deux réponses se mesure comme suit:
$$\text{Actifs} - \text{Passifs} = \text{Produits} - \text{Charges}$$
(voir aussi p. 28)

C. Ordonnancement des postes du bilan

Sauf pour les banques, les institutions de fonds de placements et les entreprises de transport concessionnaires, la loi suisse n'exige pas explicitement de classement particulier des postes du bilan. Il est toutefois recommandé, dans le respect du principe de clarté tel qu'il ressort des articles 662a et 959 CO et, conformément au principe de continuité, de préserver la comparabilité des exercices entre eux.

La doctrine en Suisse est claire à ce sujet:
«Le bilan et le compte de pertes et profits devraient en tout cas être établis de manière identique chaque année, en respectant ainsi le principe de la continuité du bilan. C'est en effet la condition d'une comparaison possible entre les comptes de plusieurs années»[1].

«... On ne peut pas changer sans raisons péremptoires la formule du bilan et rendre ainsi plus difficile la comparaison avec les résultats des exercices précédents. Si un tel changement devait s'opérer, il conviendrait de ne pas celer afin d'éviter à l'avance des erreurs»[2].

---

[1] et [2] Hirsch A.: «Problèmes actuels du droit de la société anonyme», in RDS 1966 (85), n° 48, p. 57. De Steiger F.: «Le droit des sociétés anonymes en Suisse», Lausanne, 1973, p. 271. In Leuenberger S. op. cit.

«Etant donné l'impact que peut avoir la continuité sur l'information fournie par les comptes annuels, nous n'hésitons pas à considérer ce principe comme une norme ou comme un concept fondamental du bilan et non comme une simple recommandation»[1].

«Le principe de la continuité contient les deux notions de la permanence et de la comparabilité.

Selon la règle de la constance, tous les comptes annuels devraient être établis selon les mêmes principes. Cette règle peut être modifiée, mais ne saurait l'être que si des raisons matérielles, et valables selon toute vraisemblance également pour les années subséquentes, plaident en faveur d'une modification de la présentation, de la structure ou des principes d'évaluation. Selon le principe de l'information adéquate, des modifications de cette nature devraient être commentées dans le rapport de gestion ou l'annexe au bilan. Si les conséquences en découlant sont matériellement importantes, il est opportun d'indiquer la différence en chiffres absolus par rapport au procédé antérieur de comptabilisation ou d'établissement du bilan»[2].

On adoptera par conséquent une classification identique d'un exercice à l'autre.

Une présentation logique des postes du bilan peut reposer:
– pour l'actif: sur l'ordre décroissant de liquidités
– pour le passif: sur l'ordre décroissant d'exigibilité
ou l'inverse[3].

D'autre part, un tel ordonnancement permettra, dans une optique analytique, de dégager les masses du bilan et leurs subdivisions.

---

[1] Bourquin, op. cit., p. 247.
[2] Manuel suisse de révision comptable, I, p. 17.
[3] Cf. article 663a CO.

Exemple de classification des postes du bilan dans le commerce et l'industrie

Actif	Passif
I. ACTIF CIRCULANT (MOBILISÉ)	**I. FONDS ÉTRANGERS**
a) *Disponible à vue*	a) *Exigible à court terme*
Caisse, c/c bancaire, compte de chèques postaux, coupons et obligations échus.	— Effets à payer, c/c bancaire et emprunts à court terme, créanciers commerciaux, c/c d'associés dividendes, tantièmes, intérêts, impôts échus, obligations remboursables, parts à rembourser, dépôts d'épargne de sociétaires.
b) *Réalisable à court terme*	
Effets à recevoir, débiteurs commerciaux, titres cotés en bourse*, comptes de dépôts en banque, actionnaires, parts à libérer, c/c d'associés, c/c de commissionnaire, c/ de gérant de succursale dépendante, impôt anticipé.	
	— Avances des clients.
	— Provisions pour charges futures.
c) *Réalisable à moyen et long termes (engagé dans l'exploitation)*	b) *Exigible à long terme*
Stocks : marchandises, matières premières, produits semi-ouvrés, en cours de fabrication, emballages, avances aux fournisseurs.	— Emprunts-obligations, dettes hypothécaires, caisses de retraite, fonds de prévoyance.
	— Provisions pour charges futures.
II. IMMOBILISÉ	**II. FONDS PROPRES**
a) *dans l'exploitation*	Capital, réserves, bénéfice de l'exercice, bénéfice reporté à nouveau.
Mobilier, agencement, véhicules, matériel, machines, outillages, installations, terrains (non amortissables), constructions.	
Valeurs incorporelles (ou morales): marques de fabriques, licences, brevets, fonds de commerce.	
b) *hors exploitation*	
Prêts à long terme, participations permanentes, (titres cotés ou non cotés), immeubles.	

Actif	Passif
III. *RÉGULARISATION DU PASSIF* Obligations rachetées. Escomptes à recevoir des fournisseurs *Non-valeurs*: pertes reportées, perte à l'émission, frais de 1er établissement. Perte de l'exercice. IV. *COMPTES CORRECTIFS DE RÉSULTAT* Actifs transitoires (charges payées d'avance) et anticipés (produits à recevoir). V. *COMPTES D'ORDRE* Stock de marchandises du commettant (au PV). Magasin succursale (au PV).	III. *RÉGULARISATION DE L'ACTIF* Réescompte sur effets en portefeuille, escomptes à accorder aux clients, provisions sur divers postes de l'actif circulant (débiteurs, stocks, etc.), fonds d'amortissement sur les immobilisations. IV. *COMPTES CORRECTIFS DE RÉSULTAT* Passifs transitoires (produits reçus d'avance) et anticipés (charges à payer). V. *COMPTES D'ORDRE* Commettant : contre-valeur du stock en dépôt (au PV). Livraisons succursale (au PV).

* Si les titres cotés en bourse font partie de l'actif circulant, il sera logique d'enregistrer leur rendement au compte d'Exploitation. Si, au contraire, ces titres ne font plus partie de l'actif circulant, mais des éléments hors exploitation, leur rendement sera porté au résultat hors exploitation.

Remarque

Cette nomenclature se réfère, à quelques exceptions près, aux comptes étudiés dans le présent volume. Pour une nomenclature plus exhaustive, consulter le Traité III, titre 2, 1re partie, section 2.

CHAPITRE III

LE COMPTE DE RÉSULTAT[1]

Les principes de clarté et de continuité s'appliquent aussi à l'établissement du compte de résultat.

1. Contenu et exactitude arithmétique

Le compte de résultat doit regrouper les soldes de tous les comptes de charges et de produits, tels qu'ils apparaissent dans les écritures de virements à la clôture.

Le classement des comptes de charges et de produits correspondra à des critères économiques bien définis, permettant de mesurer, de comparer et d'analyser les résultats sans ambiguïté (article 663 CO).

Même si l'on doit s'en tenir à la classification des charges et des produits par nature, on peut opérer d'autres distinctions; par exemple:

Pour les charges: *charges courantes d'exploitation,* subdivisées elles-mêmes en:
- charges relatives aux marchandises
- charges variables
- charges fixes

charges financières
charges exceptionnelles d'exploitation
charges courantes hors exploitation
charges exceptionnelles hors exploitation

Pour les produits: *produits courants d'exploitation*
produits financiers
produits exceptionnels d'exploitation
produits courants hors exploitation
produits exceptionnels hors exploitation

Contrairement à la présentation sous forme de compte, la présentation sous forme de liste regroupe les charges et produits par nature et fait ressortir les totaux intermédiaires:

---

[1] **Remarque.** Cette désignation englobe indistinctement les termes « Exploitation » et « Pertes et Profits ».

2. Exemple:
Comptes de Pertes et Profits au 31.12.19..

Chiffre d'affaire net (brut ./. TVA) ......

    Achats................... ......
    △ Stock.................. ......
    △ Travaux en cours ....
    Main-d'œuvre directe.............. ......
    Frais généraux de production ....
./. PRAMV .... (......)

Bénéfice brut ......

    Autres produits d'exploitation ......

Produits exceptionnels
    Dissolution de provisions............ ......
    ...

Produits hors exploitation
    Produit des titres................ ......
    ...

Total des produits ......

Charges d'exploitation
    Frais généraux d'administration......... ......
    Amortissements: Actif A ...
                        Actif B ...
                        Actif C ... .
                        ... .

              Charges exceptionnelles
                    Constitution de provisions ......
                    Pertes sur stock ......
                    Pertes sur clients ......
                    ... .

              Charges hors exploitation
                    Frais financiers ......
                    Pertes sur titres ......
                    ...

Total des charges ...... (......)
Résultat de l'exercice ......

Présentation des résultats sous forme de liste
(adaptée aux comptes pp. 227 et 228)

Chiffre d'affaires net		1 001 000.—
Achats	868 000.—	
− Δ de stock	100 200.—	
PRAMV	767 800.—	767 800.—
Bénéfice brut		233 200.—
Produit des titres		2 400.—
Différence de cours sur titres		7 400.—
Produits d'immeuble		49 230.—
Total des produits		292 230.—
Frais généraux	185 360.—	
Amortissement du mobilier	2 440.—	
	187 800.—	
Provision sur débiteurs douteux	8 800.—	
Total des charges d'exploitation	196 600.—	
Charges d'immeuble	28 030.—	
Frais financiers[1]	31 920.—	
Provision fluctuations de cours	400.—	
Total des charges hors exploitation .... 60 350.—	60 350.—	
Total des charges	256 950.—	256 950.—
BÉNÉFICE NET		35 280.—

---

[1] **Remarque.** Il se peut que le compte de frais financiers (intérêts, frais de banque, escomptes aux clients) regroupe des opérations d'exploitation et hors exploitation. Le choix de son classement dépendra d'une optique analytique. Au besoin, il sera subdivisé en plusieurs comptes.

CHAPITRE IV

L'ANNEXE AU BILAN

Dans le but de conserver au bilan toute sa clarté et d'éviter de le surcharger par des éléments superflus on mentionnera dans un document séparé tous les renseignements et commentaires que les rubriques du bilan, dans leur brièveté, ne sauraient fournir. Ce document, c'est l'annexe, partie intégrante du bilan (article 663b CO)[1].
On y trouve par exemple:
1. Les modes d'évaluation appliqués au divers postes des comptes annuels, ainsi que les méthodes de calcul des corrections de valeur utilisées. Pour les éléments exprimés originellement en monnaies étrangères, les bases de conversion utilisées seront indiquées.
2. Le montant des dettes dont la durée résiduelle est supérieure à cinq ans.
3. Le nom, le siège social des entreprises affiliées, la fraction de capital détenu au titre de participation ainsi que le résultat du dernier exercice de ces entreprises. Cette mention peut être omise si la participation est inférieure à 50%.
4. Les cautionnements et les garanties fournies par l'entreprise en faveur de tiers, avec mention des montants pour lesquels l'entreprise s'est engagée.
5. La valeur d'assurance des installations permanentes de l'exploitation (immeubles, machines, moyens de transport, etc.).
6. Le montant total des actifs mis en gage ou cédés pour la sûreté des engagements propres.
7. Les actifs sous réserve de propriété.
8. Le montant total des obligations de leasing non inscrites au bilan.
9. La dissolution des réserves latentes si cette opération améliore le résultat d'une manière significative.
10. La justification:
    - des dérogations au principe de continuation de l'exploitation;
    - des dérogations au principe de continuité;
    - des dérogations au principe de l'interdiction de compensation.

Cette énumération n'est pas exhaustive.

En vertu du principe de clarté, ces renseignements seront rédigés de manière précise, afin d'éviter la confusion et l'ambiguïté. Ils doivent concorder avec les faits de nature juridique et/ou économique.

---
[1] La IVe directive des Communautés européennes approuvée par le Conseil des ministres le 25.07.78 précise à la section I, art. 2: «Les comptes annuels comprennent le bilan, le compte de Pertes et Profits, ainsi que l'annexe. Ces documents forment un tout.»

CHAPITRE V

MENTIONS AU PIED DU BILAN

Pour des raisons pratiques, certains renseignements sont portés au pied du bilan, avec renvoi à la rubrique.

Exemples:
- détail des comptes correctifs
- cours d'évaluation des titres ou des postes libellés originellement en monnaie étrangère
- valeurs d'assurances des immobilisations
- taux d'amortissement
- échéances d'annuités hypothécaires et des intérêts sur emprunt-obligations.

SECTION 6. LA RÉOUVERTURE DES COMPTES ET L'AFFECTATION DU RÉSULTAT

CHAPITRE I

OPÉRATIONS DE RÉOUVERTURE DES COMPTES

1) Le bilan d'ouverture d'un exercice doit correspondre au bilan de clôture de l'exercice qui le précède.
   Cela signifie que l'écriture de réouverture des comptes doit être en parfaite concordance avec les chiffres portés au bilan de clôture :

   Divers actifs à Bilan
   Bilan à Divers passifs

   Pour le résultat :

   Bilan à Compte de résultat (bénéfice) [1]
   (ou l'inverse en cas de perte)

   On aura soin de tenir un autre compte de résultat pour l'exercice en cours afin d'éviter toute confusion.

2) Les comptes correctifs – transitoires et anticipés – sont immédiatement extournés dans les comptes de charges et de produits respectifs (voir ce chapitre).

---

[1] Ce compte servira à la répartition du bénéfice. Il fait partie de la classe des comptes du bilan.

CHAPITRE II

ÉCRITURES D'AFFECTATION DU RÉSULTAT

Il faut distinguer :
- le cas de l'entreprise individuelle
- le cas des sociétés commerciales

A. L'affectation du résultat dans l'entreprise individuelle

1. Cas du bénéfice net
On passe l'écriture :

Compte de résultat à Privé

Après cette écriture, le compte privé dégage une situation purement financière : la mise en évidence des prélèvements de l'exploitant face au résultat de l'exercice.

Tenant compte du fait que les charges supplétives peuvent avoir été comptabilisées ou non :
- le résultat *comptable* sera différent du revenu de l'exploitant
- le *revenu* de l'exploitant sera identique au résultat comptable.

Les écritures internes constatant les charges supplétives n'influencent pas le *revenu* effectif tiré de l'entreprise par l'exploitant. Elles évitent toutefois de confondre le fiscal et l'économique :

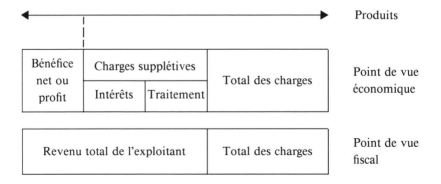

Exemple: Capital propre investi dans l'entreprise: 40 000.—; taux d'intérêt conventionnel 5%. Honoraires facturés aux clients (ou encaissés): 100 000.—. Frais généraux de l'exercice: 60 000.—. Prélèvements personnels durant l'exercice: 35 000.—.

Hypothèse I: Il n'est pas tenu compte du «traitement» de l'exploitant ni des intérêts du capital propre:

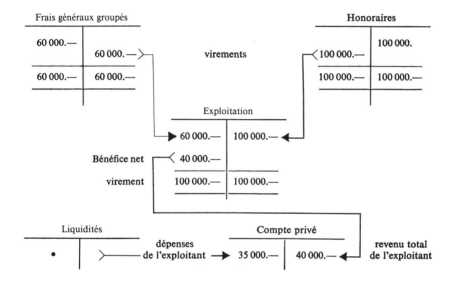

Cette interprétation (bénéfice net = 40 000.—) est fallacieuse: elle donne l'illusion d'une très forte marge de bénéfice net, alors que la réalité est tout autre. Le «prix de revient» de la prestation fournie (60 000.—) n'incorpore ni le travail de l'exploitant ni l'intérêt du capital engagé.

Hypothèse II: Le travail de l'exploitant est estimé à 30 000.—; il est tenu compte de l'intérêt du capital propre investi:

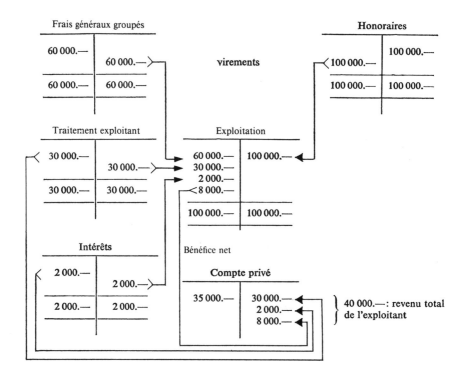

Par comparaison avec l'hypothèse I, le revenu de l'exploitant est identique (40 000.—); mais le compte d'exploitation, dans l'hypothèse II, donne une interprétation économique des charges de l'entreprise: le coût total de la prestation fournie s'élève à 92 000.— (60 000.— + 30 000.— + 2 000.—) et le bénéfice net (le profit) s'élève à 8 000.—.

L'alternative est maintenant la suivante:

Première situation: les prélèvements de l'exploitant ont été inférieurs au revenu final:

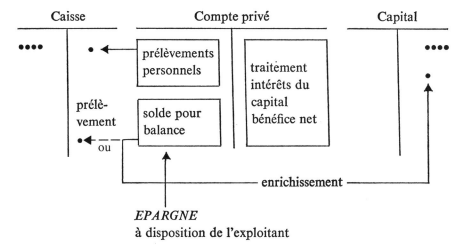

Cette apparition d'épargne trouve sa contrepartie dans une augmentation de l'actif (ou diminution des fonds étrangers). De l'ultime utilisation de ce résultat financier, il découlera:
- un enrichissement pour l'entreprise si cette épargne vient s'ajouter au capital; c'est de l'autofinancement;
- ou une diminution de l'actif par un prélèvement correspondant au résultat financier;
- ou toute solution de partage entre ces deux extrêmes.

Reprenons l'exemple précédent:

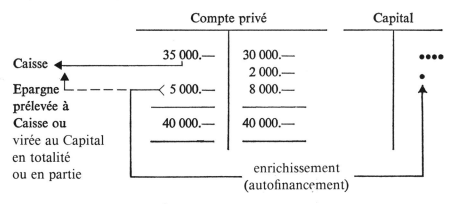

La variation positive de capital est subordonnée à la décision d'affectation de l'épargne par l'exploitant. En conclusion, on peut affirmer que l'affectation du résultat financier dépend du libre arbitre de l'exploitant.

Deuxième situation: les prélèvements de l'exploitant étaient supérieurs au revenu final:

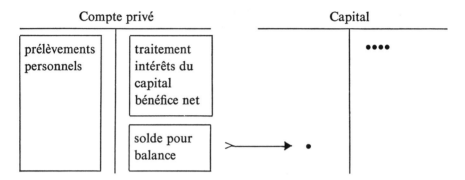

Les actifs ont diminué et cet appauvrissement doit être constaté par l'écriture correspondant à la diminution du capital propre: le solde du compte privé est viré au débit du compte «Capital».

En imaginant 42 000.— de prélèvements personnels, il y aurait une diminution de capital de 2 000.—:

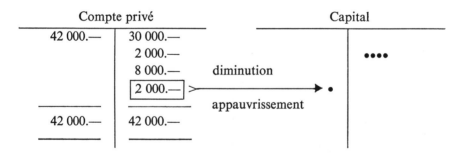

Remarque: L'exploitant pourrait compenser cet appauvrissement par un nouvel apport de fonds privés:

Liquidités à Capital . . . . 2 000.—

2. Cas de la perte nette

2.1. Si les charges supplétives n'ont pas été comptabilisées, la perte dégagée par le compte de résultat n'est pas la perte économique réelle, puisque la rémunération de tous les facteurs n'est pas incorporée au coût de la prestation totale. Là encore on risque de confondre le fiscal et l'économique.

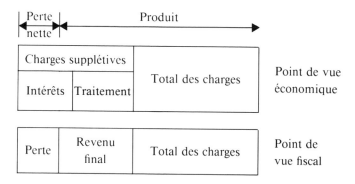

Exemple:

Total des charges de l'exercice 60 000.—
Charges supplétives: intérêts sur fonds propres 2 000.—
                    traitement 30 000.—
Honoraires: 85 000.—
Prélèvements: 35 000.—

Hypothèse I: Les charges supplétives ne sont pas comptabilisées.

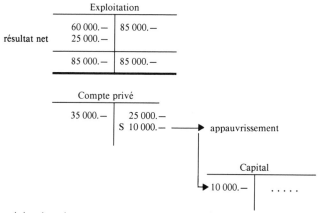

La réalité est tout autre.

Hypothèse II: Les charges supplétives sont comptabilisées.

Exploitation		
60 000.—	85 000.—	
2 000.—		
30 000.—	7 000.—	Perte nette
92 000.—	92 000.—	

Compte privé		
35 000.—	2 000.—	Intérêts
7 000.—	30 000.—	Traitement
	10 000.— S	→ en diminution du capital propre

Le résultat *financier* reste identique: le capital final propre a régressé de 10 000.—. On peut en déduire que l'exploitant n'a pas adapté ses dépenses personnelles au revenu dégagé par son entreprise.

Dans les deux hypothèses, le revenu imposable reste identique:

I: 85 000.— − 60 000.— = 25 000.—
II: (30 000.— + 2 000.—) − 7 000.— = 25 000.—

Remarque finale

Le fait de comptabiliser ces opérations d'affectation après la clôture rend les comptes plus clairs. Si l'exploitant les passe au moment de la clôture, il faudra faire ressortir en annexe au bilan l'évolution de la situation au compte capital:

Exemples:

– Cas de l'enrichissement:
  Capital initial . . . . 50 000.—
  Excédent du revenu annuel sur les prélèvements . . . . .   5 000.—
  Capital final . . . . 55 000.—

– Cas de l'appauvrissement:
  Capital initial . . . . 50 000.—
  Excédent des prélèvements sur le revenu annuel . . . . . . 2 000.—
  Capital final . . . . 48 000.—

On peut aussi établir le compte privé ou «Mouvement de capital» en annexe au bilan.

B. L'affectation du résultat dans les sociétés commerciales

L'affectation du résultat dans les sociétés commerciales est réglée par le CO. Son étude est entreprise au volume II dans le cadre de la comptabilité générale des sociétés commerciales et de la société coopérative.

Titre 4

CAS PARTICULIERS

1re partie:
L'enregistrement et l'évaluation des opérations
libellées en monnaies étrangères

CHAPITRE I

NOTIONS

Les opérations comptables relatives aux affaires traitées avec l'étranger nécessitent:
 a) l'enregistrement en monnaie étrangère et
 b) l'évaluation en monnaie nationale.
L'évaluation en monnaie nationale est influencée par un élément de risque: les variations des cours des changes.
L'abandon depuis 1971 des parités fixes dans le système monétaire international a contraint les entreprises engagées dans une activité internationale à se déterminer sur les principes comptables à respecter pour enregistrer les opérations en monnaies étrangères, les pertes et bénéfices de change générés par les fluctuations des cours et résoudre les problèmes d'évaluation. Ce faisant et au-delà de cette approche historique des événements monétaires, les entreprises peuvent gérer d'une manière prospective le risque de change. En plus des risques commerciaux, ce risque fait aujourd'hui partie des conditions d'exploitation.

Les régimes des taux de change sont divers et peuvent être classés en trois catégories essentielles:
1. Les taux de change flottants ou flexibles
2. Les taux de change fixes
3. Les taux de change rigides.

1. *Les taux de change flottants* ont pour caractéristique l'absence éventuelle de limites de fluctuations que les autorités monétaires pourraient faire respecter. Cela débouche évidemment sur l'incertitude (théorique) la plus totale quant à l'amplitude des variations futures de ces taux.

2. *Le régime des taux de change «fixes»* (appellation d'ailleurs inadéquate). Les fluctuations évoluent entre certaines limites, comme sur les marchés. Si les taux ont tendance à dépasser ces limites, il y a immédiatement intervention des autorités monétaires concernées.

    En cas de «déséquilibre fondamental»[1] entre deux monnaies, les autorités monétaires peuvent modifier brutalement la marge de fluctuation de la valeur de la monnaie en la déplaçant d'un certain pourcentage: ce n'est rien d'autre que la dévaluation ou la réévaluation.

3. *Le régime des taux de change rigides* se caractérise par une convention selon laquelle aucune variation du taux de change entre deux monnaies n'est possible.

Face à la diversité de ces régimes et compte non tenu des actes de gestion du risque de change proprement dit, l'entreprise se trouve confrontée à des problèmes d'enregistrement comptable des gains ou des pertes de change. Ces problèmes peuvent être différents en fonction:

– des forces du marché
– des interventions des autorités monétaires
– des possibilités de réévaluation ou de dévaluation.

La notion de taux de change utilisable pour l'enregistrement des faits comptables pose un *problème de choix* objectif de celui-ci, dont se ressentira indirectement le résultat final. D'autre part, il sera possible d'influer sur le résultat par le choix délibéré d'un taux, appuyé sur des considérations subjectives, si tant est qu'un tel choix puisse apporter des avantages – fiscaux par exemple – à l'entreprise.

---

[1] Cette notion est encore mal définie et permet toutes les interprétations...

CHAPITRE II

PRINCIPES À RESPECTER

Pour répondre à ces questions, il faut rechercher les règles basées sur une certaine *sécurité* si l'on veut obtenir des états financiers significatifs. En Suisse, la doctrine est pratiquement inexistante en la matière. A l'étranger – et particulièrement dans les pays anglo-saxons – on a cherché à édicter des règles pour l'application des taux de change. En Suisse, les méthodes (ou les règles) retenues par les entreprises dans ce domaine sont imprécises et... variées. Seule l'application des principes généraux de la comptabilité permettra d'atteindre une relative sécurité; on s'appuiera alors sur certains d'entre eux dont il convient de rappeler la teneur:

1. *Le principe de sincérité:* concordance avec les faits et interdiction de surévaluation.
2. *Le principe de l'état complet du compte d'exploitation:*
   – interdiction de compensation entre bénéfices et pertes sauf si les opérations sont liées entre elles;
   – interdiction de comptabiliser les différences de change directement au bilan sans passer par le compte de résultat.
3. *La convention de prudence,* avec son corollaire *le principe d'imparité:*
   – une perte de change non réalisée est comptabilisée par Pertes et Profits;
   – un bénéfice de change non réalisé passe en provision ou n'est pas comptabilisé.

CHAPITRE III

LES ÉLÉMENTS DU TRAITEMENT COMPTABLE

Le problème de l'enregistrement des opérations en monnaies étrangères doit être examiné sous différents aspects:
   1) La technique comptable

2) Le choix du cours de conversion en monnaie nationale à l'enregistrement des transactions.

3) Le traitement des différences de change quand la transaction est dénouée durant l'exercice en cours (différences de change réelles).

4) Le choix du cours d'évaluation à la clôture des postes du bilan libellés en monnaies étrangères.

5) Le traitement des différences de change potentielles issues de ces opérations d'évaluation.

A. Technique comptable

Trois procédés peuvent être utilisés:
- a) Les comptes à deux monnaies
- b) Les comptes de compensation de change
- c) Les comptes de positions-devises.

Remarque: Afin de comprendre les mécanismes, on admet que les pertes (disagio) ou les bénéfices (agio) de change passent à «Différences de change». Nous reviendrons plus loin sur l'interprétation à donner à ce compte.

Exemple: Nous sommes en relation avec notre fournisseur Brown de New York. Les achats sont comptabilisés au cours fixe de Fr. 1,50. Les règlements se font au cours du jour.
1. Solde à nouveau $ 10 000.— au cours de Fr. 1,50.
2. Achat $ 2 000.—.
3. Acompte versé $ 6 000.— au cours de Fr. 1,60.
4. Achat $ 1 000.—.
5. Acompte versé $ 1 500.— au cours de Fr. 1,65.
6. Détermination du solde à l'inventaire au cours de Fr. 1,60.

1. Comptes à deux monnaies
C'est la présentation classique du compte du Grand-livre, mais les colonnes sont dédoublées: l'une enregistre le montant de l'opération en monnaie étrangère; l'autre l'évaluation de l'opération en monnaie nationale.
L'information est complétée par une troisième colonne réservée au cours du change.

Débit				Créancier BROWN				Crédit
	$		Fr.		$		Fr.	
3) Acompte	6 000.–	1,60	9 600.–	1) Solde initial	10 000.–	1,50	15 000.–	
5) Acompte	1 500.–	1,65	2 475.–	2) Achat	2 000.–	1,50	3 000.–	
6) Solde pour				4) Achat	1 000.–	1,50	1 500.–	
balance	5 500.–	1,60	8 800.–	Disagio			1 375.–	
	13 000.–		20 875.–		13 000.–		20 875.–	

Actif	Extrait du bilan final	Passif	Différence de change
	Créancier $ 5 500.–	8 800.–	1 375.–

2. *Comptes de compensation de change*

Les procédés modernes de comptabilisation (comptabilité à décalque par exemple) exigent une simplification des écritures. En effet, dans un compte à deux monnaies, les colonnes «monnaies étrangères» des fiches du Grand-livre ne sont pas toujours reproduites au Journal. Le procédé dit «par compensation de change» est en quelque sorte un «artifice» qui permet d'incorporer à la comptabilité générale (tenue en monnaie nationale) le compte de tiers tenu en monnaie étrangère.

Exemples :

1) Notre client de New York achète pour $ 100.– de marchandises, au cours de Fr. 1,60, soit Fr. 160.– :

Débiteurs $	Ventes
a) 100.–	a) 160.–

Ce montant de $ 100.– incorporé à la comptabilité en francs suisses est numériquement inférieur et l'écriture n'est pas équilibrée. Pour rétablir l'équilibre, la différence entre le prix en dollars et le prix en francs suisses s'inscrit au débit du compte *«Compensation $»* :

Débiteurs $	Compensation $	Ventes
a) 100.–	a) 60.–	a) 160.–

2) Notre client de Paris achète pour F. 1 000. − (francs français) de marchandises au cours de Fr. 25. −, soit Fr. 250. − :

Dans cet exemple, le montant de F. 1 000. − incorporé à la comptabilité est numériquement supérieur aux Fr. ; par conséquent, l'équilibre de l'écriture est réalisé en inscrivant la différence entre F. 1 000. − et Fr. 250. − au crédit du compte « *Compensation F* » :

Débiteurs F	Compensation F	Ventes
b) 1000. −	*b)* 750. −	*b)* 250. −

Position des comptes à la balance de vérification :

Débit   *Crédit*

Débiteurs $ ....   100. −   Compensation F .....   750. −
Compensation $ .....   60. −
Débiteurs F. ....   1 000. −

Remarque :
    a) Selon que la devise est forte ou faible (par rapport au Fr.) le compte de compensation agit respectivement comme complément ou comme contrepoids.
    b) Par addition ou soustraction, le montant du compte de tiers est reconstitué en monnaie nationale :
        − la valeur en Fr. des débiteurs américains est de 100. − + 60. − = 160. −.
        − la valeur en Fr. des débiteurs français est de 1 000. − − 750. − = 250. −.

3. *Comptes de positions-devises*

Chaque opération entraîne deux écritures :
    − l'une en monnaie étrangère : le montant est inscrit au compte de tiers (débiteur ou créancier), et en contrepartie aux comptes « Positions-devises ».
    − l'autre en monnaie nationale : le montant passe aux comptes de liquidités, « Achats ou Ventes » et la contrepartie au compte « Change ».

Reprenons l'exemple de la page 254.

```
            Position $                                    Créanciers $
    1) 10 000.—  | 3)  6 000.—              3)  6 000.— | 1) 10 000.—
    2)  2 000.—  | 5)  1 500.—              5)  1 500.— | 2)  2 000.—
    4)  1 000.—  | S   5 500.—              S   5 500.— | 4)  1 000.—
    ─────────────────────────                ─────────────────────────
       13 000.—     13 000.—                    13 000.—    13 000.—

             Change $                                     Achats
        3) 9 600.—  | 1) 15 000.—             2) 3 000.—  |
 S      5) 2 475.—  | 2)  3 000.—             4) 1 500.—  |
        6) 8 800.—  | 4)  1 500.—   disagio
                    | 6)  1 375.—                   Banque
        ─────────────────────────
          20 875.—     20 875.—                  3) 9 600.— |
 Bilan                             Différences   5) 2 475.— |
                                    de change
```

Position des comptes à la balance de vérification :

Débit   *Crédit*

Position $ .... 5 500.—   Créanciers $ .... 5 500.—
                                Change $ .... 8 800.—

Remarques :
1. Le compte de « Position » indique en permanence le capital-devises à disposition de l'entreprise ou, au contraire, le « découvert-devises » dû par celle-ci.
   En effet, si dans un même pays étranger, l'entreprise travaille avec des fournisseurs et des clients, le compte de position-devises indiquera le montant net en devises dû par l'entreprise ou à disposition de celle-ci ; le compte « Change » indique la contre-valeur nette en Fr. du compte « Position-devises ».
2. Les affaires traitées exclusivement en monnaie étrangère (transfert de fonds de client à fournisseur par ex.) n'entraînent pas d'évaluation et ne sont comptabilisées qu'en monnaie étrangère.
3. La contre-valeur nette du compte « Position-devises » exprimée par le solde du compte « Change » (aussi bien que l'estimation en Fr. des postes en devises par le système des compensations) ne traduit qu'une estimation interne, indépendante du cours effectif [1].

B. Le choix du cours de conversion en monnaie nationale à l'enregistrement des transactions

1. Introduction

Pour saisir le problème du choix du cours de conversion à l'enregistrement des faits comptables, il faut partir de l'hypothèse suivante :
Une entreprise nationale réalise diverses opérations avec l'étranger. Les transactions sont supposées être libellées en devises. Les variations de parité des monnaies peuvent se répercuter sur le résultat par le biais :
– des comptes de liquidités
– des comptes débiteurs
– des comptes créanciers

---
[1] Cohen R.: Modèle de comptabilisation des transactions en devises, pp. 30 ss.

- du prix de revient d'achat (avec répercussion sur la valeur du stock)
- du prix de vente
- du prix d'acquisition ou de vente d'immobilisations à l'étranger.

2. *Caractéristiques des transactions*

Une transaction se caractérise par trois phases essentielles:
- la conclusion du contrat
- l'établissement de la facture et la livraison
- le règlement.

En régime de taux de changes flottants ou «fixes», la question se posera du choix du taux de conversion à appliquer; prendra-t-on celui de la conclusion du contrat, celui de la date de la facture ou encore celui appliqué à la date de livraison ou au règlement?

Pour répondre à cette interrogation, il faut distinguer:
a) *Les transactions courantes* sur les biens destinés à la vente et les services;
b) *Les transactions exceptionnelles* sur immobilisations corporelles, incorporelles ou participations.

2.1. *Transactions courantes*

a) Si l'on veut éliminer une différence de change sur transaction courante, on ne comptabilise l'opération qu'au moment du règlement: seules les affaires au comptant offrent cette possibilité.
b) Le plus souvent, le décalage du temps séparant les phases de l'opération entraînera l'application de cours de change différents. Comme, dans bien des cas, le moment du paiement n'est pas exactement déterminé, on ne peut pencher pour la solution du «comptant»: le fait comptable – la transaction – doit être enregistré en dehors de toute considération de date de règlement, sinon la comptabilité n'est pas en concordance avec les faits. Reste le choix du taux:

taux de change
- de la date du contrat?
- de la date d'établissement de la facture?
- le cas échéant de la date de livraison?

Etant donné le *caractère répétitif* de ces opérations, l'entreprise adoptera une politique de conversion s'appuyant sur le principe de continuité:
a) Par convention et par souci de simplification, l'entreprise choisit un taux de conversion unique [1] pour l'enregistrement des factures durant l'exercice annuel. Avantage: on peut à n'importe quel moment connaître le montant correspondant en devises; inconvénient *majeur* de cette méthode: si le

---

[1] Ce cours pourrait être par exemple le cours moyen des devises publié par l'Administration fédérale des contributions (AFC) dans sa liste des cours, ou le cours du début de l'exercice.

cours du change oscille fortement autour d'un trend à la hausse ou à la baisse, la distorsion entre le cours conventionnel d'enregistrement et celui du règlement (ou encore celui de clôture) sera d'autant plus forte. La constatation d'une tendance persistante à la hausse ou à la baisse du cours de change entraînera la révision (mensuelle, trimestrielle...) du cours conventionnel.

En vertu du caractère répétitif des opérations, l'entreprise se basera sur la date d'établissement de la facture pour le choix du taux de conversion. On peut en effet admettre que, dans les transactions courantes et dans la majorité des cas, la date de conclusion du contrat ne joue pas un rôle déterminant. La fréquence des transactions dépend plutôt, en amont, des techniques d'approvisionnements ou, en aval, du comportement des ventes.

    b) Une autre position – juridique celle-là – veut que l'on choisisse le taux de conversion du jour du transfert de la possession de la marchandise. C'est le moment de la réception. Jusque-là, elle reste propriété du vendeur. Une exception à cette règle: la vente contre accréditif.

Quelle que soit la solution adoptée et du fait de l'écart quasi certain entre le cours de règlement et celui de l'enregistrement, une différence de change (bénéfice ou perte) apparaîtra.

2.2. Transactions exceptionnelles sur immobilisations corporelles, incorporelles ou participations

Contrairement aux précédentes, ces opérations ne revêtent aucun caractère répétitif. Plusieurs solutions sont possibles à l'enregistrement:

    a) On peut admettre que le cours de conversion est, dans ces cas-là, l'un des éléments décisifs à la base de la transaction. Par conséquent, le cours du change *à la date du contrat* sera choisi.

    b) Pour une transaction immobilière, le cours de conversion du jour de l'inscription au registre foncier peut être adopté.

S'il s'ensuit un écart de change en cours d'exercice au moment du dénouement de l'opération, on adoptera un traitement comptable identique à celui des transactions courantes. Le coût d'entrée de l'immobilisation comptabilisée au cours du change de la date du contrat n'en sera pas modifié pour autant.

2.3. Autres transactions

    a) En cas d'octroi de prêt et de remboursement de celui-ci, le cours de conversion sera celui du jour de l'opération. Le même raisonnement peut s'appliquer à un emprunt en devises étrangères et à son remboursement.

    b) Les transferts en devises d'un compte bancaire à l'autre seront comptabilisés au cours de conversion inscrit sur les pièces comptables fournies par les banques.

CHAPITRE IV

LE TRAITEMENT DES DIFFÉRENCES DE CHANGE
QUAND LA TRANSACTION EST DÉNOUÉE
DURANT L'EXERCICE

Le problème peut être schématisé comme suit:

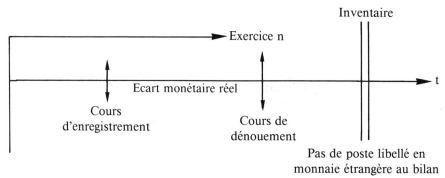

A. Principes d'imputation

L'écart est réel, monétaire. La différence de change est entérinée. Elle pourrait apparemment être imputée, selon les cas, au chiffre d'affaires ou aux charges correspondantes.

Nous ne préconisons cependant pas cette solution pour les raisons suivantes:

a) Les différences de changes issues de l'écart entre cours d'enregistrement et cours de dénouement, ne doivent pas affecter les stocks ou le chiffre d'affaires, ou d'autres charges, parce qu'elles ont un caractère financier implicite: la différence réelle, monétaire, n'apparaîtra qu'au niveau des mouvements de fonds en provenance des débiteurs, vers les créanciers ou d'un compte bancaire en monnaie étrangère vers un compte bancaire en monnaie nationale.

b) De plus, la date des mouvements de fonds peut dépendre aussi bien d'usages commerciaux que d'une politique de gestion en matière de risques de changes. L'écart de change faussera l'information comptable et l'analyse s'il vient *a posteriori* biaiser un prix de revient de vente, des charges ou un chiffre d'affaires. Il ne doit pas y avoir d'interférence entre le risque de change et les calculs portant sur des résultats commerciaux.

B. Ecritures

1. Une perte de change réelle sera amortie par le compte de résultat ou par une provision[1] ad hoc constituée à cet effet.
2. Un bénéfice de change réel peut passer au compte de résultat: il devient distribuable. Si la situation sur le marché des changes est incertaine, même passagèrement, la prudence voudra cependant qu'on profite de ce bénéfice pour créer ou renforcer une provision pour pertes de change.
3. Les pertes et bénéfices de change réels relatifs aux transactions courantes peuvent être groupés sur un compte «Différences de change» viré en fin d'exercice au compte de résultat ou à la provision. Cette solution est moins nette puisqu'elle admet la compensation des charges et des produits. Elle est cependant admise par les milieux professionnels, du fait du «rapport étroit entre échéance de créances ou de dettes à court terme»[2].

---

[1] Face à un comportement risqué des cours des devises, on admettra qu'il s'agit d'une provision pour pertes éventuelles sur des éléments de l'actif circulant (clients) ou sur de l'exigible à court terme (fournisseurs) exprimés en devises. Dans le plan comptable français, une divergence apparaît au sujet du caractère de cette provision. Sa constitution n'est pas fiscalement déductible du résultat. Cf. Lefèbvre F.: Mémento pratique comptable, pp. 496 et 497.

[2] Bourquin G., op. cit., p. 408.

CHAPITRE V

LE CHOIX, À LA CLÔTURE, DU COURS D'ÉVALUATION DES POSTES AU BILAN LIBELLÉS ORIGINELLEMENT EN MONNAIES ÉTRANGÈRES

A. Exposé du problème

Ce problème du choix du cours d'évaluation à la clôture des comptes provient du chevauchement de l'opération sur deux exercices :

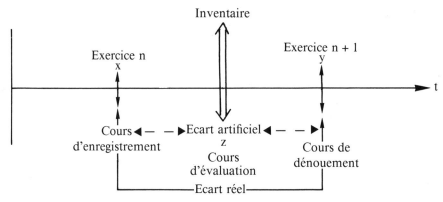

L'introduction inévitable, à la clôture, d'une estimation en monnaie nationale des postes exprimés en devises, à un cours choisi, est un élément de distorsion ; l'écart constaté au dénouement sera doublement artificiel :
a) entre le cours d'enregistrement et le cours d'évaluation à la clôture alors que la transaction n'est pas dénouée ;
b) entre ce cours d'évaluation et celui auquel il faudra comptabiliser le dénouement, cours encore imprévisible à la clôture.

B. Les éléments à évaluer

A côté du traitement des actifs et passifs résultant des transactions courantes et exceptionnelles déjà examinées, il peut être nécessaire d'évaluer en monnaie nationale d'autres éléments, tels que :
— les postes du bilan d'une succursale étrangère au moment de la consolidation [1] ;

---
[1] Cf. Traité II, pp. 364 ss.

- le résultat, même si celui-ci n'est pas transféré ;
- d'autres éléments du bilan exprimés en devises.

Cette procédure d'évaluation aura pour conséquence *l'apparition de différences de change affectant la situation patrimoniale et le résultat :*

1) Le résultat sera affecté différemment par les variations des parités monétaires selon la position de l'entreprise face à la devise. Les conséquences des fluctuations de cours sont, en effet, directement liées à l'activité de celle-ci : import-export, fabrication, activité avec ou sans succursale à l'étranger, holding avec filiale(s) à l'étranger, etc.

2) Les fluctuations de change affecteront la situation patrimoniale globale par le biais des éléments de la fortune situés à l'étranger. Le choix du cours d'évaluation influencera ces éléments.

La comptabilisation des transactions à un *cours de conversion* se distingue de l'estimation, au bilan, des éléments concernés, en fin d'exercice, à un cours appelé (pour ne pas le confondre avec le précédent) *cours d'évaluation* ou de traduction.

C. La procédure d'évaluation

Plusieurs aspects doivent être pris en considération :
- l'établissement des différentes positions du bilan libellées en monnaie étrangère ;
- le choix du cours d'évaluation pour ces différentes positions ;
- le traitement comptable des pertes et bénéfices de change constatés.

1. L'établissement des différentes positions qu bilan

Cette démarche consiste à déterminer la nature des éléments exprimés en monnaie étrangère selon un certain nombre de critères permettant d'apprécier leur *degré de réalisation*. D'un côté, ces opérations d'évaluation à des cours déterminés entraînent des *écarts non réalisés;* de l'autre, la transformation en liquidités de ces rubriques du bilan est fonction d'un espace de temps restant à courir jusqu'au moment du dénouement, moment auquel est appliqué un cours encore inconnu à la clôture.

1.1. Les liquidités, les avoirs bancaires peuvent être transformés en monnaie de référence dans des délais jugés opportuns par l'entreprise pour se protéger du risque de change ou réaliser un bénéfice.

1.2. Les titres de placement libellés en devises seront évalués en tenant compte à la fois du cours boursier et des possibilités de réalisation dans le court ou le moyen terme.

1.3. Les comptes de tiers – créances et dettes à court terme – ainsi que les postes transitoires et anticipés se transforment en monnaie nationale dans les conditions prévues par contrat ou par l'usage. Quant aux autres comptes correctifs, il sera tenu compte de la nature de l'écriture de correction.

1.4. Les stocks détenus à l'étranger peuvent être de nature différente: produits prêts à être vendus à bref délai, matières premières incorporées rapidement ou tardivement au cycle de fabrication; il en est de même des en-cours et des produits semi-finis. Ces stocks représentent le plus souvent des actifs circulants, rarement des actifs immobilisés. Le critère à retenir pourrait être celui d'un coefficient moyen de rotation des stocks, en prenant en considération l'origine, la vitesse de rotation du cycle d'exploitation ou la destination de ceux-ci.

1.5. Pour les prêts ou emprunts, à plus d'un an, il sera difficile d'approcher le taux de change auquel se dénoueront les transactions. Selon la devise dans laquelle ils s'expriment, les écarts envisagés pourront être influencés par les risques encourus sur la devise en question, surtout s'il s'agit d'une monnaie «fondante». Les écarts peuvent, dans ce cas, être importants.

Les éléments 1 à 5 ne représentent que des valeurs monétaires *potentielles;* les différences entre eux ne sont pas toujours fondamentales; on prendra cependant pour principe que plus le dénouement de l'opération s'éloigne, plus les écarts d'évaluation risquent d'être importants du fait des difficultés de prévision.

Ces éléments ont encore une autre caractéristique: ils représentent dans la structure économique étrangère, une quantité d'unités monétaires étrangères fixe, déterminée une fois pour toutes.

1.6. Il n'en est pas de même des immobilisations. En vertu du principe selon lequel l'entreprise est censée poursuivre son activité (on going concern), elles ne sont pas destinées à être cédées dans un bref délai. Conséquence importante: la valeur de ces immobilisations exprimées en monnaie étrangère peut varier par comparaison à la monnaie nationale.

2. Le choix du cours d'évaluation — *applications*

La conséquence première de l'étalement dans le temps de la prise en considération du changement des parités monétaires sera un choix différencié des taux d'évaluation de ces éléments portés au bilan final. Il existe quatre méthodes fondamentales sur lesquelles s'appuie ce choix (méthodes tirées de la pratique anglo-saxonne).

2.1. Monetary/non monetary Method – ou physique/financière [1]

2.1.1. Eléments monétaires

Les éléments monétaires sont convertis au cours du jour. Il s'agit des actifs réalisables à court terme et des exigibles à court et à long terme. Ces valeurs sont clairement définies dans le bilan et l'on peut estimer que le cours du jour de l'évaluation donne la meilleure approximation.

2.1.2. Stocks et immobilisations

Les stocks (valeurs d'exploitation) et les immobilisations sont considérés comme des éléments non monétaires. Ils seront évalués au cours historique. Cette pratique se fonde sur le fait que ces éléments ne peuvent être inscrits au bilan à une valeur de liquidation du patrimoine de l'entreprise. Celle-ci poursuit son activité et les variations de cours auraient des répercussions indirectes sur les amortissements, entre autres, qu'il faudrait augmenter ou diminuer. Il ne s'agit pas de demander au bilan une valeur de liquidation du patrimoine, mais d'indiquer un résultat d'exploitation: les plus ou moins-values potentielles, non réalisées, ne doivent pas être répercutées sur ces éléments dont la valeur demeure fixe dans l'économie étrangère. Si des plus ou moins-values doivent apparaître sur ces éléments, ce ne sera qu'au moment de la *réalisation* d'une immobilisation: lors de son remplacement, à sa vente ou encore à la liquidation de l'entreprise.

Cette solution peut aboutir à des situations illogiques: si l'acquisition d'une immobilisation est financée par un emprunt et que le taux de change se modifie avant le remboursement de celui-ci, l'évaluation de l'immobilisation reposera sur le cours historique alors que la contrepartie apparaîtra dans un compte de financement au cours de la date de clôture.

2.2. Modified monetary Method

Cette méthode se distingue de la précédente par le fait qu'elle considère toutes les valeurs engagées dans l'exploitation comme des valeurs monétaires. Il faut les convertir au cours du jour de clôture.

Cette pratique est discutable; les stocks nommément désignés (matières premières, en-cours, semi-fabriqués, produits finis) peuvent présenter des degrés de réalisation différents, plus ou moins longs, plus ou moins courts. Autre aspect du problème: les fluctuations des cours sont soumises à des amplitudes plus ou moins marquées selon la nature de la devise traitée. Ainsi, ces deux éléments conjugués devraient conduire à une évaluation plus nuancée que la simple traduction au cours du jour [2].

---

[1] Cette méthode est recommandée aux comptables américains.

[2] En France, les règles édictées par le plan comptable pour le choix du taux d'évaluation au bilan, rejoignent, dans les grandes lignes, celles de la «Modified monetary Method».

2.3. Current/non current Method, ou méthode du court terme/long terme [1]

On applique ici le cours du jour pour évaluer les éléments du bilan à court et moyen terme: actifs circulants, dettes à court terme et moyen terme. Les dettes à long terme et les immobilisations sont évaluées au cours historique.

La nuance par rapport aux méthodes précédentes est la suivante: les dettes à long terme ne figurent plus dans les éléments monétaires, mais s'assimilent aux immobilisations.

2.4. Current rate Method ou méthode du taux de la date de clôture

Cette méthode a le mérite de la simplicité: tous les postes sont traduits au cours du change en vigueur à la date de clôture. On peut lui reprocher l'ignorance du principe selon lequel on distingue au bilan les éléments dont la réalisation est proche d'avec ceux où elle est hypothétique. On doit au contraire s'exprimer en «valeur de continuation» (going concern): la vocation des éléments à long terme n'est pas d'être cédés ou remboursés. Quand ils le seront, le taux de change risque d'être fort différent de celui appliqué à la date de clôture.

Par conséquent, il est vain d'évaluer des immobilisations au cours du jour. Des plus ou moins-values potentielles dégagées par cette méthode conduiront à des distorsions de résultats sans signification. C'est sa faiblesse [2]. Il faut conserver pour chaque immobilisation son taux de change historique afin d'éviter aussi des distorsions dans les amortissements: ceux-ci pourraient, en dernier ressort, dépasser la valeur d'acquisition!

3. Synthèse

En résumé, tous les actifs et passifs n'étant pas exposés au risque de change à un degré identique, leur évaluation en monnaie nationale sera décidée en fonction de leur degré de liquidité ou d'exigibilité, de leur nature certaine ou potentielle et de leur destination. L'entreprise mettra dans la balance, pour préserver l'objectivité des évaluations, plusieurs éléments d'appréciation:

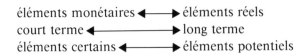

---

[1] Cette méthode est recommandée aux comptables américains.

[2] Malgré cela, l'«Institute of Chartered Accountants in England and Wales» recommande cette méthode aux comptables anglais.

4. Choix d'une méthode ou principes à respecter?

Il est difficile de répondre, car pour choisir un taux d'évaluation, on pourra s'appuyer:
- sur les règles prévues par un plan comptable
- sur une position juridique
- sur une position fiscale
- sur une position économique (particulièrement dans le cas du bilan consolidé)
- sur la politique en matière de couverture de risque de change.

Ce choix sera aussi lié aux principes généraux appliqués à la comptabilité. La comptabilité traduit une approche historique des faits: en exprimant les résultats provenant des fluctuations de change, cette approche rétrospective aura son influence sur l'approche «prospective», c'est-à-dire sur l'appréciation du risque de change et sa couverture.

5. La pratique en Suisse

En Suisse, où le plan comptable n'a pas force de loi mais peut servir de guide, on applique le plus souvent la «Modified monetary Method» et la «Current rate Method». Mais les critères de choix sont rarement absolus; ils peuvent changer selon la position occupée par l'entreprise face aux fluctuations de change, simplement parce que la conséquence de la variation du taux de change devra, sur le plan comptable, être interprétée différemment. Le CO fixant des règles d'évaluation, celles-ci conservent toute leur valeur pour la traduction des éléments en monnaie étrangère (articles 666, 667, 669, 960 CO).

D. Ecritures

1. *En cas de perte de change,* la prudence voudra que cette perte soit amortie par le compte de résultat ou par la provision constituée à cet effet.
2. *Si un bénéfice de change* est constaté sur les évaluations, on peut:
   - ne pas le comptabiliser et constituer ainsi une réserve latente. (On appliquera en tout cas la valeur la plus basse.)
   - le comptabiliser; en ce cas, ce bénéfice n'étant pas distribuable, il sera passé d'abord au compte de résultat, puis extourné sur un compte de provision pour pertes de change. Une telle provision est constituée sur un bénéfice purement comptable et non pas «prélevée» sur un produit d'exploitation réel. Il faut par conséquent la distinguer de celle constituée sur un bénéfice de change réel, acquis, et de l'interpréter avec prudence. Il conviendrait aussi dans ce cas d'annuler cette provision fictive au moment du dénouement de la transaction.

Exemple : le 15 octobre, importation en provenance des USA ; montant de la facture 10 000 $ comptabilisés au cours de Fr. 1,65 :

Achats aux suivants :	*16 500.—*	
Fournisseurs $		*10 000.—*
Compensation de change $		*6 500.—*

Inventaire au 31.12. : cours du $: Fr. 1,50

Compensation de change $ à Balance de vérification		*5 000.—*
Compensation de change $ à Compte de résultat		*1 500.—*
Compte de résultat à Provision		*1 500.—*

Le 15 janvier, l'opération se dénoue au cours de Fr. 1,60 :

Les suivants : à Banque		*16 000.—*
Fournisseurs	*10 000.—*	
Compensation de change $	*6 000.—*	

A ce stade des opérations, le compte de compensation présente une perte de Fr. 1 000.— ; c'est inexact : la facture a été enregistrée à Fr. 16 500.— et le règlement s'est opéré à Fr. 16 000.—. Il y a un bénéfice de change réalisé de Fr. 500.—.

Pour rétablir la vérité, il faut extourner la provision au 1er janvier par l'écriture :

Provision à Compensation de change $ .... *1 500.—*

d'où un bénéfice réalisé de Fr. 500.— traité de la manière suivante :

Compensation de change $ à Différences de change
(ou c/Résultat) .... *500.—*

Remarque : Au moment des évaluations de fin d'exercice sur immobilisations et certains postes du bilan n'ayant pas de rapport avec les transactions courantes, la compensation entre pertes et bénéfices de change n'est pas possible puisqu'il ne s'agit pas d'opérations ayant un lien entre elles. Pertes et bénéfices de change seront comptabilisés sur des comptes séparés.

E. Prise en compte des changements de parités postérieurs à la date de clôture

La règle de base est, qu'en principe, ces changements n'influencent pas le bilan. Néanmoins, au cas où d'importantes fluctuations mettent en danger le patrimoine de l'entreprise, le principe de sincérité impose l'inscription d'une note hors bilan.

CHAPITRE VI

TABLEAU DES POSSIBILITÉS ESSENTIELLES DE COMPTABILISATION DES DIFFÉRENCES DE CHANGE

1. Transactions courantes

1.1. L'opération est *dénouée en cours d'exercice*.

    Perte de change réalisée virée à   c/Résultat
                                                           (ou en diminution de la provision ad hoc)
    Bénéfice de change réalisé viré à   c/Résultat (distribuable)
                                                           (ou en constitution de provision)

Si les opérations sont liées: *compensation possible* d'où la création du compte *« Différences de change »*.

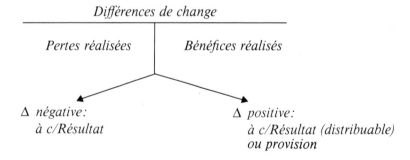

1.2. Evaluations en fin d'exercice (dénouement après clôture):

    Perte de change virée à   c/Résultat ou en diminution de la provision ad hoc
    Bénéfice de change →   on n'en tient pas compte (réserve latente) ou en constitution de provision (fictive, à dissoudre au moment du dénouement)

En cas d'opérations liées, les pertes potentielles peuvent être épongées par des bénéfices réels: le compte de *« Différences de change »* agrège à la fois les différences sur opérations dénouées et sur évaluations.

2. Transactions exceptionnelles: pas de compensation

2.1. Dénouées en cours d'exercice

Perte de change réalisée virée à *c/Résultat*
(ou en diminution de la provision)

Bénéfice de change réalisé viré à *c/Résultat (distribuable)*
(ou en constitution de provision)

2.2. Evaluations en fin d'exercice:

Perte de change virée à *c/Résultat*
ou en diminution de la provision ad hoc ;

Bénéfice de change potentiel ➔ *on n'en tient pas compte (réserve latente) ou en constitution de provision.*

2ᵉ partie: Les ventes à la commission

CHAPITRE I

NOTIONS

1. Définitions

Il y a vente à la commission quand une personne (ou entreprise), le *commettant*, charge une autre personne (ou entreprise), le *commissionnaire* (généralement domicilié dans une autre localité), de vendre des marchandises. Le plus souvent, le commissionnaire vend la marchandise en son nom propre, mais *pour le compte du commettant*.

Le système de la vente à la commission peut présenter bien des avantages pour l'entreprise désireuse d'étendre son rayon d'activité et de s'implanter sur un marché. On peut citer, entre autres, ceux-ci:

a) Il n'est plus nécessaire d'entretenir à grands frais des voyageurs de commerce; on diminue certains frais de vente par ailleurs incompressibles.

b) Le commissionnaire garde un contact étroit avec la clientèle.

c) Les frais de vente restent proportionnels à l'écoulement des produits.

d) Le commissionnaire connaît mieux le marché (concurrence, niveau des prix, pouvoir d'achat) que le commettant éloigné; il en résulte une économie des frais de prospection.

2. Rapports juridiques

Commettant et commissionnaire sont liés par un *contrat* (CO 425 ss); quelles qu'en soient les modalités, il faut retenir ceci:

a) Le commettant *reste propriétaire* de la marchandise déposée chez le commissionnaire.

b) Le commissionnaire est responsable des marchandises qui lui sont confiées.

c) Pour son travail, le commissionnaire a droit à une *commission*, calculée en pour-cent du chiffre d'affaires; cette commission est à la charge du commettant.

d) A moins que le contrat ne prévoie d'autres modalités, les frais de transport, assurances, magasinage, publicité, livraison, encaissements, etc., sont à la charge du commettant.

e) En ce qui concerne la garantie de solvabilité des clients, il est prévu deux situations bien distinctes :

I. *Commissionnaire responsable*

Le commissionnaire s'engage à remettre *intégralement* au commettant le montant des ventes à crédit, même si les clients sont devenus insolvables. Le commissionnaire prend à sa charge les éventuelles pertes sur les débiteurs. Ce risque encouru lui donne le droit à une provision spéciale appelée *ducroire,* calculée aussi en pour-cent du chiffre d'affaires et ajoutée à la commission simple.

II. *Commissionnaire non responsable*

Dans cette éventualité, le commissionnaire ne se porte pas garant des créances envers les débiteurs. Le commettant supporte alors les pertes sur clients insolvables. L'agent non responsable n'a droit qu'à une commission simple.

CHAPITRE II

STRUCTURES COMPTABLES

L'organisation comptable des ventes à la commission doit être examinée à la fois chez le commettant et chez le commissionnaire.

A. Chez le commettant

1. Un compte *« Marchandises en consignation chez X »* (ou plus simplement « Consignation ») fonctionne comme suit :

Marchandises en consignation chez X

— Stock au PRA des marchandises adressées au commissionnaire ⟶ par le crédit d'Achats	— Retours du commissionnaire (au PRA) ⟶ par le débit d'Achats
— Frais résultant des opérations pris en charge par le commettant	— Prix de revient des marchandises vendues par le commissionnaire ⟶ viré au débit de « Résultat consignation »
— Commissions sur ventes	— Stock final (au PRA) ⟶ viré au bilan

2. Un compte « Ventes consignation » : il dégage le chiffre d'affaires net réalisé par le commissionnaire.

Ventes consignation

Pertes sur débiteurs, si commissionnaire non responsable [1].	Ventes réalisées par le commissionnaire.

SOLDE = CAN ⟶ viré au crédit de « Résultat consignation »

---
[1] Cf. note page suivante.

3.

Résultat consignation	
PR des marchandises vendues	CAN

SOLDE = bénéfice ou perte ⟶ viré à « Pertes et Profits »

4. Un compte courant intitulé *« X Commissionnaire »* (ou X compte courant) enregistre les opérations suivantes :

X Commissionnaire	
– Encaissement pour le compte du commettant – Frais à la charge du commissionnaire et payés par le commettant – Si commissionnaire responsable : ventes à crédit	– Versements du commissionnaire au commettant – Frais à la charge du commettant et payés par le commissionnaire – Commissions dues

SOLDE = somme d'argent due par le commissionnaire au commettant, ou vice-versa.

N.B. Le commettant tient lui-même les comptes des clients si le commissionnaire n'est pas responsable ; dans le cas contraire, les comptes des clients se retrouvent dans la comptabilité du commissionnaire.

B. Chez le commissionnaire

1. Un compte de gestion « Commissions » enregistre les opérations suivantes :

Commissions	
– Frais à la charge du commissionnaire – Si responsable : pertes sur clients[1]	Commissions sur ventes

SOLDE = bénéfice ou perte viré à « Pertes et Profits »

---

[1] Les pertes sur clients peuvent aussi être comptabilisées sur un compte de provision ad hoc ou passées au compte de résultat.

2. Un compte courant «Y Commettant» présente l'image renversée des écritures au compte «Commissionnaire» tenu par le commettant:

Y Commettant	
– Versements au commettant	– Encaissements pour le compte du commettant
– Frais à la charge du commettant mais payés par le commissionnaire	– Frais à la charge du commissionnaire mais payés par le commettant
– Commissions dues	– Si commissionnaire responsable: ventes à crédit

SOLDE = somme d'argent due par le commissionnaire au commettant, ou vice-versa.

Remarque:
Le commissionnaire, bien que dépositaire responsable des marchandises consignées chez lui, n'en est pas le propriétaire, donc pas le débiteur. En conséquence, *il n'incluera pas les mouvements de stock en consignation dans sa propre comptabilité.* Pour le contrôle, il tiendra un livre hors comptabilité – ou un fichier – enregistrant, en quantités et en valeurs, les entrées et les sorties de marchandises. Généralement, le commissionnaire ne connaît *que le prix de vente* des marchandises consignées. (En cas de contrôle intracomptable du stock, voir lettre D.)

C. Exemple:

Opérations avec un commissionnaire responsable.

Merz, commissionnaire responsable, à Bâle, vend des marchandises pour le compte de Garin, commettant à Genève. La commission-ducroire est de 10%.

Opérations:

1. Garin expédie à Merz pour 50 000.— de marchandises. Les frais d'expédition à Genève se montent à 200.— payés comptant. Merz paie à réception 80.— à la charge du commettant.
2. Merz vend au comptant pour 10 500.— et à crédit pour 7 200.—. Porter en compte la commission.
3. Un client tombe en faillite et le montant de 500.— facturé antérieurement est irrécupérable. Comptabiliser la perte.
4. Un autre client retourne pour 800.— de marchandises non conformes. La commission sur cette vente est annulée.

5. Merz vire à Garin 8 000.— par l'intermédiaire de son compte de chèques postaux.
6. Il reste à Bâle un stock de 40 000.—
   1) déterminer le bénéfice;
   2) boucler les comptes sur les deux places.

a) Comptabilité à Genève chez le commettant Garin

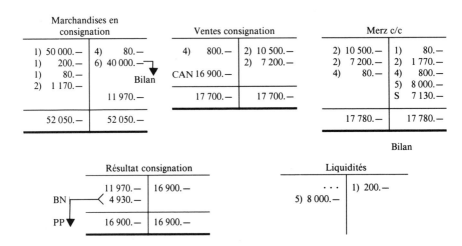

b) Comptabilité à Bâle chez le commissionnaire Merz

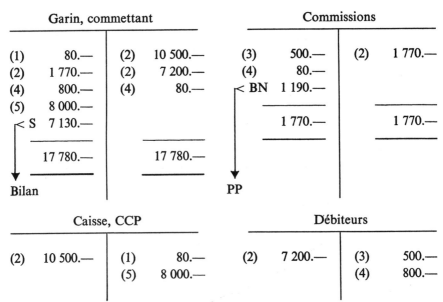

D. Contrôle intracomptable du stock de marchandises consignées

Le commissionnaire peut incorporer le contrôle du stock consigné dans sa comptabilité. Il ouvrira deux comptes:
- l'un, actif: «Stock de marchandises en consignation»;
- l'autre, passif: «X Commettant, ses livraisons» (ne pas le confondre avec le c/c du commettant). Tout cela au prix de vente.

Chaque opération de vente entraînera une double écriture:
- l'une débitant les liquidités ou Débiteurs, par le crédit du c/c du commettant;
- l'autre enregistrant les mouvements de stock dans les comptes de contrôle.

Un retour au commettant s'inscrira exclusivement dans les comptes de contrôle. Le retour d'un client au commissionnaire nécessitera la double écriture.

Exemple (comptabilité du commissionnaire):
1. Reçu des marchandises du commettant . . . . 10 000.—
2. Ventes à crédit . . . . 2 000.—
3. Retour au commettant . . . . 500.—
4. Retour de marchandises non conformes
   de la part d'un client . . . . 100.—

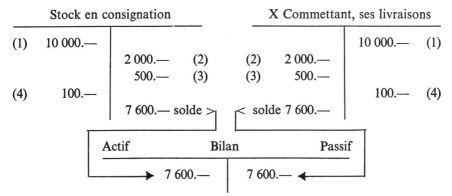

Ces comptes de contrôle n'ont aucune incidence sur le bilan du commissionnaire, puisqu'ils s'annulent.

3ᵉ partie: Affaires en participation

CHAPITRE I

NOTIONS

1. Aspects juridiques

Les affaires en participation engagent deux ou plusieurs personnes (ou sociétés commerciales), dont l'objectif est de traiter en commun des opérations commerciales bien déterminées d'une durée limitée à l'affaire elle-même.

La participation n'est pas une société commerciale à caractère durable: une fois l'affaire terminée, les participants se partagent les bénéfices (ou les pertes) et les choses en restent là.

Les affaires en participation sont soumises aux dispositions légales relatives à la société simple (CO 530 à 551).

N'ayant pas de personnalité juridique propre, une telle société ne possède ni capital, ni raison sociale; elle ne peut être inscrite au registre du commerce et son existence, connue uniquement des participants eux-mêmes, est ignorée des tiers. Dans les affaires financières, les participations prennent souvent le nom de syndicat ou consortium.

Les participants sont liés entre eux par un contrat stipulant notamment la manière dont l'affaire sera administrée et les bénéfices partagés. Si le contrat ne dit rien à ce sujet, la loi prévoit que chaque participant a le droit d'administrer (CO 534) et que les bénéfices sont partagés en parts égales (CO 533).

2. Rapports des participants entre eux et avec les tiers

a) La participation n'ayant pas d'existence indépendante à l'égard des tiers, elle ne peut être envers eux ni débitrice ni créancière.

b) Le participant qui agit pour le compte de la société n'engage pas les autres membres. Il traite en son nom propre et reste seul débiteur ou créancier du tiers correspondant. Par contre, chaque associé est responsable envers les autres et participe aux bénéfices ou aux pertes de chacun d'eux.

c) Les participants n'ont généralement pas droit à une commission.

CHAPITRE II

STRUCTURE COMPTABLE

A. Les comptes

La participation exige l'adjonction de comptes spéciaux dans la comptabilité de chaque participant. Celui-ci inscrit dans sa comptabilité les opérations qu'il traite lui-même *sans omettre celles de ses coassociés* qui lui sont communiquées régulièrement.

Trois méthodes peuvent être utilisées:

a) la méthode du «social partiel»;
b) la méthode du «partage immédiat»;
c) la méthode du «social complet» ou «partage final».

Cette dernière seule sera étudiée car elle est simple et claire. Selon la méthode du partage final, chaque associé ouvre dans son Grand-livre:

1) Un compte intitulé *«Participation»;* il reflète l'image de toutes les opérations de la société:
   - au *débit:* achats de marchandises ou autres valeurs, escomptes, remises, rabais accordés et autres charges;
   - au *crédit:* ventes, rabais, remises, escomptes obtenus et autres produits.

   Le solde de ce compte détermine le bénéfice ou la perte réalisé sur les opérations.

2) Un compte courant à chacun des participants intitulé «c/c X», «c/c Y», etc., dégageant la situation exacte de chaque participant *envers la société*.

Remarque:
Si un participant expédie à un associé de la marchandise *appartenant à la société,* aucune écriture ne doit être passée puisque la situation de fortune de la participation n'est pas modifiée.

B. Ecritures

1. Affectation du résultat

Le bénéfice, inscrit au débit de Participation (pour balance), se répartit entre les membres. Chacun inscrit sa part au crédit de son compte de Pertes et Profits, et crédite ses coassociés en c/c de la part qui leur revient. (Ecritures inverses en cas de perte.)

2. Règlements financiers

Si toutes les écritures ont été passées correctement chez les associés, les dettes des uns *envers la société* présenteront le même total que les créances des autres envers elle. Les participants débiteurs s'acquitteront de leurs dettes envers les participants créanciers.

3. Clôture des comptes en cas de stock final chez l'un des participants

Les règlements vont s'opérer de telle manière que le participant détenteur du stock final soit le seul créancier de la participation.

Schéma des mécanismes dans une affaire en participation où A, B et C se partagent le bénéfice des opérations, alors que C, détenteur du stock, reste seul créancier de la participation:

1) Chez A

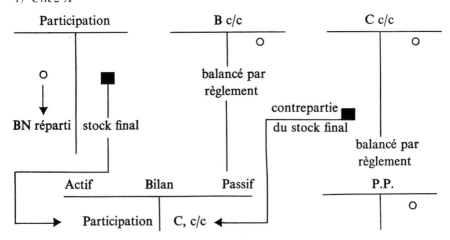

2) *Chez B*

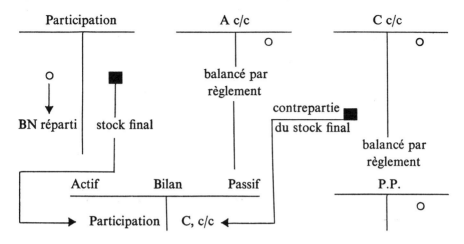

3) *Chez C*

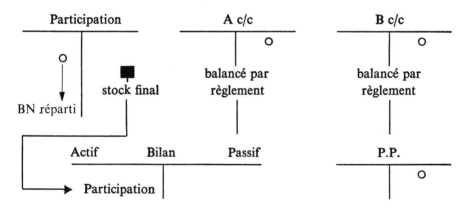

Remarques:
1. Les bilans de A et de B indiquent que C est le seul créancier de la participation pour la contre-valeur du stock.
2. Le bilan de C indique que la participation est sa débitrice.
3. Un raisonnement identique s'appliquerait à chaque participant détenteur d'une fraction du stock final.

4. Exemple: *Participation à demi*

Zurich et Genève font, de compte à demi, le commerce de vins.
1. Genève envoie à Zurich des vins qu'il a achetés pour 5 362.—.
2. A réception, Zurich paie 125.— de frais de transport.
3. Zurich vend à divers clients des vins au comptant pour 1 300.—, et à crédit pour 3 600.—.
4. De son côté, Genève vend au comptant, au profit de la participation, pour 2 480.— de vins pris sur son stock particulier; ces vins sont facturés à la participation 1 610.—.
5. Divers clients règlent à Zurich des factures d'un montant nominal de 2 500.—, par virement postal de 2 450.—, le solde représentant l'escompte autorisé.
6. Zurich envoie à Genève 3 200.— par virement bancaire.
7. Un client débiteur de 500.— ayant fait faillite, on n'en retire que 60.— versés au compte de chèques postaux de Zurich; le reste constaté par un acte de défaut de biens est perdu. Zurich supporte *personnellement* la moitié de la perte.
8. Zurich porte en compte ses frais pour 153.—.
9. Genève de son côté porte en compte des frais pour 98.—.
10. Les comptes doivent être clôturés au 30 septembre. Il reste à Zurich des vins pour 2 800.—. Zurich reste seul créancier de la participation.
11. Le contrat prévoit une répartition du résultat final par moitiés.
12. Le règlement se fait par virement bancaire pour solde de compte.

A. *Comptabilité à Zurich*

Participation					Genève c/c				Caisse, Poste, Banque		
1)	5 362	3)	1 300	4)	2 480	1)	5 362	3)	1 300	2)	125
2)	125	3)	3 600	6)	3 200	4)	1 610	5)	2 450	6)	3 200
4)	1 610	4)	2 480			9)	98	7)	60		
5)	50	10)	2 800			11)	1 281			12)	2 671
7)	220			12)	2 671						
8)	153										
9)	98										
11)	BN 2 562		BILAN								
	10 180		10 180		8 351		8 351				

Débiteurs					Frais généraux			Pertes et Profits		
3)	3 600	5)	2 500		8)	153		7)	220	11)	1 281
		7)	500								

282

Actif	Bilan		Passif
Participation	10)	2 800.—	

B. Comptabilité à Genève

	Participation				Zurich c/c				Caisse, Poste, Banque		
1)	5 362	3)	1 300	3)	1 300	2)	125	4)	2 480	1)	5 362
2)	125	3)	3 600	3)	3 600	5)	50	6)	3 200		
4)	1 610	4)	2 480	10)	2 800	6)	3 200	12)	2 671		
5)	50	10)	2 800			7)	220				
7)	220					8)	153				
8)	153					11)	1 281				
9)	98					12)	2 671				
11)	BN 2 562		BILAN BILAN								
	10 180		10 180		7 700		7 700				

	Stock				Frais généraux				Pertes et Profits		
•••		4)	1 610	•••		9)	98			11)	1 281

Actif	Bilan			Passif	
Participation	10)	2 800	Zurich c/c	10)	2 800

283

4ᵉ partie. *Les entreprises avec succursales*

Il faut distinguer l'organisation comptable des succursales autonomes de celle des succursales dépendantes du siège.

CHAPITRE I

SUCCURSALES AUTONOMES

A. Notions

Quand les distances ne favorisent pas une organisation administrative commune – implantation à l'étranger ou complexité des opérations – on laisse à la succursale son autonomie comptable.

Des contrôles doivent être opérés fréquemment par le siège, afin d'éviter des pertes de stocks, faire respecter la politique de vente (prix imposés), limiter les charges d'exploitation, etc.

Le gérant de la succursale reçoit un traitement fixe auquel peuvent s'ajouter une commission (basée sur le chiffre d'affaires net) et diverses primes. Le contrat peut aussi prévoir que les pertes de stocks sont à la charge du gérant.

B. Gestion comptable

Que l'entreprise possède une ou plusieurs succursales, la comptabilité de chaque unité sera organisée sur un modèle identique. Cela permet au siège de procéder à des analyses comparées.

1. Comptes de liaison

Puisque le siège finance l'établissement de la succursale, celle-ci n'a pas de capital propre. Dans sa comptabilité, la succursale tient un compte *« Siège »* en lieu et place du compte *« Capital »*. Ce compte sert aussi de compte courant pour les opérations modifiant le rapport financier entre le siège et la succursale.

Le siège tient un compte réciproque de liaison intitulé *«Succursale»*. Les comptes *«Siège»* et *«Succursale»* sont concernés particulièrement par les opérations suivantes:
- les mouvements de marchandises
- les mouvements de fonds } entre le siège et la succursale;
- les paiements et les encaissements opérés par l'un des établissements pour le compte de l'autre.

2. Comptes de marchandises

Les expéditions de marchandises du siège à la succursale se comptabilisent au PRA, afin de ne pas gonfler artificiellement le chiffre d'affaires:

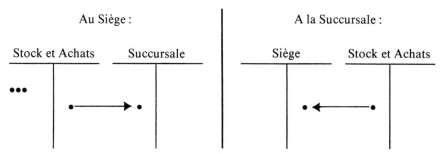

Un retour de marchandises entraîne les écritures inverses.

La succursale peut être autorisée par le siège à traiter avec des fournisseurs extérieurs pour certains approvisionnements. Dans ce cas, le compte *«Stock et Achats»* sera scindé en:
- *«Livraisons du siège»* et
- *«Achats hors siège»*.

Les contrôles en seront grandement facilités.

3. Mouvements de fonds

3.1. Si l'un des établissements envoie des fonds à l'autre, on passe les écritures:

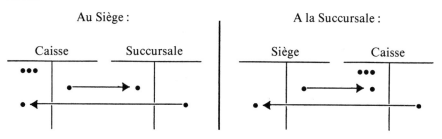

3.2. Paiements opérés par un établissement pour le compte de l'autre.
Exemples: le siège paie des charges d'exploitation imputables à la succursale :

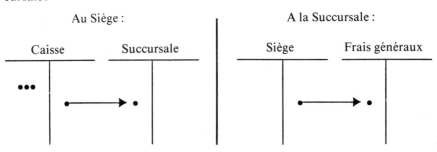

3.3. Un client du siège s'acquitte à la succursale :

4. Comptes d'attente
4.1. Envoi de marchandises

Il se peut qu'en fin d'exercice des marchandises expédiées par le siège ne soient pas arrivées à destination avant la clôture. La succursale ouvre dans ce cas un compte d'attente *« Marchandises en route »*.

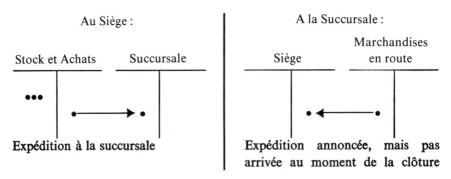

Dès l'arrivée de la marchandise, *« Marchandises en route »* est viré à *« Stock et Achats »*.

4.2. Envoi de fonds

A la clôture des comptes, il est possible qu'un envoi de fonds de la succursale ne soit pas encore arrivé au siège. Celui-ci, avisé, enregistre le montant dans un compte d'attente *« Fonds à recevoir »*.

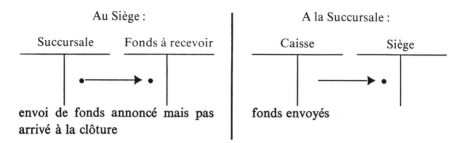

Dès l'arrivée des fonds, le siège débite le compte de liquidités ad hoc et crédite «Fonds à recevoir».

5. Comptabilisation du résultat

Sauf dispositions contraires, le résultat de l'exercice de la succursale est crédité au siège:

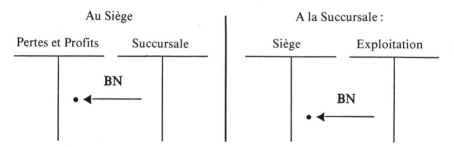

Afin de respecter le principe de l'interdiction de compensation entre les charges et les produits et plutôt que de virer le résultat net, les charges et les produits de la succursale sont virés séparément au compte de Pertes et Profits du siège:

Au siège:

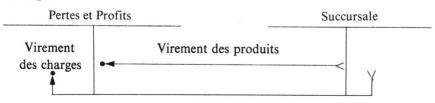

A la succursale:

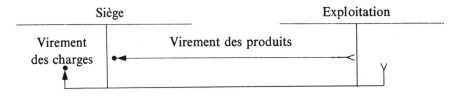

6. Opérations entre succursales

Des mouvements de marchandises et de fonds peuvent intervenir entre succursales.

Exemple: La succursale X envoie des marchandises à la succursale Y.

a) Comptabilisation par l'intermédiaire du Siège (toujours au PRA).

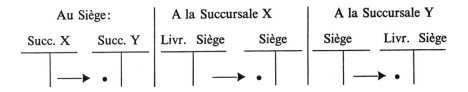

b) Comptabilisation sans inscription au Siège:

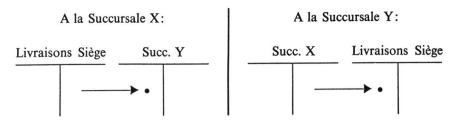

7. Cumul des comptes annuels

7.1. Le bilan

A côté des bilans propres au siège et aux succursales, le siège établira un bilan cumulé dans lequel figure le total des actifs et des passifs de l'entité économique; les comptes des succursales seront alors bouclés. Ecritures:

a) Au siège:

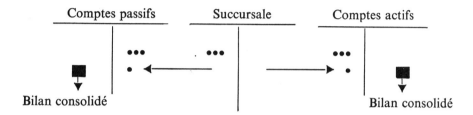

b) La succursale «transfère» ses actifs et ses passifs au siège; les comptes sont balancés comme si tout était liquidé.

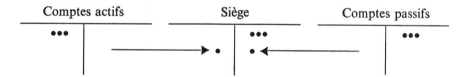

Au bilan cumulé, les comptes «Siège» et «Succursale» s'annulent par confusion juridique (art. 118, al. 1 CO):

Bilan du Siège		Bilan de la Succursale		Bilan cumulé	
Actifs divers 16	Dettes 6	Actifs divers 9	Dettes 5	Actifs divers 25	Dettes 11
Succ. X 4	Capital propre 14		Siège 4		Capital 14

Le bilan cumulé peut aussi être présenté par juxtaposition des comptes de chaque établissement, sous forme de tableau :

Actif   Bilan cumulé   Passif

Postes	Succ. X	Succ. Y	Siège	Total	Postes	Succ. X	Succ. Y	Siège	Total

7.2. Le compte d'exploitation

Comme pour le bilan cumulé, le siège procédera à l'établissement d'un compte d'exploitation cumulé. Les profits et les pertes résultant d'opérations entre succursales et siège seront aussi éliminés.

CHAPITRE II

SUCCURSALES DÉPENDANTES

A. Notions

Le siège tient la comptabilité de la succursale dont les comptes sont incorporés dans sa comptabilité générale. Le gérant de la succursale – ou du dépôt de vente – tiendra toutefois des livres auxiliaires : Caisse, Rencontre de marchandises (pour le contrôle du stock), Facturiers d'entrée et de sortie. Le gérant adresse régulièrement au siège le relevé des opérations, accompagné des pièces justificatives.

B. Gestion comptable

1. Au siège

Le siège ouvre :
a) un compte courant au gérant, débité de tout ce qui est dû par le gérant au siège : avances de fonds, ventes au comptant, manquants à sa charge. Il est crédité de tout ce qui est dû par le siège au gérant : traitement, commission, débours effectués pour le compte du siège ;
b) un compte « *Marchandises succursale* », débité au prix de revient d'achat des livraisons effectuées à la succursale (par le crédit de « *Stock et Achats* ») ;

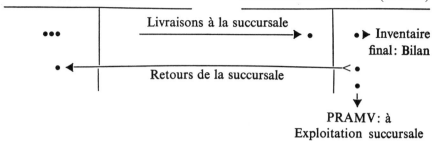

c) un compte «Ventes succursale» dégageant le chiffre d'affaires de la succursale;

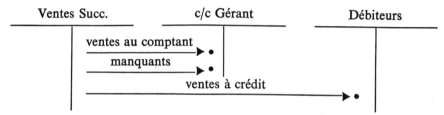

d) un compte «Exploitation succursale» (et ses sous-comptes) d'où ressort le résultat net de la succursale, viré à «Pertes et Profits».

2. *A la succursale*

Le gérant ne tient que des livres auxiliaires. Un seul d'entre eux mérite quelques commentaires: c'est *«Rencontre des marchandises»*.

Une succursale dépendante ne connaît que les prix de vente imposés par le siège. «Rencontre des marchandises», tenu sous forme de fiches de stock ou de registre par le gérant enregistre les entrées et les sorties *au prix de vente*. Le contrôle en est facilité:

livraisons du siège au PV (facturation interne)
moins: chiffre d'affaires (au comptant et à crédit)
moins: retours au siège (au PV)

= valeur du stock au PV

La comparaison entre l'inventaire (chiffré au PV) et le solde de «Rencontre des marchandises» déterminera les manquants éventuels.

Les majorations ou les abattements de prix ordonnés par le siège n'entraînent des écritures d'ajustement que dans «Rencontre des marchandises». Les comptes de stocks, dans la comptabilité du siège, ne sont pas affectés par ces décisions.

3. Le contrôle des stocks/succursale au prix de vente, incorporé à la comptabilité du siège

Sans pour autant supprimer les inventaires physiques dans les succursales, le siège peut être intéressé par le contrôle des mouvements de stocks/succursale incorporés à sa comptabilité. Il pourra ainsi comparer ses écritures à celles du gérant dans « Rencontre des marchandises » et déceler plus facilement les coulages éventuels.

Il suffira d'inclure dans le Grand-livre deux comptes de contrôle réciproques, tenus au prix de vente :

- Magasin succursale ;
- Livraisons succursale.

En conséquence, les livraisons à la succursale entraînent deux écritures : l'une au prix de revient d'achat, l'autre au prix de vente :

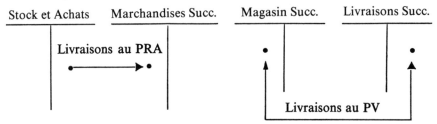

Ecritures inverses pour les retours.

Les ventes de la succursale entraînent aussi deux écritures :

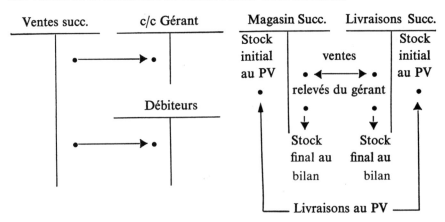

La valeur du stock au prix de vente apparaîtra dans les deux comptes par réciprocité.

5ᵉ partie. Les opérations de leasing (ou crédit-bail) [1]

CHAPITRE I

GÉNÉRALITÉS

En plus des distinctions particulières entre les différentes possibilités de leasing, il s'agit de traiter ces opérations face aux problèmes que pose leur comptabilisation, leur éventuelle apparition au bilan et leur incidence sur l'analyse des états financiers.
Les problèmes comptables se situeront au niveau du preneur de leasing ; ils seront différents face :
– au leasing d'exploitation
– au leasing financier.
Ce sont deux catégories d'opérations, par conséquent de contrats, dont les conditions influencent l'aspect comptable auquel elles sont attachées.

CHAPITRE II

CONTEXTE JURIDIQUE

La seule allusion au contrat de leasing se trouve à l'article 663b, ch. 3 CO.

Pratique comptable

Qu'il s'agisse de leasing d'exploitation ou de leasing financier, le Manuel suisse de révision comptable[2] assimile les contrats de leasing à une location ou un affermage ; les mêmes critères de comptabilisation qui s'y rattachent seront applicables au preneur de leasing. Il est recommandé, pour la clarté du compte d'exploitation, de mentionner distinctement les charges de leasing.

---

[1] Les opérations sont traitées dans la comptabilité du preneur de leasing.
[2] Manuel suisse de révision comptable, I, p. 44, 2.2.

CHAPITRE III

LE LEASING D'EXPLOITATION[1]

A. Caractéristiques

Dans ce genre de contrat, le preneur de leasing s'engage pour une location à *court terme*, en contrepartie de laquelle il entend disposer de l'usage d'un bien. Il s'agit en fait de la location d'équipement, avec possibilité éventuelle de remplacer le modèle loué par un autre plus récent. Un tel contrat n'est assorti d'aucun droit d'option. L'entreprise acquitte une redevance périodique, une location pure et simple. Le risque d'investissement est supporté par le bailleur.

B. Comptabilité

Ces redevances périodiques constituent une charge pour les exercices auxquels elles se rattachent et entraînent les écritures suivantes :

1) *Leasing mobilier*
(compte de charge) à *Liquidités*
paiement des redevances

2) *Exploitation* à *Leasing mobilier*
virement en fin d'exercice.

Il ne saurait en être autrement puisque la propriété de ces biens ou services loués reste en main de tiers.

Sur le plan fiscal, ces charges sont intégralement déductibles dans la mesure où l'objet du leasing est utilisé à des fins professionnelles. S'il sert à des fins privées, la location sera assimilée à une consommation du revenu, non plus à une charge d'exploitation.

Note en annexe au bilan :
Si l'engagement de location est de longue durée, l'entreprise fournira en annexe toutes les informations complémentaires sur le contrat de location (option de renouvellement par exemple) et particulièrement sur l'ampleur des engagements financiers affectant les exercices futurs.

---

[1] Appelé aussi operating lease ou crédit-bail mobilier.

CHAPITRE IV

LE LEASING FINANCIER

A. Notions

Il s'agit dans ce cas de la location de biens d'investissement mobiliers ou de biens immobiliers. Le problème sera traité sous l'angle du leasing financier mobilier identique au leasing financier immobilier.

La formule du leasing a été choisie:
- en fonction de la possibilité contractuelle de racheter le bien mobilier à l'expiration de la durée de la location;
- comme mode de financement de cet achat.

Le leasing financier se démarque de la simple location par les aspects suivants:
  a) option d'achat offerte en fin de contrat;
  b) mise à la charge du locataire du risque de la chose louée.

B. Modalités

1. C'est un contrat de longue durée (plusieurs années) généralement irrévocable. Une résiliation prématurée d'un tel contrat est difficile, voire coûteuse pour le preneur de leasing.

   Dans ce genre de contrat, une société de leasing s'interpose entre le fournisseur et le preneur. Une reprise de l'objet loué n'intervient que très rarement et la durée de l'engagement correspond généralement à la durée économique du bien sur laquelle s'étaleront les amortissements financiers. Le nombre de redevances prévues couvrira la totalité de la valeur du bien, sinon le contrat sera assorti d'une obligation d'acquisition.

2. Le leasing financier se distingue de la location-vente par le fait que le preneur de leasing n'acquiert aucun droit de propriété mais seulement un droit d'usage.

3. Les contrats de leasing assortis d'une obligation d'achat pourraient être assimilables à des contrats de vente par acomptes. Pourtant, ils s'en dis-

tinguent: dans un contrat de vente à tempérament, le transfert de propriété est immédiat; il est optionnel et différé dans le leasing financier.
4. Si l'obligation d'achat n'est pas inscrite au contrat conclu dans l'intention d'acquérir le bien au terme de la période d'usage, on peut considérer:
   – sous l'angle du droit: qu'il s'agit d'un contrat assimilable au contrat de vente par acomptes;
   – sous l'angle de l'économie d'entreprise: que la potentialité des facteurs de production s'en trouve modifiée et qu'en conséquence la comptabilité devrait en rendre compte par une inscription au bilan.

C. Les controverses d'ordre comptable

1. Selon la pratique suisse, ces contrats ne sont pas portés au bilan, exception faite des émoluments administratifs très élevés que l'entreprise pourra «activer» et en répartir l'amortissement sur la durée du bail.
2. Dans les pays anglo-saxons, il existe aujourd'hui l'obligation de porter au bilan les contrats de leasing regroupés sous le vocable de «capital lease» ou «finance lease» (leasing d'investissement, leasing financier). Les autres contrats, ou «operating lease» (leasing d'exploitation) ne font pas l'objet d'une telle mention. Une disposition semblable se retrouve aux USA et en Allemagne[1].
3. «Leaseurope», l'Association européenne des sociétés de leasing n'adopte pas cette position qui, selon elle, pourrait poser des problèmes d'ordre juridique dans certains pays. Par contre, elle préconise des indications au pied du bilan ou en annexe, afin de préserver une bonne information pour les tiers[2]. C'est aussi l'opinion de l'Association suisse des sociétés de crédit-bail et de la France. Dans le plan comptable français (décret du 4.7.72), il est précisé que les entreprises preneurs de leasing sont soumises à «une certaine publicité comptable». Sans parler des indications fournies par l'annexe au bilan, il est prévu que le compte d'exploitation fasse apparaître séparément les locations relatives au leasing mobilier et celles découlant du leasing immobilier. En France toujours, on peut porter au bilan consolidé les contrats de leasing financier, ceci en application de l'article 29 de la 7e Directive CEE.
4. Mais en présence de contrats de leasing financiers à long terme et non résiliables – surtout s'ils sont assortis d'une clause d'achat – on peut

---

[1] Traité III, pp. 60 et 85.
[2] Peyrollaz J.: Enregistrement comptable des contrats de leasing chez le preneur de leasing. L'expert-comptable suisse, Zurich, juillet 1981, pp. 2-6.

dire que « le pouvoir économique a une prédominance sur la situation juridique »[1].

En conséquence, comme le préconise la pratique anglo-saxonne, on portera les engagements de leasing au bilan.

A l'actif : la valeur capitalisée des services dont l'entreprise aura l'usage jusqu'à expiration du contrat. On peut traiter séparément :
– l'équivalent du coût d'acquisition total
– les suppléments de prix liés au crédit-bail, enregistrés dans un compte de « Frais financiers différés »[2].

Au passif : l'engagement de leasing pour le même montant, c'est-à-dire la valeur actualisée des annuités restant à payer ; il s'agit de dettes à long terme[3]. La prochaine annuité peut figurer dans les dettes à court terme[4].

D. La représentativité du bilan et le leasing financier

Le fait que les entreprises engagées par de tels contrats se contentent d'imputer leurs charges de leasing au compte d'exploitation (malgré une indication au pied du bilan ou en annexe de celui-ci) entraîne de sérieux inconvénients.

1. Un élément est indéniable : le leasing est une possibilité de financement des investissements. Le passif du bilan étant la source d'informations sur les structures de financement, on voit mal comment il jouerait correctement ce rôle s'il omettait de mentionner ces opérations.
2. Le bilan perd en clarté et en sincérité non seulement par suite de l'omission du financement par leasing au passif mais aussi, à l'actif, en proportion de l'omission de la somme représentée par les installations ainsi financées.
3. L'entreprise s'est engagée irrévocablement[5] : de tels engagements devraient apparaître à la lecture du bilan car ils entraînent d'importantes charges d'exploitation et financières à moyen ou à long terme. Ces engagements sont connus quant à leurs montants et leurs échéances. L'inclusion des droits et engagements de leasing dans le bilan évite de disperser les chiffres représentant le potentiel de production à l'actif et la totalité des engagements réels au passif.

---

[1] Société fiduciaire suisse : Leasing. Courrier du comptable n° 6, Lausanne, décembre 1980.

[2] Apothéloz B., op. cit., chap. 7.

[3] Desigaud G. : Inscription d'un droit de leasing à l'actif du bilan, p. 18, FACSES Université de Genève, 1973.

[4] Cf. Traité III, p. 107.

[5] Ce critère distingue le contrat de location financière du contrat de bail. Le premier n'est pas résiliable en droit ou en fait ; quant au second, même si sa durée a été fixée contractuellement, il est résiliable sous certaines conditions.

4. Si le contrat prévoit, à son échéance, une option d'achat ou une reconduction par exemple, on peut admettre que les redevances de leasing, à côté du loyer, comprennent d'autres droits et avantages: cela milite en faveur d'une inscription au bilan.
5. Vu sous l'angle de la «propriété économique», les dirigeants sont conscients du fait que le niveau des résultats d'exploitation n'est pas influencé par la qualité de propriété «juridique» de l'équipement, mais bien par la faculté d'en disposer efficacement et librement; le preneur de leasing est alors le propriétaire économique au bénéfice d'un droit d'usage; le donneur reste juridiquement propriétaire de l'équipement, objet du contrat.
6. Si, indubitablement, les engagements de leasing doivent être portés au passif du bilan, il serait curieux, en dehors de toute considération de mécanique comptable que, légalement, il ne soit pas possible d'inscrire à l'actif les droits correspondants.
7. A l'évidence, vu sous l'angle analytique, la lecture d'un bilan omettant les opérations de leasing perdrait toute signification: comment statuer sur l'état des dettes et leur degré d'exigibilité? Comment mesurer l'ampleur des immobilisations et des rapports de force entre les différents facteurs de production? Comment comparer les masses du bilan et tirer les ratios? Répondre à ces questions c'est affirmer que l'inscription au bilan des opérations de leasing ne peut qu'améliorer la représentativité économique et la fiabilité analytique de celui-ci, d'autant plus que cette mention n'influence en rien le résultat d'exploitation. Les banques et les créanciers n'y seront certainement pas opposés.
8. Enfin, l'omission d'inscription des opérations de leasing n'irait-elle pas à l'encontre des articles 957 et 959 CO? Une même interrogation peut se poser quant aux articles 663a et 665 CO.

E. Technique comptable

L'exemple suivant[1] permettra de comparer deux méthodes de comptabilisation et d'analyser l'impact de chacune d'elles sur les charges d'exploitation et la situation au bilan.
Investissement de 420 000.—; contrat de soixante mois; taux d'intérêt implicite 47,07% pour soixante mois; ⅚% par mois; échéance fin de période; émoluments et frais 9 000.—.

---

[1] Source des chiffres: L'Expert-comptable suisse, Zurich, juin-juillet 1981.

	Engagement	Annuités d'amortissement (financier)	Charge d'intérêts	Redevances de leasing
n 0	420 000.—			
n 12	350 611.—	69 389.—	37 315.—	106 704.—
n 24	275 563.—	75 048.—	31 656.—	106 704.—
n 36	192 689.—	82 874.—	23 830.—	106 704.—
n 48	101 102.—	91 587.—	15 117.—	106 704.—
n 60	0	101 102.—	5 602.—	106 704.—
		420 000.— +	113 520.— =	533 520.—

1. Les méthodes

1.1. La redevance de leasing passe comme telle en charge d'exploitation

a. Conclusion du contrat:
        a) valeur actualisée ...... 420 000.—
        b) émoluments et frais .... 9 000.—
b. Chaque mois, comptabilisation de la redevance: 8 892.—.
c. A la clôture de chaque exercice: diminution de la valeur actualisée et réciproquement des engagements. Dans l'exemple en n 12: 69 389.—.
d. Virement des charges de leasing à la clôture annuelle: 106 704.—. (La 1re année + 9 000.— si les émoluments sont amortis en une fois.)

Journal:

a.	—	Machine-leasing	à	Engagement-leasing	.	420 000.—
	—	Leasing (charge)	à	Liquidités	....	9 000.—
b.		Leasing	à	Liquidités	....	8 892.—
c.		Engagement-leasing	à	Machine-leasing	....	69 389.—
d.		Exploitation	à	Leasing	....	115 704.—*

* soit (12 × 8 892.—) + 9 000.—.

Positions au bilan après le premier exercice:

Actif		Bilan final	Passif
Machine-leasing	350 611.—	Engagement-leasing	350 611.—

A l'expiration des cinq ans, les comptes *«Machine-leasing»* et *«Engagement-leasing»* seront balancés.

Cette méthode a l'avantage d'imputer aux charges d'exploitation, chaque année, la même redevance-leasing sur toute la durée du contrat: l'établissement des budgets en est facilité.

Schéma des écritures au Grand-livre:

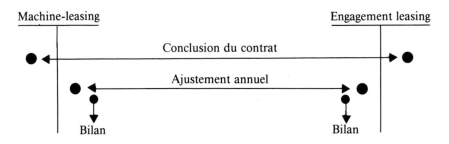

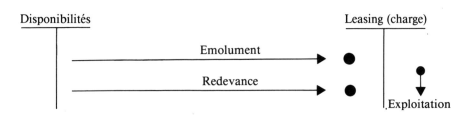

1.2. Prise en compte de l'amortissement comptable et distinction des charges financières

On considère que:

- la redevance-leasing comprend: 1. une part d'amortissement financier; 2. une part d'intérêt;
- la dépréciation de l'investissement passe en charge sous forme d'amortissement comptable.

En reprenant les écritures ci-dessus nous aurons:

- *Machine-leasing   à   Engagement-leasing* ...... *420 000.—*
- *Leasing (charge)   à   Liquidités* .... *9 000.—*

Jusque-là pas de changement.

A la comptabilisation de la redevance et en admettant pour notre exemple un taux d'amortissement linéaire de 20% nous aurons:

	① Annuités d'amortissement (financier)	② Charge d'intérêts	③ (1+2) Redevances de leasing	④ Amortissement comptable	⑤ (2+4) Charge totale de leasing (comptable)
1.	69 389.—	37 315.—	106 704.—	84 000.—	121 315.—
2.	75 048.—	31 656.—	106 704.—	84 000.—	115 656.—
3.	82 874.—	23 830.—	106 704.—	84 000.—	107 830.—
4.	91 587.—	15 117.—	106 704.—	84 000.—	99 117.—
5.	101 102.—	5 602.—	106 704.—	84 000.—	89 602.—
	420 000.—	113 520.—	533 520.—	420 000.—	533 520.—

a) *Les suivants : à Liquidités* .... 8 892.—
   Engagement-leasing   (69 389.— : 12) = 5 782,40
   (amortissement financier)
   Leasing (intérêt)   (37 315.— : 12) = 3 109,60
   (Charges financières mensuelles)

b) *Leasing (charge) à Machine-leasing*[1] ...... 84 000.—   84 000.—
   (Amortissement comptable annuel)

On traite ainsi séparément :
- l'amortissement comptable de l'équipement par application du taux fiscal de dépréciation admis ;
- l'amortissement financier de l'engagement.

Schéma des écritures au Grand-livre :

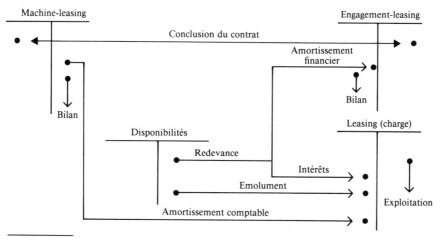

---

[1] Ou fonds d'amortissement correspondant.

Positions au bilan à la clôture du premier exercice.

Actif		Bilan final	Passif
Machine-leasing	336 000.–	Engagement-leasing	350 611.–

2. Critiques

Cette manière de procéder appelle quelques remarques:
2.1. La prise en compte de l'amortissement comptable aboutit à un calcul de cash flow plus précis.

2.2. Si la charge financière est constante (redevance de leasing), la charge comptable totale ne l'est pas: plus on avance dans le temps, plus la charge d'intérêt diminue puisque les remboursements s'accélèrent. Il s'ensuit une charge comptable annuelle de leasing dégressive: très forte au début, elle s'affaiblit à l'approche de la fin du contrat, laissant apparaître un bénéfice disponible distribuable croissant alors que la redevance de leasing reste inchangée.

2.3. Cette distorsion peut créer des problèmes d'ordre fiscal et de gestion financière. Elle trouve sa source:
- dans la méthode de calcul
- dans la période d'étalement des amortissements.

L'amortissement comptable peut différer dans le temps selon la méthode choisie (linéaire, dégressif...) et admise fiscalement. La répartition de l'amortissement est tributaire de la durée d'utilisation et de la nature du bien; or, cette durée dépasse souvent la période sur laquelle porte le contrat de leasing.
En conséquence, on risque, à l'échéance du contrat, de se trouver dans la situation où la charge de leasing n'existe plus, alors qu'à l'actif, le bien n'est pas complètement amorti.

2.4. Cet obstacle sera contourné si la répartition de l'amortissement coïncide avec la durée du bail; mais alors la charge peut ne plus être admise fiscalement, si le contrat de crédit-bail porte sur une durée plus courte que la durée de vie moyenne du bien admise par le fisc. Dans ce cas, l'entreprise se verra contrainte de réintégrer le surplus de part de bénéfice ainsi disparu.

F. Mention dans l'annexe au bilan

Dans la mesure où le contrat de leasing ne fait pas l'objet d'une inscription au bilan, les explications en annexes porteront:

sur la mention et le montant des engagements donnés en matière de leasing et sur le total des charges à prendre en compte jusqu'à l'échéance du contrat. Le montant des redevances doit y figurer clairement (chiffres actualisés ou non), avec leur échelonnement dans le temps.

BIBLIOGRAPHIE

A. Ouvrages

Administration fédérale des contributions:
- Ordonnance régissant la taxe sur la valeur ajoutée, Berne 1994.
- Instructions à l'usage des assujettis TVA, Berne 1994.

APOTHÉLOZ B.: Contribution à l'élaboration d'une théorie générale de la comptabilité et application de sa méthode aux opérations relatives au crédit-bail. Thèse, HEC de l'Université de Lausanne, Lausanne 1989.

BENDER A. et DUMONT P.-A.
- L'analyse et le choix des investissements. Genève 1975.
- Le financement de l'entreprise. Genève 1975.

BOURQUIN G.-Chs: Le principe de sincérité du bilan, 2e édition. Genève 1979.

Chambre fiduciaire[1]: Manuel suisse de révision comptable. Zurich 1989.

COHEN R.: Modèle de comptabilisation des transactions en devises. Paris 1985.

DALLEVES L.: Le contrat de factoring. Mémoires publiés par la Faculté de Droit, Université de Genève. Genève 1970.

FOLLIET Ed.: Le bilan dans les sociétés anonymes, du point de vue juridique et comptable. Lausanne 1969.

GUGGENHEIM D.: Les contrats de la pratique bancaire suisse. Genève 1981.

HAAG D.: L'information comptable face à la hausse des prix. Neuchâtel 1977.

Institute of Chartered Accountants in England and Wales: Accounting Standards. London 1980.

KAEFER K.: Plan comptable général pour entreprises artisanales, industrielles et commerciales, 7e édition. Berne 1989.

LASSEGUE P.: Gestion de l'entreprise et comptabilité. Paris 1983.

LEFÈBVRE F.: Mémento pratique comptable. Paris 1988.

Message du Conseil fédéral concernant la révision du droit des S.A. du 22.2.83.

REY F.: Développements récents de la comptabilité. Théorie et pratique. Paris 1979.

SCIBOZ G. et GILLIERON P.-R.: Code civil suisse et Code des obligations annotés. Lausanne 1977.

Société fiduciaire suisse: Les impôts en Suisse. Bâle 1982.

WELLGENBACH P.-H., DITTRICH N.-E., HANSON E.-I.: Principles of Accounting. New York 1980.

B. Articles et autres publications

BOURQUIN G.-Chs: Principes de la tenue régulière des comptes. Dans L'Expert-comptable suisse, Zurich, juin-juillet 1983.

Chambre fiduciaire:
- La prise en considération des monnaies étrangères dans les comptes annuels. Communication N° 2, Zurich 1981.
- Vol. 27: Congrès de la Chambre, 1977.

---

[1] Anciennement: Chambre suisse des sociétés fiduciaires et des experts-comptables.

Commission des Communautés européennes (CEE) : Quatrième directive sur les comptes annuels des sociétés de capitaux. Bruxelles 1978.

DESIGAUD G. : Inscription d'un droit de leasing à l'actif du bilan. Faculté des SES, Université de Genève. Genève 1973. Recherche non publiée.

DE SMET G. : La gestion des valeurs d'exploitation. Dans Revue française de comptabilité, Paris, nov. 1976.

Fachkommission für Empfehlungen zur Rechnungslegung. RPC N° 1, 3, 4. Zurich 1985, 1986, 1987.

LEUENBERGER S. : Le principe de continuité. Faculté de Droit, Université de Genève, Genève 1984. Recherche non publiée.

Ordre des experts-comptables et des comptables agréés :
— Recommandations à l'usage des membres de l'Ordre, n° 1, Paris 1968.
— Principes comptables, n° 9, Paris 1969.

PEYROLLAZ J. : Enregistrement comptable des contrats de leasing. Dans L'Expert-comptable suisse, Zurich, juin-juillet 1981.

Société fiduciaire suisse : Leasing. Dans Courrier du comptable, Lausanne, décembre 1980.

ACHEVÉ D'IMPRIMER
SUR LES PRESSES
DE L'IMPRIMERIE MÉDECINE ET HYGIÈNE
À GENÈVE (SUISSE)
JUILLET 1992